本书为国家社会科学基金"十二五"规划 2014 年度教育学青年课题"课程改革制度化的理论与实践研究"（CHA140172）的研究成果

作为制度创新过程的课程改革

肖磊 著

中国社会科学出版社

图书在版编目(CIP)数据

作为制度创新过程的课程改革 / 肖磊著 . —北京：中国社会科学出版社，2022.2
ISBN 978-7-5203-9838-1

Ⅰ.①作…　Ⅱ.①肖…　Ⅲ.①课程改革—研究　Ⅳ.①G423.07

中国版本图书馆 CIP 数据核字(2022)第 037806 号

出 版 人	赵剑英
责任编辑	宫京蕾
责任校对	秦　婵
责任印制	郝美娜

出　　版	中国社会科学出版社
社　　址	北京鼓楼西大街甲 158 号
邮　　编	100720
网　　址	http：//www.csspw.cn
发 行 部	010-84083685
门 市 部	010-84029450
经　　销	新华书店及其他书店

印刷装订	北京市十月印刷有限公司
版　　次	2022 年 2 月第 1 版
印　　次	2022 年 2 月第 1 次印刷

开　　本	710×1000　1/16
印　　张	14.75
插　　页	2
字　　数	252 千字
定　　价	88.00 元

凡购买中国社会科学出版社图书，如有质量问题请与本社营销中心联系调换
电话：010-84083683

目　　录

导　　言

　　改革开放 40 多年来，尤其是党的十八大以来，我国在以习近平同志为核心的党中央的英明领导下，社会各项事业都进行了卓有成效的改革，取得了令人瞩目的成就。我国 40 多年来的社会发展史，充分彰显了亿万中国人民的智慧，充分彰显了改革创新的强大推动力。继往开来，未来我们开放的大门会越开越大，改革的步伐也将永不停息。正如习近平同志所指出的：惟改革者进，惟创新者强，惟改革创新者胜。教育作为我国社会事业的有机组成部分，对其他事业的发展产生着基础性、先导性作用，毫无疑问，改革也是教育发展的根本动力。改革开放 40 多年来，我国从恢复高考到实现"两基"，从实现免费义务教育到追求义务教育均衡发展，从普及高等教育到办人民满意的教育，无不是教育改革所带来的发展成就。因此，教育领域的改革也将永不停歇、永不止步，教育改革只有进行时，没有完成时。

　　课程改革作为教育改革的核心，是确保课程实践不断适应社会发展，不断适应广大青少年儿童身心发展的不竭动力。因此，课程改革不仅关系到教育事业的科学发展，而且关系到广大青少年儿童的身心健康发展，需要集思广益、科学谋划、稳步开展。正是课程改革的稳步推进，才保证了我国教育事业取得如此辉煌的成就。在中国特色社会主义进入新时代，在我国加快推进教育现代化，努力建设教育强国的时代背景下，课程改革也应在改革开放 40 多年来所积累的有益经验的基础上，开辟新思路、谋划新篇章、实现新作为。亨廷顿（Samuel Phillips Huntington）认为，所谓的现代化，其核心和要害乃是制度化。教育现代化的指标之一便是教育管理的制度化、理性化和决策的科学化。① 课程改革的顺利推进需要合理的

---

① 谭松华、袁本涛:《教育现代化衡量指标问题的探讨》,《清华大学教育研究》2001 年第 1 期。

制度保驾护航，需要制度的不断变革与创新，以打破旧有制度对改革的阻碍，实现新时代课程改革的使命与责任。推进国家治理体系和治理能力现代化，就是要适应时代变化，不断改革不适应实践发展要求的体制机制，在创新中使各方面机制更加科学、更加完善。① 正因如此，课程改革的制度创新就成了摆在我们面前的时代课题，需要我们结合课程改革制度化的现状进行认真研究，为课程改革的制度建设提供理论层面的指导，确保课程改革的合理性开展，确保教育现代化的加快推进。

课程改革是一项复杂的社会实践活动，包括课程决策、课程管理、课程编制、课程实施以及课程评价等环节，牵涉面广、涉及环节多，每一个环节都需要系统谋划、科学开展，哪一个环节出了问题都有可能导致课程改革的理念不能完全落地，有可能导致课程改革达不到预期的目标，最终不利于广大青少年儿童的身心健康发展。因此，课程改革需要坚持系统性、整体性和协同性的总原则，这既是全面深化改革的内在要求，也是推进改革的重要方法。② 在坚持改革总原则和大方向不动摇的情况下，我们需要就每一个环节如何才能科学开展进行思考，而不至于使这些具体环节的开展非理性、随意化，不至于使课程改革的成功变成一个小概率的偶然事件，这不符合我们的初衷。改革开放 40 多年来，我们逐步建立起了一系列制度确保课程改革的持续推进，确保教育的高质量发展，这些制度大体上包括民主集中的课程决策制度、上下联动的课程管理制度、集中管理与分散管理相结合的教科书制度、权责明晰的课程实施制度以及积极反馈的课程评价制度，课程改革的过程总是伴随着这些具体制度不断变革与完善的过程，从这个意义上我们可以说课程改革的过程就是一个制度创新的过程。而对于这些制度的系统梳理和回顾，有助于我们总结课程改革成功的制度建设经验，更有助于我们深入反思既往课程改革制度建设过程中存在的问题，为新时代课程改革的制度建设明晰方向、提供思路。

本书正是基于新时代教育发展的需要，基于课程改革深入推进的需要，而对课程改革过程中的制度创新历程进行系统的梳理、回顾与总结，集中回答以下三个方面的问题：第一，课程改革制度创新的必要性和可能

---

① 中共中央宣传部：《习近平新时代中国特色社会主义思想三十讲》，学习出版社 2018 年版，第 99 页。

② 中共中央宣传部：《习近平新时代中国特色社会主义思想三十讲》，学习出版社 2018 年版，第 101 页。

性问题，即课程改革为什么需要制度创新——制度创新之于课程改革的价值问题；课程改革制度创新何以可能——制度创新的可能维度。第二，自新中国成立以来，尤其是改革开放 40 多年来，我国课程改革过程中各项具体制度建设与制度创新的历程，分析每一种制度建设与创新的背景、阶段以及取得的成就和存在的问题。第三，在搞清楚上述两个问题的前提下，从整体上探究我国课程改革的制度逻辑，包括制度变革与创新的内在动力与机制、外部环境与主体能动，深层次分析我国课程改革以及教育事业发展取得巨大成就的内在原因。通过对上述三个方面问题的解答，希望能够对课程改革的制度变革与创新的现状进行精准把脉，客观反映作为制度创新过程的课程改革的内在发展规律，为新时代我国课程改革提供制度建设的思路和方法，确保课程改革在正确的轨道上阔步前行，避免非理性与随意化行为对课程改革的干扰，从而使新时代的课程改革能够更加适应社会发展的需要、教育发展的需要，更加适应广大青少年儿童身心发展的需要，为建成教育强国，真正实现教育现代化而不断奋斗！

第一章

时代呼唤：课程改革制度创新的凸显

改革开放 40 多年来，我国教育事业得到了跨越式的发展，取得了举世瞩目的成就，为我国社会主义事业培养了一批又一批建设者和接班人，有力支撑了我国社会主义现代化的飞速发展。教育事业的迅速发展得益于教育改革的持续推进，作为教育改革关键环节的课程改革在其中扮演着重要的角色。在一轮又一轮课程改革的过程中，制度都为改革的顺利推进保驾护航，为处理改革发展的矛盾与问题提供基本规则和路径，对教育事业的改革发展发挥了重要的引领、规范、支撑和保障作用，[①] 正因如此，我们的课程改革才呈现出今天的样态，我们的教育事业才取得今天的成就。目前，我国的教育改革已经步入深水区，进入全面深入教育领域综合改革的时代，过去简单的增量改革，比如教育规模扩张已经不能满足人民对教育发展多元化的需要，教育改革必须走向内涵式发展道路，着力于全面提升教育质量。具体到课程改革领域，那就是如何提供优质的课程资源、如何基于儿童身心发展开展课程实施、如何利用课程评价促进师生发展，这些问题都是既老且新的问题，因为时代特征不同，对于这些问题的解决方案就不同。但是，无论如何，我们对待课程改革都需要秉持理性的态度、开放的胸怀、谨慎的行动，而不是随意为之或者单纯地基于利益驱动，这些都是需要我们着力以合理性的制度来保障的。全面深化教育领域综合改革，需要全面施治，需要科学论证、理性开展，更加需要制度对权力的规约、对利益的均衡。正如习近平总书记所指出：制度是关系党和国家事业发展的根本性、全局性、稳定性和长期性问题。[②] 制度问题关乎党和国家事业发展的全局，当然也关乎课程改革的走向乃至成败，需要我们认真研

---

① 孙霄兵：《新常态下依法治教的思考》，《国家教育行政学院学报》2015 年第 7 期，第 20 页。

② 习近平：《在庆祝改革开放 40 周年大会上的讲话》，人民出版社 2018 年版，第 26 页。

究和科学设计。

一 深化改革：从文化重建走向制度创新

改革是一场全面而深刻的社会变革，也是一项复杂的系统工程，必须坚持正确方法。① 教育改革进入全面深化阶段，对课程改革提出了更高的要求，要求课程改革更加聚焦于解决那些关系改革成败的关键性、要害性问题，这就需要我们高屋建瓴、客观理性、求真务实地分析课程改革的"道"与"路"，在此基础上为课程改革提供方法论层面的支持。其实，在新课程改革开展的过程中，我国的很多教育学者都曾经对课程改革的"道"与"路"进行过激烈的争论和深入的研究，也对其如何科学合理地开展提出了很多有价值的意见和建议。其中，从文化角度来认识并把握课程改革问题，是课程领域的基本趋势。② 很多学者从文化（重建）的视角着手分析课程改革所遭遇的一系列困境并提出相应的建议。然而，实事求是地讲，这些有关课程改革与文化重建的研究并没有带来学校教育的实质性改进。学校教育实践与新课程理念之间依然存在着比较大的落差，绝大多数教师都承认新课程理念是好的，但就是没办法实施。③ 只要我们认真看一看有关课程改革与文化重建研究的相关文献，即可发现课程文化重建研究本身就充满了分歧和迷茫，而且文化重建就像空中楼阁一样不接地气，也就是说文化重建研究仅着眼于文化本身，而没有深入探究究竟怎样才能进行课程文化重建，文化之后课程改革何以突破困境。正是由于课程改革与文化重建研究自身存在的诸多问题，实践层面的徘徊不前也就不足为怪了。

（一）文化重建：课程改革本质的前提假设

任何一项研究都会首先设定与论证其前提假设，而后在此前提假设的

---

① 中共中央宣传部：《习近平新时代中国特色社会主义思想三十讲》，学习出版社 2018年版，第 100 页。

② 李志超、靳玉乐：《学校文化重建与课程改革》，《中国教育学刊》2013 年第 2 期。

③ 肖磊、靳玉乐：《中国新课程改革的检视：异域学者的观点》，《课程·教材·教法》2013 年第 6 期。

基础上对中心议题进行探究。通过相关文献的整理与分析，我们可以发现"课程改革与文化重建"一类研究共同的前提假设就是课程改革在本质上是课程文化的重建。如此一来，细心的人便会发现"课程改革与文化重建"不是同义反复了吗？其实此类研究主题省略了一部分内容，完整的主题应是"课程改革的困境与文化重建"，也即从文化重建的视角去分析如何应对课程改革中出现的一系列问题。因此，"课程改革在本质上是文化的重建"这一前提假设的功能便在于使课程改革与文化重建二者建立起密不可分的联系，为接下来从文化重建视角去解决课程改革的困境做铺垫。那么，"课程改革的本质是文化重建"这一前提假设究竟是如何成立的？

一般来说，学者们多是从"人—课程—文化"三者间的关系着手来论证"课程改革的本质是文化重建"这一前提假设。首先，有关课程与文化的关系，学者们多从课程的文化来源、文化功能着手分析。课程与文化有着天然的联系。一方面，文化造就了课程，文化作为课程的母体决定着课程的文化品性，并为课程设定了基本的逻辑规则及范畴来源，抛开文化，课程就成了无源之水、无本之木；另一方面，课程又精炼和形成着文化。课程作为文化发展的主要手段或媒体，为文化的增殖、创新及其育人意义的形成、育人标准的定位提供核心与导向性的途径与机制，离开课程，文化便成为一池死水而终将枯竭。① 其次，有关人与文化的关系，学者们多引用哲学家的论述来说明。比如蓝德曼（Michal Landmann）曾指出："人生活在他创造的文化之中，一方面，人是文化的创造者，另一方面，人是文化的创造物，人在此过程中不断完善自身。"② 卡西尔（Ernst Cassirer）认为："人只有在创造文化的活动中才成为真正意义上的人，也只有在文化活动中，人才能获得真正的'自由'。"③ 教育作为人类文化传播的一种重要机制，其重要目标便在于培养人、完善人，但随着社会的不断发展和新文化的生产，人们又要求教育不断变革，而课程改革乃是教育改革的核心，也必须保持不断更新。因此，基础教育课程改革就是一场有计划的文化变迁活动，课程的变革在本质上是文化创造。④

---

① 姜德刚、郝德永：《当代课程的文化建构使命》，《高等教育研究》2001 年第 6 期。

② ［德］蓝德曼：《哲学人类学》，戴晖译，工人出版社 1988 年版，第 4 页。

③ ［德］卡西尔：《人论》，甘阳译，上海译文出版社 1985 年版，第 5 页。

④ 姚文峰：《课程改革研究的文化旨趣》，《教育导刊》2010 年第 6 期上。

　　上述论证思路蕴含的一个潜在命题就是"知识乃是人类文化的一部分"，在此意义上，我们可以说课程改革的本质就是文化的重建。但是，如果我们将文化的重建放大到知识以外的层面，即组织成员共享的基本假设和信念以及稳定的生存方式①，课程改革的本质就很难说是文化重建了，赋予课程改革文化重建的使命或者理想则是教育学者一厢情愿的事情。一个很简单的道理，如果说课程改革的本质是文化重建，那么经济改革、政治改革的本质也必然是社会文化的重建，而且要比课程改革的文化重建来得彻底，如果很多事物的本质都是一样的，那么这个"本质"必定没有揭示出事物内在的、必然的规律性联系。从这个"本质"出发去解决问题，可能就是行不通的，或者说是低效的，这在下文中将会得到更多的佐证。然而，众多从文化视角研究课程改革的学者都是从这个立足点出发去分析问题的。比如："课程文化"的再造是课程改革的直接诉求和终极目标②；新课改举起了极为鲜明的人性化大旗，并把人性化看作是新课改的教育旨趣与理想，如果我们站在课程哲学的高度来思考与审视新课程，这场新课程变革将彻底根除我国教育传统中根深蒂固的教育的奴性化或曰"奴性化教育"，同时也将消解由于现代技术理性的泛滥而导致教育的物性化，真正迎来一种关注人的生命存在且张扬人的个性的教育③；基础教育课程改革是一场致力于建构更富有人性化的、生命化的变革文化，从而昭示着教育的活力和动向，并促使优质课堂文化堂而皇之地成为教育教学世界的主流文化④；课程改革意味着一种文化的变革，也是对成长和成熟于现实教育实践中的原有教师文化的改革，更是对生活于其中的每一位教师的生活样式的挑战与解构。⑤

　　由此可以看出，"课程改革的本质是文化重建"就有两种诠释路径，但是后面一层内涵却是奠基在前面一种内涵之上的，只不过后面一种诠释

---

　　①　马延伟、马云鹏：《课程改革与学校文化重建——一所学校的个案研究》，《教育研究》2004 年第 3 期。

　　②　钟启泉：《课程改革的文化使命》，《人民教育》2004 年第 8 期。

　　③　余小茅：《究竟是什么导致了新课改中的"穿新鞋走老路"》，《课程·教材·教法》2011 年第 3 期。

　　④　杨宏丽、贺成立：《课程改革语境下课堂文化之重建》，《华南师范大学学报（社会科学版）》2013 年第 4 期。

　　⑤　路书红：《基础教育课程改革阻力的文化思考》，《教育发展研究》2007 年第 3A 期。

路径将"文化"的内涵放大了，放大到课程改革以外的很多东西上面了。不同的学者循此两种诠释路径，将会得到不同的关于课程改革的图景，也会得到不同的课程改革困境突围之道。当然，也有学者并未对"文化"有清晰的界定，话语中也并未对文化与课程、课程改革的关系有所阐述，这样的研究与其说是在进行课程研究或教育研究，还不如说是在介绍文化学研究的成果。①

（二）文化冲突：课程改革困境的根本原因

新课程改革秉持全新的教育理念，力求进行系统的、全方位的教育变革，不仅包含变革课程目标定位、课程结构、课程内容，也包括课程实施、课程评价和课程管理体制等方面，旨在全面推进素质教育。然而，课程改革在实施过程中却举步维艰，很难到达迈克尔·富兰（M. Fullan）意义上的课程改革制度化。大部分学校都是表面上实施新课程，实质上却依旧在延续传统教学②，很大部分比例的学校教师并未如改革者所预期的那样遵照课程政策要求对学校教学行为进行实质性的改变。③ 基于此，一些研究者开始从文化学的视角审视课程改革的困境。上文已经指出，这些学者认为课程改革的本质乃是文化的重建，也即新文化的确立和旧文化的消亡，这就不可避免地带来新旧文化之间的博弈和冲突。因为课程改革中，人们并不一定都按照新的文化型式要求在价值认识与判断上采取一致的看法，他们都拥有自己的价值观和行为规范，这就造成了观念与现实、思想与行为的冲突。④ 因此，课程改革的困境实际上是新旧两种课程文化之间的冲突所导致的。只不过各位研究者对"新的"与"进步的"之间关系的理解不同，有的学者认为"新的"未必是好的，因此，就从课程改革理念或政策本身的文化观念着手分析其与传统课程文化之间的冲突，认为正是由于新课程改革理念本身的原因才导致了课程改革的困境；有的学者虽未直接就"新的"与"进步"之关系表明立场，但是从其论述来看确

---

① 肖正德：《课程改革中的文化冲突与整合》，《教育研究》2008 年第 4 期。

② 肖磊、靳玉乐：《中国新课程改革的检视：异域学者的观点》，《课程·教材·教法》2013 年第 6 期。

③ 柯政：《理解困境：课程改革实施行为的新制度主义分析》，教育科学出版社 2011 年版，第 6 页。

④ 肖正德：《课程改革中的文化冲突与整合》，《教育研究》2008 年第 4 期。

实默认新课程改革理念和措施都是进步的、好的，课程改革困境产生的原因不在课程改革本身，而在于学校文化变革缓慢，不能适应新课程改革理念的要求。这是两种看待课程改革困境与文化冲突之间关系的不同视角，即内部反思和外部归因，遵循不同视角看待课程改革困境得出的结论自然是不一样的。

1. 内部反思：新课程理念与教育文化传统不符

立足于内部对新课程理念进行反思的学者，认为虽然新课程理念为学校教育吹来了一阵新风，然而，新课程理念却脱离我们本土的学校教育实践及其文化传统，也即是新课程理念与我国学校教育传统产生了极大的文化冲突，正是这种文化冲突导致了新课程理念难以落实到学校教育实践中去。持这种立场的学者一般都认为，没有价值中立或文化无涉的教育理论，任何教育理论都是基于本土教育问题而来的，我们在引进别国理论时，如果不加以本土化改造便会造成文化冲突，不利于自身教育实践的正常开展。[①]

新课程改革工作组专家钟启泉教授便指出，新课程的实施旨在荡涤"应试文化"的污泥浊水，彻底变革传统的非人性的课程[②]；真正意义上的改革需要大破和大立[③]，对我们来说，以往的课程改革必须被摆渡到永不回归的彼岸安息，而在此岸的我们，则需要获取新的灵魂[④]，这新的灵魂便是"概念重建"，诸如知识的概念、学习的概念、课程文化的概念等，确立以西方世界发明和创造的实用主义、建构主义、多元智能主义以及后现代主义为核心的新课程理念，只有如此，才能实现课程与教学范式的根本转型，从根本上改变我国传统的非人性的"应试教育"，全面实施"素质教育"。

就新课程理念而言，有很多学者都指出其脱离中国本土的教育实践和教育文化传统，很容易沦为西方教育理论的试验田。[⑤] 新课程改革的指导

---

① 丁钢：《课程改革的文化处境》，《全球教育展望》2004 年第 1 期。

② 钟启泉：《课程改革的文化使命》，《人民教育》2004 年第 8 期。

③ 钟启泉、有宝华：《发霉的奶酪——〈认真对待"轻视知识"的教育思潮〉读后感》，《全球教育展望》2004 年第 10 期。

④ 钟启泉：《概念重建与我国课程创新》，《北京大学教育评论》2005 年第 1 期。

⑤ Winchester, I. On the Applicability of Western Models to China [J]. *Journal of Educational Thought*, 2002 (2): 105.

理论缺乏中国概念，我国文化传统中所蕴含的丰富的课程智慧以及教育思想已被逐渐淡漠甚至遗忘①，理论理念的西化与他化色彩较浓，名词概念的内涵界定脱离中国实际与中国文化背景，大多数中国人对舶来品不太适应，不太理解与接受，这就致使专家指责、师生叫苦。② 而且，更为严重的是，新课程理念及其引导下的做法跟我国 20 世纪 80 年代初开始的教育课程改革传统是断裂的，跟广大学校教师继续坚持的思路和做法是明显不同的。③ 以《全日制义务教育数学课程标准（实验稿）》中学习内容的分布为例，实际上是美国教育心理学家布鲁纳的"螺旋式课程"的翻版。这种螺旋式上升的理念，将知识点分为几片，先讲一片，然后就放下了，去学习其他内容，学习下一片的时候要等到一年以后。这遭到了数学专家、数学教育界的一致反对。④ 而世界课程改革实践屡屡向我们表明，忽视文化的影响和错误的文化政策是导致课程改革失败的重要原因。⑤ 正是由于新课程改革将诞生于西方本土教育实践的一系列教育理论未经严格论证与本土改造，就盲目地作为其指导理念，而造成了新课程理念的"文化断层"（cultural disconnection）⑥，遂引起了一线教师对"新课程理念"的自发纠偏。课程改革不成功，只能说明"新课程理念"存在着某些问题⑦，只有从新课程自身查找原因才是正确的态度，而不是将新课程改革的举步维艰都归结为"绝大多数教师都是不合格的"。既然新课程理念存在问题，那么对其进行"拨乱反正"——文化重建就是必要的了，只有如此方能有利于我国教育事业的科学发展。

2. 外部归因：学校文化与新课程理念相去甚远

赞同新课程理念，为新课程改革进行辩护的学者，大多认为本次新课

---

① 张良、刘茜：《历史的断裂与现实的迷失——课程变革中文化传统的境遇及其路径》，《教育理论与实践》2013 年第 19 期。

② 刘启迪：《中国课程改革需要文化自觉与自信》，《当代教育科学》2012 年第 22 期。

③ 王策三：《关于课程改革"方向"的争议》，《教育学报》2006 年第 2 期。

④ 罗祖兵：《课程改革的文化阻隔及其突破》，《中小学管理》2006 年第 5 期。

⑤ 姚文峰：《课程改革研究的文化旨趣》，《教育导刊》2010 年第 6 期上。

⑥ Walker, A & Qian, H. Reform Disconnection in China [J]. *Peabody Journal of Education*, 2012（87）：172.

⑦ 郭华：《新课改与"穿新鞋走老路"》，《课程·教材·教法》2010 年第 1 期。

改的基本方向是应当予以充分肯定的①，新课程理念是基于我国学校教育的现实问题——非人性的"应试教育"，紧跟全球教育改革潮流，在借鉴西方发达国家教育实践的基础上，利用先进的教育理念来指导我们的课程改革。新课程改革理念本身不存在什么问题，它不仅继承了我国古代优秀的教育思想，成为指导实施新课程的重要思想；而且理性地汲取了国外的课程与教学模式和经验，因为科学是没有国界的，教育理论无论是土生土长的，还是远道而来的，每一种有价值的思想理论都能在不同的土壤里结出丰硕果实；无论这些精神财富产自何方、源自何地，它们都是人类共同的食粮，每一个国度的人们都可以从中汲取营养。② 故步自封、保守僵化只能带来教育的全面落后和人性的极度异化，只有不断汲取优秀教育思想以改造我们的教育实践，才能实现每位学生的全面发展和中华民族的伟大复兴。既然新课程理念自身不存在什么问题、新课程改革的基本方向也没有错，那么新课程改革在实施的过程中遭遇困境，只能从外部环境去着手分析问题。不能仅仅因为问题的出现就进而否定课程改革本身，这实际上就人为地忽视、扭曲与遮蔽了课程改革的长期性、艰难性以及复杂性。③ 那么，从文化学的视角审视课程改革过程中问题的产生原因，便是现行学校文化不能达到新课程理念的要求，必须着手进行学校文化的重建，使之与新课程理念相匹配，只有如此，新课程改革才能顺利推进、深入发展。

任何改革事业，包括基础教育课程改革在内，必然遭遇到旧有观念与旧有制度的束缚和抵抗，这是不足为怪的。④ 课程改革带来文化冲突是必然现象，关键在于我们能不能认真分析究竟是哪些不合时宜的学校文化在阻碍着新课程改革的顺利推展，并在此基础上重建学校文化，课程改革的根本依托在于学校文化的转型和重建。⑤ 阻碍我国新课程改革顺利推展的

① 余小茅：《究竟是什么导致了新课改中的"穿新鞋走老路"》，《课程·教材·教法》2011年第3期。

② 钟启泉、有宝华：《发霉的奶酪——〈认真对待"轻视知识"的教育思潮〉读后感》，《全球教育展望》2004年第10期。

③ 张良、韦东余：《论课程改革之复杂性逻辑：声辩及其构想》，《全球教育展望》2012年第4期。

④ 钟启泉：《概念重建与我国课程创新》，《北京大学教育评论》2005年第1期。

⑤ 李清臣：《学校文化重建：课程改革的重大诉求》，《河南师范大学学报：哲学社会科学版》2007年第2期。

学校文化因素主要有以下两个方面：第一，"应试文化"根深蒂固。我国旧有的课程文化实质上是一种控制文化，主要表现为传递性的教学文化、同质化的应试文化、学科本位的课程文化，其核心则是应试文化。这种以应试文化为核心的控制文化在我国有着深远的历史渊源，且经过长期的发展，成为一种思想上的意识形态和制度上的精致结构，具有极强的稳固性。① "考试文化"占主导地位的过程，即是教育价值观全面扭曲和异化的过程。② "学校文化"的再造是一个变"灌输中心教学"为"对话中心教学"、变"专制独裁关系"为"平等合作关系"、变"资源掠夺关系"为"资源共享关系"的过程。只要旧的高考制度依然不变，"应试文化"依然不变，那么，新课程的命运将是岌岌可危的。③ 第二，传统的教师威权文化。儒家传统文化本质上推崇不平等的人际关系，这种人际关系依赖于不平等的权力分配，这其中包括师生关系。④ 在这种传统官僚文化（Bureaueratie Culture）中，教师往往以权威对学生采用压制、抑制和控制的方式，强调满堂灌输知识、教师的说教等。这种文化极大地束缚了学生的发展，压抑了学生个性，学生在权威文化控制下往往形成顺从型人格，缺乏创新能力。⑤ 这已经内化为中国教师群体的内在心理结构，指导着其外在行为表现。而新课程改革倡导一种民主的课程文化，即教学过程就是师生持续交往不断对话的过程，在这一过程中，师生处于一种平等的主体间性状态，围绕教学内容进行交流、对话、质疑、争辩，最终达成共识或不同的理解。⑥ 当新课程政策被要求学校实施时，这二者之间必然发生这样那样的冲突。基于此，我们应该重建学校文化，使其与新课程理念相匹配，保障新课程改革的顺利推进。

（三）文化自觉：课程文化重建的致思路径

不同的学者虽秉持彼此迥异的价值观对课程改革的困境进行分析，但

---

① 张华、刘宇：《试论课程变革的文化问题》，《教育发展研究》2007 年第 1A 期。

② 张华：《高中课程改革的问题、理念与目标》，《全球教育展望》2003 年第 9 期。

③ 钟启泉：《课程改革的文化使命》，《人民教育》2004 年第 8 期。

④ 肖磊、靳玉乐：《中国新课程改革的检视：异域学者的观点》，《课程·教材·教法》2013 年第 6 期。

⑤ 邓志伟：《课程改革教师文化重建》，《全球教育展望》2005 年第 5 期。

⑥ 邓志伟：《课程改革教师文化重建》，《全球教育展望》2005 年第 5 期。

都立足于相同的视角——文化学视角，因此得出的结论表面上看截然不同但实质上却异曲同工。对新课程改革持批判立场的学者一般都着手于检视课程改革的顶层设计——新课程理念脱离我国本土教育文化传统，而对新课程改革持拥护态度的学者一般都是从即有学校文化阻碍新课程改革的现状入手进行研究，都得出了是文化冲突导致了课程改革的举步维艰，给出的"药方"也是表面不同，但有着相似的内在精神实质。虽然文化冲突的性质是不同的，前面一种实质上是"中西之争"，后面一种实质上是"古今之争"，而"中西之争归根结底是古今之争"①，因此他们处理文化冲突的致思路径都是一致的，那就是都倡导课程建设者首先要有"文化自觉"意识，然后在此基础上进行课程文化的创新。

文化自觉最先是由社会学家费孝通先生提出，意指生活在一定文化中的人对其文化有"自知之明"，明白其来历，形成过程，所具的特色和它发展的趋向，不带任何"文化回归"的意思，不是要"复旧"，同时也不主张"全盘西化"或"全盘他化"。自知之明是为了加强对文化转型的自主能力，取得决定适应新环境、新时代时文化选择的自主地位。② 我们的课程改革无论是在顶层设计还是在实施过程中，都是没有很好地做到文化自觉的，这从学者们的论述中便可见一斑。就是对于一般的文化的改造而言，我们也是一直徘徊于托古改制、中体西用抑或全盘西化这几种立场之间而摇摆不定，久久不能超越这几种文化改造观。托古改制主张借"古圣先贤"之名行变革之实，虽然这种主张的目的不是复古，然而这种思想观念总是将古代社会加以美化，在这些人的心目中和笔下，越是蒙昧无稽的上古社会，越是他们理想的盛世、人间的天堂，这不符合社会发展的规律，推崇和提倡托古改制的人一般来说都是空想主义者。③ 中体西用是出于救亡图存这个功利主义的直接目的而出现的一种思想观念，它提倡以"中学"为本体与根本原则，"西学"只是具体的方法与具体的表现，以中驭西、以道御器。④ 人为地割裂了西方文化中的体与用，直接模仿和照搬西方的技术，而对于技术背后的科学精神、社会的民主文化则很少予以

---

① 王岳川、胡淼森：《文化战略》，复旦大学出版社 2010 年版，第 180 页。
② 费孝通：《反思·对话·文化自觉》，《北京大学学报：哲学社会科学版》1997 年第 3 期。
③ 李锦全：《托古改制与变法维新》，《天府新论》1989 年第 4 期。
④ 郑金洲：《教育文化学》，人民教育出版社 2005 年版，第 360—361 页。

关注。中体西用对于我国的文化创新和建设影响很大，其市场也很广大，目前很多思想观念都是中体西用的变体。很多人在骨子里仍很排斥民主和科学文化，谈到民主就色变，工作、生活非理性就是最突出的表现。再加上我们曾经为了宣扬新文化而发起的几场批判传统文化的运动，我们也失去了传统文化之根，而新的文化又没有在中国扎根，这就造成了很多人思想上呈现出文化保守主义与虚无主义，失去了文化改革与创新的理想。① 中体西用的实用性和目的性过强，实际上是将文化降低为可以随意置换的"器"的地位，这是其悖谬之处。"全盘西化"论者则认为并不存在什么"道"的文化与"器"的文化之分，文化在本质上是一个整体，这是较"中体西用"论的科学之处。但他们秉持"矫枉务必要过正"的文化创新态度，认为必须在根本上与旧文化割裂开来，才能彻底地、全盘地进行新文化的创造。全盘西化论者忽视了社会生产力的发展状况，而将文化视作人类可以随意选择的一种东西。② 上述诸种文化创新观都预设了一个先验的前提——某一理想的文化模型，或是中国古代，或是希腊罗马，人们要做的就是将其模仿或者照搬过来即可，它们在本质上都是文化保守主义。因此，将文化自觉引入课程改革研究具有重大的意义，它为课程改革研究提供了方法论层面的指导。

课程改革是一种文化的变革，没有把自觉的课程文化作为改革的灵魂，课程改革就必定无法完成其既定的使命。只有在文化自觉的指导下，依靠课程工作者的文化自觉，才能真正实现课程的文化革新。③ 当代中国的课程变革仍是在中国的历史文化语境之中进行，并没有（而且也不可能）在"搬用"西方先进知识的同时，一起将西方或国际的社会文化语境也"搬迁"过来，因而课程变革或者接受西方知识体系时必须考虑本国的历史文化处境。④⑤ 课程文化自觉有三条基本途径：一是传统课程文

① 王岳川、胡淼森：《文化战略》，复旦大学出版社 2010 年版，第 183 页。
② 王岳川、胡淼森：《文化战略》，复旦大学出版社 2010 年版，第 167 页。
③ 王德如：《论课程文化自觉》，博士学位论文，西南大学，2007 年。
④ 丁钢先生的这段话意在强调在进行课程变革时，引进西方知识体系要考虑本国的历史文化处境，并非是对我国当代课程改革进行的价值判断。然而有学者在引用这段话时却做了截然相反的诠释，继而论证自己的观点，不得不说这在一个侧面显示出教育研究的随意性。详见冯加渔《新课程改革的文化路向》，《当代教育科学》2012 年第 3 期。
⑤ 丁钢：《课程改革的文化处境》，《全球教育展望》2004 年第 1 期。

化寻根；二是国际课程文化理解；三是本土课程文化生成。① 当然，课程文化自觉意识和能力，不是先天就有的，否则提出这一命题就显得十分不必要了。那么，课程文化自觉怎么才能养成呢？这就需要教育理论工作者的"文化启蒙"，使全体课程建设者形成一种"文化自觉"的集体意识和精神力量，自觉进行传统课程文化寻根和国际课程文化理解，在此基础上进行本土课程文化的创新和生成。这是由理论工作者专业生活方式的特征所决定的，他们更易于理性地批判现实，实现价值观念的转变，以此引导实践者走出自在的文化状态，成为课程改革的有力促动者和践行者。②

　　由此，我们可以说文化自觉就是课程文化重建的致思路径。然而，课程文化自觉仅是一个方法论层面的术语，课程改革中的文化冲突究竟应该如何解决的具体办法，课程文化自觉却不能够提供我们更多的信息。面对中西文化冲突、传统与现代文化的冲突学者们提供给我们的往往是我们要在继承传统文化、整合中西文化的基础上进行文化创新之类众人皆知的"宏大叙事"，而现实的课程文化实践和文化重建却依然迷茫。这就像我们国内研究创新人才培养的学者，他们写了很多有关创造力培养"规律"的专著、发表了很多相关的文章，但是在真正的人才培养过程我们依然不知道创新人才该如何培养，甚至很多伟大科学人物的成长史告诉我们创新人才和学校教育之间并没有必然的联系。而对于学校文化重建来说，有学者提出了重建的策略：第一，分析学校现状，确定发展路向；第二，反复筛选提炼，树立教育理念；第三，学校全员参与，强化师生认同；第四，把握时代命脉，不断丰富发展。③ 这些策略实际上是学校文化发展的一般性策略，对于课程改革中文化冲突的解决不具有明确的指向性。实际上这也印证了我们之前的结论——"课程改革在本质上是文化重建"这个前提假设是将"文化"概念无限放大之后的结论，这个前提假设同时也增加了课程改革本不具有的文化使命——学校文化重建，也使得学校文化重建的策略性建议看起来好似空中楼阁——顶天但不立地。课程文化的重建不仅面临着理论的失语，更面临着实践的迷茫。难怪屡屡听说很多老师告

---

① 王德如：《课程文化自觉的基本途径》，《课程·教材·教法》2007 年第 10 期。
② 路书红：《基础教育课程改革阻力的文化思考》，《教育发展研究》2007 年第 3A 期。
③ 苏鸿：《基础教育课程改革与学校文化重建》，《课程·教材·教法》2003 年第 7 期。

诚自己的学生不要轻易从文化视角来研究教育问题，很有可能会言之无物，这大概是有事实依据的。

（四）文化之后：课程改革制度创新的登场

课程改革导致了课程文化之间的冲突，课程文化重建是课程改革走出困境的策略。然而，课程文化重建却陷入了理论的失语和实践的迷茫，使课程改革的文化重建之梦成为空中楼阁。但是课程改革的文化研究并非毫无意义，至少它为我们指明了课程改革过程中问题的症结所在，文化冲突只是课程改革问题根源的表征之一，我们从其他视角看待课程改革也许就会得到不同的答案，也就是说问题还是那些问题，但是解决问题的出路却可以有多个，而且这些出路的可行性也是不同的。这就要求我们不局限于单一的研究视角，而是采用多元视角去分析问题和解决问题。课程改革的文化使命单靠文化重建无法完成，或者更准确地说是课程文化重建仅靠文化自觉是不能够实现的，从课程文化自觉到课程文化重建需要中介、需要载体。除了上文所说的理论呼吁之外，其中一个至关重要的因素，便是良好的制度。其实，很多教育学者在研究中国的教育问题、课程改革问题时，都会将问题的根源追溯到制度层面，但是很多时候我们会认为制度问题并不是我们力所能及的，一旦碰到制度问题很多人立刻就戛然而止或者蜻蜓点水式地一笔带过。这是由于过去学界对制度研究的误区所导致的，很多人误以为制度研究就是在研究宏观层面的国家制度，却忽略了那些对课程改革产生直接影响的制度。这就导致了长期以来我国的课程改革制度处于不健全或者不合理的状态，其后果则是课程改革中的乱象丛生，课程改革的持续推进事实上也就变得不大可能，更不用说课程改革愿景的达成了。

那么，为什么我们说课程改革制度创新能够促进课程文化重建，继而促进课程改革的科学发展呢？因为合理的制度在本质上能够促进人的发展，继而涵养新型学校文化。我们知道，人的发展状况从根本上说是由一个社会的生产力所决定的，而直接的则是由这个社会的交往关系结构的定在——制度所决定的。我国是一个伦理思想十分发达、道德情操异常高尚的国家，然而这种伦理和道德往往针对的只是个人，只是社会对个人的要求，而对于国家和社会层面的规范则一直没有受到人们的关注。而自国家出现以来，人类社会的一切不平等现象、一切的非道德行为，都与制度的非道德倾向密切相关，且始终根源于制度的非道德倾向。① 马克思也通过对人类社会发展阶段的分析，深刻地指出人的异化的深层次原因是社会制度的状况，只不过在共产主义之前的不同社会阶段异化的原因不同罢了。在古代封建社会主要是人身依附和等级关系，而在现代资本主义社会则是物（资本）对人的支配，只有到了共产主义社会人类才能真正实现自由全面发展。课程改革制度主要是为了保障课程改革顺利、科学地推进，但是良好的课程改革制度也能够促进课程改革主体的全面发展。课程改革制度的直接目的在于使参与课程改革的主体权力能够受到规限，教育观念的表达形成底线共识，利益的分配公平正义，以确保课程改革开展的正常秩序，保障课程改革能够理性地进行，避免非理性和随意化的行为扰乱课程改革的秩序，给课程改革和教育事业带来不可挽回的损失。如果课程改革制度建构的规则是公平正义的，依靠其具有的强制性和权威性，使人们通过权衡利弊意识到只有遵守制度的要求而行事才是明智的。那么，在初始阶段，人们的这种遵守制度的行为是他律的，而非自律的。但是，随着时间的推移和制度的稳定，这种行为被无数次地重复，人们逐渐地在开展课程改革过程中形成一种习惯或行为的"范式"，久而久之，参与课程改革的主体的心理结构便会产生重大的飞跃，也就是说已经形成了一种新型文化——组织成员共享的基本假设和信念以及稳定的生存方式。此时，人们不再局限于仅仅孤立地考虑自身利益的实现，而是会在遵守社会制度、增进社会公共利益的前提下来考虑自身利益的实现，在自身利益实现的同时，增进社会的共同利益。这就是课程改革制度促进课程改革参与者发展和涵养新型学校文化的机制所在。陶行知先生曾深刻地指出，生活即教育，我想道理就在于此吧。教育无处不在，课程改革制度也是一种（社会）教育的方式。当学校教育的美好理想遭遇到制度束缚的残酷现实，即学校教育追求自由、正义和民主的理想，如果遇到现实制度带给人们的不自由、不正义和不民主，我想任何学校教育都是低效的，甚至是无效的。当课程改革遭遇到抵制或者推进不顺利的时候，科学的态度不应该是首先责怪个体的不负责任和能力的不足，而是要首先检视我们的课程改革制度是否为人们提供了公平、正义的改革环境，只有课程改革制度本身是公正、合理的，课程改革才能顺利推进，才有可能实现人的全面发展和社

---

① 唐代兴：《公正伦理与制度道德》，人民出版社 2003 年版，第 1—4 页。

会的和谐发展。

二　理路探寻：课程改革制度创新的内涵

　　课程改革的科学发展，教育领域的综合改革，都要求我们在课程改革的过程中不断进行制度变革与制度创新，从制度层面确保课程改革的合理性开展，以课程改革制度涵养课程改革文化，以课程改革文化引领课程改革制度创新，使制度创新与文化重建相得益彰。相较于文化重建而言，制度创新对于课程改革更加迫切、也更加可行，因为制度创新是我国当前深化课程改革、实现教育现代化的关键一环。一方面，文化重建的实质是观念更新，就当下的情境而言，我们并不缺乏观念的更新，我们的课程改革研究更多地是构建了一个一个的观念体系，而制度创新层面的研究却很匮乏；另一个方面，任何观念的更新都要经过制度的制定与实施才能由潜在的力量转化为现实的力量，而制度又具有更强的权威性。① 因此，深入探讨课程改革制度创新的内涵、价值、特征与维度等，不仅有助于我们深入理解课程改革制度创新的内涵，而且也可以为本书寻找可行的分析框架。

（一）课程改革制度创新的概念诠释

　　科学概念不仅是思维的内涵，真理存在的形态，而且是思维的形式，是借以进而获取真理的前提手段。概念关乎人的思维结构和思维方法。富有生命活力的新概念能够更新科学研究者的思维结构和思维方法。② 基于此，厘清课程改革制度创新的概念，辨析其与其他相近概念的异同点，对于我们把握本书的核心内容，以及形成科学的研究思路，有着重要的价值和独特的意义，需要我们认真对待、深入思考、科学分析。

　　1. 制度

　　制度研究已经成为我国社会科学研究领域中一个十分重要的课题，因为制度的外延广泛，几乎涉及每个社会领域，关系到我们生活的所有方面。通过对诸多制度研究成果的梳理与分析，我们发现研究者们常用的制

---

　　① 邬志辉：《中国教育的现代化与制度创新》，《华东师范大学学报（教育科学版）》1998年第4期。

　　② 徐继存：《教学理论反思与建设》，甘肃教育出版社2004年版，第202页。

度的定义基本上有四种，分别代表了人们理解制度的四种视角。第一，制度是一种（套）规则或规范。这是对制度最为常见的一种定义。如诺斯（Douglass C. North）认为，制度是一系列被制定出来的规则、守法程序和行为的道德伦理规范①。这一定义将组织、法律、道德、价值观与意识形态等全部纳入制度的范畴之中。诺斯的定义被人们广泛接受，但也存在不足之处，即简单地将一切文化和意识形态都看作制度的内容，从而模糊了制度与非制度的界限。另外，他的定义又过于狭窄，即只有被制定出来的才是制度，这就将风俗、习惯和惯例等统统排除出去了。第二，制度是一种行为模式。其代表人物是亨廷顿，他认为，所谓制度乃是"稳定的、受到尊重的和不断重现的行为模式"②。亨廷顿在此强调的是制度的过程性面向，他定义制度的目的是为了说明制度化的概念。制度化意指组织与程序获得价值和稳定性的过程。第三，制度是一种特定的组织。最早将制度作为一个社会学语汇使用的斯宾塞，就认为"制度是履行社会功能的机构"③。新制度经济学家奥利弗·威廉姆森也提出，组织及其结构、程序本身就是制度，作为制度的组织就是一种被设计用来治理生产活动并使交易成本最小化的系统。④ 然而，制度毕竟不完全等同于组织。制度是构建人与人之间互动的一系列规则，而组织则是受制度约束的集体。⑤ 第四，制度是一种社会关系结构，社会基本权利——义务关系的安排是制度的核心。⑥ 如资本主义制度、社会主义制度等就是从这个意义上使用"制度"的。在此，制度被看作社会的基本制度，等同于社会形态。但社会关系结构是普遍存在于人类生活之中的，而制度却不一定，尤其是正式制度，比如我们通常会说制度不健全，而不会说社会关系结构不健全，稳定

---

① ［美］道格拉斯·C·诺斯：《经济史中的结构与变迁》，陈郁等译，上海三联书店1994年版，第225—226页。

② ［美］塞缪尔·亨廷顿：《变革社会中的政治秩序》，李盛平等译，华夏出版社1988年版，第12页。

③ ［英］邓肯·米切尔：《新社会学词典》，蔡振扬等译，上海译文出版社1987年版，第176页。

④ ［美］W·理查德·斯科特：《制度与组织——思想观念与物质利益》（第3版），姚伟等译，中国人民大学出版社2010年版，第158页。

⑤ ［美］杰克·奈特：《制度与社会冲突》，周伟林译，上海人民出版社2010年版，第3页。

⑥ 高兆明：《制度伦理研究——一种宪政正义的理解》，商务印书馆2011年版，第12页。

的社会关系结构是制度规范的客观结果，不能将二者混淆。

通过上面的分析可知，学者们大都是站在自己的学术立场上理解、定义"制度"这一术语的，都是根据自己研究的需要，结果是只抓住了制度的一个侧面，无法提供关于制度的全景图像，因而其解释力和应用也受到限制。这就需要我们站在马克思辩证唯物主义的立场，在对以往的"制度"定义理解的基础上重新界定"制度"，以探寻一般意义上制度的本质，为我们的研究奠定良好的概念基础。基于马克思辩证唯物主义立场，综合各学科对制度的定义，我们认为制度具备三个特征：首先，制度是一个规范范畴。这是制度最为本质的一个特征，也是所有关于制度的定义和本质分析中最没有争议的一点。制度通过自身的规则告诉特定的人群在具体的场合应该做什么，什么可以做，什么不能做，承担何种责任，做出某种行为要承担何种后果等信息。这些信息确保人与人之间交往活动的顺利进行，避免不必要的冲突，形成稳定的社会秩序，促进个人与社会的健康发展。其次，制度是一个关系范畴。制度则通过各种具有规范性的规则、程序对人们的社会关系进行规定和调整，使之形成客观、稳定的社会关系结构。这个稳定的社会关系结构，首先标识的是社会特定交往关系的框架结构、运行机制及其程序，这种框架结构、运行机制对社会成员的权利——义务关系作出安排以及社会资源的分配方式作出规定。最后，制度是一个历史范畴。伴随着人类生产力的不断发展，人类社会从原始社会、古代社会发展到现代社会，社会关系越来越复杂，而且也呈现出与以往不同的形式，这就需要人类进行制度创新和制度改良。制度是一个历史范畴，说明了不存在一成不变的制度，人们需要根据时代的发展变化和需要及时进行制度创新。综合以上制度的三个特征，笔者尝试对制度进行如下定义：制度是历史性存在的用于调节社会交往关系的具有权威性的行为规则系统。

2. 制度化、制度变迁与制度创新

制度是历史性存在的用于调节社会交往关系的具有权威性的行为规则系统，这是就制度自身的内涵而言的，只是对事物发展的结果与最终状态的描述。而这一结果是如何产生的，仅通过这一定义还远不能澄清，需要我们转而分析能够表征其形成过程的概念。通过对这些概念的分析，我们不仅能明白制度形成的大概机理，也有助于我们深刻把握本书的核心概念——制度创新，而不至于搞错了研究的对象，迷失了研究的方向。在众多的制度研究成果中，与制度形成相关的几个概念分别是制度化、制度变迁以及制度创新，这几个概念之间既有共同点，又有不同点，稍不留心就有可能造成误读与误用，因此，需要我们深入辨析这几个概念之间的关系。

许多学者在对制度进行研究时，倾向于强调制度促进稳定和秩序的功能，然而制度本身也会变迁。因此，制度研究的主题，不仅包括作为一种寄存社会秩序的"属性"或状态的制度，也必须包括作为一种"过程"的制度，必须包括制度化与去制度化。[①] 按照美国著名的政治思想家、哈佛大学教授亨廷顿在其名著《变化社会中的政治秩序》一书中的定义，制度是稳定的、受珍重的周期性发生的行为模式，而制度化则指的是组织与程序获得价值观和稳定性的进程。然而，亨廷顿并没有对这种进程的本质特征做出解释和说明，人们在这一定义及其书中也没有看到如何实现这一进程的方法。因此，应该重新定义"制度化"。我们认为，制度化是指社会控制与运行机制的模式化、程序化和规范化。通俗来讲，制度化即是建立健全、完善的制度体系，以确保社会各项事业的有序进行，实现个人和社会的同步发展。通过制度化的方式，存在于人们观念之中或理论之中的各种理念、设计与安排得以明确和固定下来，从而有助于人们在社会实践过程中的知晓和运用。[②] 因此，制度化是制度从无到有的过程，从制度观念到制度文本，再从制度文本到人们自觉按照制度规则行事的完整过程。也即伯格和拉克曼所说的，制度化要经过外化（externalization）、客观化（objectification）与内化（internalization）三个时段。外化是符号结构从参考着的社会互动中产生，其意义逐渐为参与者共有；客观化阶段是这种互动产物"逐渐成为参与者自身之外的、与参与者对立的事实"，成为"外在于那里"之物，成为一种与他人共同经验的实在过程；内化阶段是客观化的实在在社会化的过程中被"再次投射到意识之中"的过程。[③] 以制度化方式设置和运行的社会结构就是制度化结构。制度化结构作为一种社会实在，对个体的社会行为既是一种设置，同时也是一种裁

① Tolbert, P. S., Lynne, G. Z. Institutional sources of change in the formal structure of organization [J]. *Administrative Science Quarterly*, 1983（30）：22-39.

② 贺培育：《论制度化》，《理论探讨》1990 年第 2 期。

③ ［美］W・理查德・斯科特：《制度与组织——思想观念与物质利益》（第 3 版），姚伟等译，中国人民大学出版社 2010 年版，第 48 页。

切。前者导引"合理性"行为，蕴含着鼓励；后者则是对非理性行为的禁戒，以使行为者放弃以制度所禁止的方式追求利益最大化的企图。① 课程改革作为一项复杂的社会实践活动，需要建立起健全的、合理的"制度丛"来规约其朝着合理性的方向发展，并保障课程改革的顺利进行。这个建立"制度丛"的过程即是课程改革的制度化，而制度规则系统的建立和完善即是课程改革制度化的核心。课程改革相关制度的从无到有、从产生到实施，这个过程就是课程改革制度化。课程改革制度化也是我们需要着重研究的一个重要话题，它是课程改革制度创新的前提，也是课程改革制度创新的题中应有之意。

制度变迁是关于新制度取代旧制度，进而发挥规范、约束甚至塑造相关主体行为的的过程。制度变迁是制度研究的一个中心话题和永恒话题，基本所有的制度理论都会对这个问题进行或明确或隐含的回答，在社会制度变迁和经济制度变迁的研究中表现得尤为明显，甚至就这一话题形成了不同的理论流派。华盛顿大学政治学系教授奈特曾指出，一个关于制度形成和变迁的适当理论，应该着眼于提供两个方面问题的回答。第一，应该解释一个制度初始发展的机制，这就需要回答两个问题：（1）一个规则是通过怎样的过程而成为一个社会全民共享的标准的？（2）为什么规则会采用其特殊的形式？第二，应该解释已经建立的规则是怎样变迁的，这需要回答下述两个问题：（1）现存规则的稳定性为什么会遭到破坏和怎样被破坏的？（2）新规则是怎样建立的？这里新规则的建立问题，又回到了解释初始发展时的两个问题之中。② 制度形成的过程即是制度化的过程，旧制度被新制度取代的过程即是制度变迁的过程，新制度的形成过程又是新的制度化过程。因此，制度变迁必然内含制度化，我们也可将制度变迁理解为由制度化到非制度化，以及再制度化的过程。众多学派都尝试对制度变迁进行解释，形成了两大基本派别，即和谐学派与冲突学派，这也是社会科学的两大基本范式。和谐学派认为，制度是行为体为解决利益冲突以及增进个体福利而进行合作与协调的结果，否认权力和冲突在制度变迁中的作用；与此相反，冲突学派把行为体间的利益冲突看作是普遍的并且经常是不可调和的，而且有些还是无法避免的，制度变迁在本质上是

---

① 杨育民：《略论"制度化"》，《社会科学辑刊》2001 年第 6 期。

② ［美］杰克·奈特：《制度与社会冲突》，周伟林译，上海人民出版社 2010 年版，第 3 页。

一个占据主导地位的行为体将其政治意志强加给其他行为体的过程。然而，和谐学派不能解释坏制度的存在，也不能真正内源性地解释制度变迁，因为权力在其制度变迁中没有作用。冲突学派不能解释人类社会的总体进步，因为它不承认观念的吸引力在制度变迁中的作用。两个学派都需要改善，我们在解释制度变迁的过程中需要综合权力与观念两个方面来进行。①

制度处于产生与不断演变的过程之中，从来不存在一个完美无缺、一朝定式的制度。因此，我们不能把制度看作是一成不变的东西，而应该以动态的眼光来审视制度。② 正因为制度的不完美性和社会的不断发展，追求制度的完善甚至重建才有了内在动力，制度创新也才有了可能性。所谓制度创新，就是冲破陈旧制度的束缚，在制度上实现破旧立新，以优化社会资源的配置。③ 在已有的制度理论尤其是制度变迁理论中，制度创新往往被等同于制度变迁，或者至少可以说，制度创新是制度变迁过程中最为实质的核心阶段。因此，我们认为制度创新和制度变迁有着密切的联系，但制度创新并不完全等同于制度变迁。制度变迁描述的是一种制度被其他制度所取代的过程，但后者并不一定就是新的或者更加先进的制度，这在人类社会发展史上屡见不鲜，比如更为原始、更为落后的制度取代了现有制度，进行了制度复辟，这也是制度变迁，但肯定不能称其为制度创新。因此，制度变迁仅仅是一个事实判断，并非价值判断。而制度创新则要求后来的制度相对于原有制度而言，在制度观念、制度规则上要更加完善、更加科学，能够解决原有制度所不能解决的问题，同时最好能够解决原有制度可以解决的问题，只有如此，我们才能说后来的制度取代原有制度的过程是制度创新的过程。对于教育发展而言，只有当教育发展出现了新问题，现有的制度体系已经不足以解决新问题时，创新教育制度才是需要的，也才是可能的。④ 根据这一思路，原初意义上的制度化一定是制度创新的过程，而后期的去制度化意义上的再制度化则就成为了制度变迁的过

---

① 唐世平：《制度变迁的广义理论》，沈文松译，北京大学出版社 2016 年版，第 60—67 页。

② 陈朋：《制度创新与制度自信：中国特色社会主义制度成长的基本逻辑》，《学海》2018 年第 1 期。

③ 刘晖：《制度创新：为中国教育释放更大的发展空间》，《教育科学》2003 年第 4 期。

④ 张彦玲、叶文梓：《论教育制度创新》，《教育发展研究》2001 年第 5 期。

程，并不一定就是制度创新的过程。对于制度化、制度变迁和制度创新，我们需要具体问题进行具体分析，不能一概而论、等同视之。

3. 课程改革制度创新

课程改革作为一项复杂的人类社会实践活动，其中充满权力的博弈、价值观的冲突以及利益的折中，① 本身就是一个不断发展与变化的过程，这一过程又牵涉广大青少年儿童的身心健康发展。改革主体不仅应当建立起完善的规章制度保障其合理开展，而不能使其陷入随意化、非理性的泥沼，也即应该实现课程改革的制度化，而且应该随着时代的发展和教育的进展，不断对这些规章制度进行改革、完善乃至创新，如若不然，这些规章制度将不能保障改革的合理开展，甚至将改革引向失败的危险境地，也即应该进行课程改革制度创新。中华人民共和国成立以来，尤其是改革开放以来的历次课程改革历史实践充分证明，只有课程改革制度不断创新完善，改革才能不断取得成效，教育才能不断发展。课程改革必然伴随着各项相关制度的不断创新，不仅包含正式制度的创新，也包括非正式制度的创新，既包含国家层面的制度创新，也包含区域层面的制度创新。从这个角度而言，课程改革就是相关制度不断变革与创新的过程。基于此，课程改革制度创新即是在课程改革的过程中，根据时代的发展和改革的特征，不断对相关制度进行构建、完善或者革新，使其能够充分发挥引导和规约课程改革主体行为，保障课程改革合理开展的功能，而不至于使其陷入随意化和非理性的泥沼。

在一般意义上，课程改革即是课程政策的制定及其付诸实施的过程。那么，按照课程改革的过程要素，本着易于理解和便于分析的原则，我们可以将课程改革分解或者还原为课程决策、课程管理、教科书编审用、课程实施以及课程评价等环节，这些环节之间并非是界限分明、彼此割裂的，而是紧密联系、相互支撑的。课程改革是由诸多环节构成的复杂系统，每一个环节都需要完善的制度予以保障其合理开展，每个环节的合理运行最终将造就课程改革的合理开展。因此，课程改革的制度创新就包括了五个方面，即课程决策制度创新、课程管理制度创新、教科书制度创新、课程实施制度创新以及课程评价制度创新等。本书对作为制度创新过

---

① 肖磊：《论课程改革的社会属性——兼谈课程改革制度化的立论之基》，《西南大学学报（社会科学版）》2017 年第 5 期。

程的课程改革研究，正是从这五个方面着手进行的，研究力争基于课程改革的历史回顾，对课程改革各环节的制度创新进行客观分析，从中发现我国课程改革制度创新的历史规律，精准定位我国课程改革制度化的现实状况，深刻把握我国课程改革制度创新的未来走向，为我国课程改革的制度建设提供智力支撑。

（二）课程改革制度创新的价值定位

制度是历史性存在的用于调节社会交往关系的具有权威性的行为规则系统。因此，制度的核心是规则，制度的功能是调节社会交往关系，这是就普通意义上的制度而言的。具体到课程改革之中，课程改革制度就是那些用来调节在课程改革中人们的社会交往关系的规则系统。课程改革作为一种特殊的人类社会实践活动，其特殊性就表现在实践主体的作用对象不是一般的客观事物，而是源自教育者教育观念的课程以及数以万计的青少年儿童，这两个方面的作用对象又是相互联系、彼此成就的。课程改革的特殊性要求我们在改革的过程中要时刻牢记改革的目的和初衷，而不能是为了改革而改革，或者为了目的之外的考量进行改革。然而，课程改革作为人类社会实践活动，也具有一般社会实践活动的要素和属性，那就是在课程改革的过程中，同样充满了不同人群之间权力的博弈、利益的折中以及观念的冲突，这些人群基于自身的价值观念、利益考量等不断运用自身的权力以各种不同的途径作用于课程改革，从而使课程改革有可能背离改革的初衷。课程改革的实践一般性要求我们应不断建立和完善、创新各项相关制度，以合理、完善的制度来保障课程改革特殊性的实现，从而，课程改革制度及其创新就将课程改革的实践一般性和特殊性连接起来了，成为完整意义上的课程改革。制度在调节社会交往关系中的机制表现为以权威性规则约束人们的行为，为人们的活动提供稳定的预期，使人们在特定的社会框架中交往，因此，制度也就有了激发人们行动活力的功能，通过规约与激发辩证两方面的作用，促进主体内在的发展。因此，课程改革制度创新的价值就应定位于保障课程改革的秩序、激发课程改革的活力以及促进改革主体的发展，凡是违背这几个方面价值定位的课程改革制度及其创新都是徒劳的，也必将走向失败的境地。

1. 保障课程改革秩序

美国著名的法理学家博登海默（Edgar Bodenheimer）曾在《法理学：

法律哲学与法律方法》一书中对秩序进行了深刻分析和解读："秩序"意指在自然进程或者社会进程中存在着的某种程度的一致性、连续性以及确定性。与此相反，"无序"则表明在发展的进程中存在着某种程度的非连续性和无规则的现象，也就是缺乏智识或理性所能及的模式，其典型表现就是从一个事态到另一个事态的不可预测的突变情形。[①] 博登海默的分析颇有启发意义，有助于我们深入思考秩序的意义与制度的功能。秩序是人类社会发展的前提条件，没有秩序的社会将变成弱肉强食、丛林法则大行其道，人与人之间缺失信任，个体将严重缺乏安全感，个体的发展将变得不可能，社会的发展也将停滞不前。因此，自从有了人类社会，人们便不断寻求各种能够确保社会秩序的方法和途径，比如建立了国家、国家建立暴力机器、形成各种风俗习惯、颁布各项法律法规等。这些方法和途径都或明确或隐含地规定哪些行为是社会所提倡的、哪些行为是社会所禁止的，违反这些规则将受到何种惩罚等，旨在为人们的行为提供依据，为人们的行为提供稳定的预期，不至于使人们的行为随意化或者非理性化，而给其他人的生存或者发展造成不可挽回的影响和损失。在现代社会中，人们进入了一个陌生人社会，传统的风俗习惯、乡规民约等非正式制度逐渐失去其自身的约束效力，而更为强调正式制度诸如法律法规、规章制度等的规约作用。

课程改革关乎广大青少年儿童的健康成长，关乎我国综合国力的不断提升，其开展需要合理的秩序，不能随意化和非理性化，否则课程改革的正常开展是无法想象，课程改革的使命也是无法实现的。在依法治国、依法治教的时代背景下，建立健全、不断创新相关制度就成为保障课程改革合理性的主要途径，也是有效途径。在课程改革过程中，权力主体如何使用权力、利益群体如何获取利益、观念表达如何合理有效等，都需要对应的制度予以明确规定。因为，权力没有了约束，权力就容易被滥用，导致权力的错位和失衡；利益获取方式没有规定，则容易造成自我中心的利益获取倾向，而忽略了课程改革的主要利益；观念的表达渠道如果不畅通，则容易造成部分观念的一家独大，不利于改革共识的达成。只有建立起完善的、有效的课程改革制度，才能保障权力的正常运作、利益分配的公平

[①]　［美］E·博登海默：《法理学：法律哲学与法律方法》，邓正来译，中国政法大学出版社 2004 年版，第 227—228 页。

正义、观念协商的持续有效，才能使课程改革的顶层设计和底层实施相互衔接，整体利益和局部利益相得益彰，主导观念与边缘观念交互对话，确保课程改革能够达成底线共识，确保课程改革推进的稳定有序。制度的本体价值和功能就是规约人们的行为，课程改革的制度创新也应以保障课程改革的秩序为首要目标，只有课程改革稳定有序，课程改革方能持续推进。

2. 激发课程改革活力

人类社会之所以能够不断向前发展，科学技术之所能够日新月异，人类文明之所以能够灿烂辉煌，这一切都要归功于人类的自由创造。马克思曾指出："人的类特性恰恰就是自由的有意识的活动。"① 自由之于人类，犹如阳光之于万物、雨露之于干涸，须臾不可缺少也。压迫与专制不可能张扬人性，不可能孕育生产的动力和创新的活力，人类几千年的社会实践已经充分证明了这一点。即便是历史上与现实中那些反对自由的人也只是在某种程度上反对别人的自由，而或明或暗地主张保留甚至扩大自身的自由。在自由的环境中，在自由的氛围里，人类的想象力才能驰骋翱翔，人类的创造性才能充分激发，人类的思想才能持久激荡。但是，自由并非与秩序绝对对立，恰恰相反，自由需要以合理的秩序为前提条件。如果社会缺失秩序，那么基于个体欲望的无限性和社会资源的有限性之间的矛盾，个体与个体之间将会是孤立的原子式存在，不会存在合作，不会存在和平，人类社会将会限于永无止境的争端，个体将不可能拥有长久的自由，即便一时拥有，也不能保证这种拥有的持久性，这种拥有随时有可能被其他人所剥夺。如果人类整日处于自由的稀缺状态，那么人类将不会有心思去思考天地万物、去改造社会、甚至去改造自身。然而仅仅强调秩序，甚至将单纯的秩序当作社会发展的终极目的，那么每个人都成为社会的"螺丝钉"，他们的活动将按部就班，也将导致社会缺乏活力。因此，自由与秩序是相伴而生的，秩序仅是中介，自由方为目的，不能本末倒置。如何保障个体在社会上尽自己所能自由地创造价值？也要依靠制度，制度基于社会的正常交往而规定人们的权利与义务，使个体明了自由的范畴与边界，在一定的规则框架内自主自由创生。

长期以来，我们的课程改革往往容易陷入"一放就乱，一乱就收，

---

① 《马克思恩格斯选集》（第一卷），人民出版社 1995 年版，第 46 页。

一收就死，一死再放"这样的放乱循环之中，而找不到恰切的改革方法理论，其中的一个重要原因就是没有正确理解和处理秩序与自由之间的关系。单纯强调秩序容易使课程改革缺乏活力，常见的情况是高层发布政策文件，用文件紧紧束缚基层改革主体的手脚，使得改革变成了原封不动地贯彻文件命令，而不能自由创新。单纯强调自由，又将会使课程改革陷入各怀鬼胎、各说各话、各行其是，最终也将导致改革的随意化和非理性化，走向改革的对立面，走向自由的对立面。因此，课程改革制度应该在保障改革顶层设计和原则方向正确的前提下，清晰规定各级改革主体的权利与义务，使其能够在一定的制度框架下充分自主地运用权力，充分表达与合理协商彼此各异的观念，通过合理的方式在改革过程中获取自身的利益，最终让权力主体共享课程改革的红利。尤其是对于课程改革的微观环节，宏观制度切不可干涉过多，权力之手不宜伸得过长，要让基层改革主体在宏观制度背景下，敢于解放思想、创新创造，那些凡是有利于青少年儿童成长的措施，凡是有利于我国教育事业稳步发展的举措，都是可以允许改革主体大胆尝试、积极探索的。课程改革本身就是基于解决课程实践中的问题，为了解决实践中的问题而进行的变革创新活动，如果没有合理的制度营造自由的氛围和环境，这样的改革创新是很难实现的。随着课程改革的深化发展，也相应地要求课程改革制度能够充分激发改革主体的创造活力，推动课程改革创新发展。

3. 促进改革主体发展

著名的哲学人类学家米夏埃尔·兰德曼（M. Landmann）曾指出，人是一种"不确定性"的存在，"自然只完成了人的一半，另一半留给人自己去完成"[①]。兰德曼意在指出人在本质上是一个发展中的群体，是一个可以不断进行自我反思、自我塑造、自我成长的物种，人类的发展没有完成时，只有进行时，因为处在每一个发展阶段的人都会有新的、更高的追求，这样的追求就促使人们想方设法进行更高层次的发展。没有发展，人将处于停滞状态，这样的人生是没有意义和价值的。如果人人都不求发展，社会也将停滞不前，个体的发展也是不可想象的。只有作为个体的人得到了全面发展，由个体人所组成的社会群体才能实现良性发展，继而为

---

① ［德］米夏埃尔·兰德曼：《哲学人类学》，张天乐译，上海译文出版社 1988 年版，第 7 页。

个体发展提供良好的条件保障。但人的发展过程，不是自动进行、自发完成的，而是需要人们在社会实践过程中不断积累、不断总结、不断突破才能实现的。因此，人在实践中发展着，在发展中不断地变革实践、改进实践，从而更好地实现自我发展。制度建构及其变革过程，正是人们基于对社会实践过程中制度缺失或者不合理所带来的诸多弊端的反思和总结而自觉开展的。健全、完善的制度对于规约个体行为、实现个体自由有着重要的意义，对于构建社会秩序、实现治理体系和治理能力现代化有着重要的促进作用。无论是制度对个体的意义，还是对社会的意义，都是为了实践的更好开展，最终都指向个体的全面发展。如果一种制度不能促进人的全面发展，反而限制人的发展或者将人的发展引向某种歧途，导致这种制度既不利于个体的发展，又不利于社会的发展，那么这种制度是需要变革与创新的，这也是我们在进行制度建设与制度创新过程中需要认真对待和科学思考的问题。

课程改革的对象是课程实践中的内容，更准确地说，是课程实践中所存在的问题。课程改革的终极目的旨在通过改进课程实践以促进学生的全面发展，这是一个不言自明的道理，只是作为课程改革的主体是否能认真对待这个问题以及基于什么立场来看待这个问题，进而开展课程改革就关系着课程改革的终极目标能否实现。而不同层次、不同背景的改革主体在课程改革过程中所秉持的立场与态度都是有差异的，他们的发展诉求是各不相同的，那么如何在不同的改革立场与态度之间达成共识，如何保障改革主体基本的发展诉求就成为摆在我们面前的一个永恒问题。这个问题除了文化重建、观念宣传之外，更为重要的是进行制度建设与制度创新。通过制度建设与制度创新，建构起合理的改革规则体系，使多元主体之间能够基于协商对话达成改革的底线共识，使改革主体的发展在服务于广大青少年儿童的全面发展的前提下能够得以最大程度的实现。这是就改革的结果而言的。就改革过程而言，合理完善的制度可以引导改革主体的行为，将人们的行为导向改革的正确轨道上，使其符合改革的主要精神，长此以往，人们的行为转变也会引起内在心理的变化，将自我发展与改革发展紧密联系起来，实现精神境界的不断提高、发展与超越。从而，制度创新就从内外在两个方面促进了改革主体的不断发展，为改革终极目标的实现奠定良好的基础。

（三）课程改革制度创新的基本原则

制度是人类根据以往社会实践活动的成败得失而总结生成的，其中有自然演进的成分，但其在本质上乃是人类自觉建构的产物。不同生存环境、不同发展阶段、不同文化背景中的人，即使身处同一时代下，也有可能基于自身的需要而建构或者选择不同类型的制度体系。但是，这样的选择或者建构并非都是合理的，有的短期看可能对制度主体有利，但从长远看就不一定如此。因此，制度创新需要坚持正确的方法论原则，否则制度创新有可能变为一场闹剧，更有可能对社会的稳定造成不利影响。课程改革制度创新关系着课程改革的决策与实施过程的科学性，关系着立德树人根本任务能否真正被落实，因此，也需要正确的方法论原则作指导。习近平新时代中国特色社会主义思想，是坚持和运用辩证唯物主义和历史唯物主义的光辉典范，蕴含着丰富的马克思主义思想方法和工作方法，既是世界观、历史观，也是认识论、方法论；既讲是什么、怎么看，又讲怎么办、怎么干；既部署"过河"的任务，又指导解决"桥或船"的问题，为推进党和国家事业发展提供了锐利思想武器。① 因此，课程改革制度创新作为一项伟大的社会实践，也应当在习近平新时代中国特色社会主义思想的引领下科学开展。

1. 坚持本土特色

每一个国家的宏观社会制度都具有其迥异于其他国家的特色，其他具体的制度要在宏观社会制度的指引下进行构建或者创新，宏观社会制度是具体制度建构的背景，这是一个基本的事实。具体的制度创新要充分彰显本土特色，否则，具体制度的建构与实施是不可能的。自中华人民共和国成立以来，尤其是改革开放 40 多年来，我国各族人民在中国共产党的领导下，经过艰难困苦的探索，逐步建立起了适合我国国情的中国特色社会主义制度。中国特色社会主义制度是当代中国发展进步的根本制度保障，是具有鲜明中国特色、明显制度优势、强大自我完善能力的先进制度。② 中国特色社会主义制度体现在政治、经济、军事、文化、教育等社

---

① 中共中央宣传部：《习近平新时代中国特色社会主义思想三十讲》，学习出版社 2018 年版，第 326 页。

② 中共中央宣传部：《习近平新时代中国特色社会主义思想三十讲》，学习出版社 2018 年版，第 24 页。

会事业的方方面面。具体到教育发展上来说，那就是始终坚持以党的教育方针统领教育事业发展，始终坚持社会主义办学方向不动摇，始终坚持办人民满意的教育，逐步推进我国教育事业的现代化。其中，党的领导是中国特色社会主义教育事业不断发展和前进的最大政治优势，是办好中国特色、世界水平的现代教育的根本政治保证。课程改革制度作为我国宏观制度在课程改革领域的具体体现，也必然要以中国特色社会主义制度为指导，始终在中国共产党的领导下坚持社会主义办学方向，并不断开拓创新，确保课程改革朝着预定的方向和目标迈进。无论是作为顶层设计的课程决策制度，还是作为中介桥梁的课程实施制度，无不是充分彰显着我国宏观社会制度的特色，才最终造就了课程改革的卓有成效，才最终推进了我国教育事业的不断发展。课程改革制度建设与创新要求我们应始终坚持本土特色不动摇，充分吸收外来经验，不断完善创新。

2. 坚持问题导向

问题是发展过程中的暂时阻力，但也是不断发展的永恒动力，我们要辩证地看待问题及其功能。习近平总书记曾指出："我们中国共产党人干革命、搞建设、抓改革，从来都是为了解决中国的现实问题。"只有搞清问题，发展才有方向；只有解决问题，发展才有可能。制度的产生在本质上就是为了解决人类社会交往中的问题，为人们解决问题提供一定的依循，为人们的发展提供一定的保障。而随着社会的发展，原有制度不能很好地调节社会交往关系时，新的问题就产生了，这就要求我们及时对制度进行调整、修改、完善或者创新，这就是制度变迁或者制度创新。因此，制度创新必定是以问题的存在为前提而开展的。那些随意对制度进行变革的行为，不是无知就是无耻，无知可能是因为不明制度变迁的内在规律，无耻可能是因为自身欲通过制度变迁从中获取某方面的资源，这两种情形都极有可能造成社会资源的浪费，甚至有可能不利于社会的稳定发展，都是我们需要警惕和预防的。课程改革制度创新也要以课程改革过程中现实存在的问题为前提，以保障课程改革的合理开展为目的，不断针对问题提出制度方案，只有如此，方能经得起历史的检验与实践的检验。课程改革制度创新要坚持问题导向，需要我们对以往课程改革过程中存在的问题进行精准把脉，这就要求课程改革主体大兴调查研究之风，深入课程改革各环节，主动查找制约课程改革顺利推进的突出问题和紧要问题，以制度建设和创新的方式解决这些问题，尤其是要解决好改革主体权利与义务的矛盾问题，而不是凭着想象或者主观经验去进行虚妄的制度变革。历史上违背制度变迁规律进行课程改革制度创新的教训仍旧历历在目，我们应避免再次重蹈覆辙。

3. 坚持全面协调

社会发展是一项复杂的系统工程，需要我们处理好复杂系统中的各要素、各环节，统筹谋划、协同推进这些要素与环节，避免因为某一个要素或者某一个环节与系统整体布局不协调或者相冲突，造成系统工程建设的失败。因此，我们党提出了全面协调可持续发展的战略思路，为我们科学推进社会整体建设与改革提供了遵循。全面协调深刻体现了马克思主义唯物辩证法，是我们党在领导人民进行伟大社会实践过程中所总结出的深刻智慧，要求我们在进行社会改革时不能以局部的眼光看待问题，不能局限于一时一地，而要以系统的眼光审视全局，协调好系统中的每一要素、每一环节，保障社会整体建设的持续推进。制度建设与制度创新作为社会整体建设系统中的一个子系统，也需要坚持全面协调的思维方法和工作方式，统筹各项制度之间的关系，使之协同配合、互相支撑，避免相互掣肘、相互矛盾、相互内耗，能够充分发挥调节社会交往关系的功能。课程改革作为一项复杂的社会实践活动，每一个环节都需要相关制度的保驾护航，因此，课程改革制度本质上不是一项独立的制度，而是一个复杂的制度丛。这就要求我们应该坚持全面协调的原则来推进课程改革制度创新，深刻把握课程改革制度中的每一项制度的特征，处理好每一项制度与其他制度之间的关系，使它们形成合力，共同保障课程改革的科学推进。当然，说课程改革制度创新要坚持全面协调原则，并非是说课程改革制度创新要一次性解决所有问题，或者对所有制度进行创新，而只是在方法论上提倡全面协调，一次课程改革制度创新可以有重点地对某项制度进行变革或者创新，只不过要密切注意与其他制度之间的关系。

4. 坚持公共品格

制度是历史性存在的调节社会交往关系的具有权威性的规则系统，这一定义充分凸显了制度的功能定位，即调节社会交往关系。一旦一项制度为社会所接受、认可并遵照实施，那么就会对人们的行为产生引导、规约的作用。如果制度规则设计不合理，人们的行为也将变得混乱和不合理，社会的稳定与个体的自由也将变得不可能。因此，制度本质上具有公共品格，其社会影响力十分广泛，其制定与变革需要认真考虑制度的这一特性。教育作为国家的一项公共事业，关系着广大青少年儿童的身心健康发展，具有强烈的外部性和公共品格，而教育事业发展的重要路径就是通过课程改革改进课程实践，因此，课程改革本身也具有公共品格，需要慎重对待。我们要警惕将课程改革仅仅当成个人谋取利益、达成目标的工具，而提倡将改革主体的利益与教育发展的利益相结合。课程改革制度是课程改革科学推进的重要保障，关系着改革理念如何确定、改革权力如何运作、改革利益如何分配，简言之，即关系着在改革过程中权利和义务如何分配。如果课程改革制度建设与创新不能坚持公共品格，将会导致课程改革乱象丛生，随意化和非理性现象不断出现，这是不利于课程改革的顺利推进和教育事业的科学发展，最终也将危害广大青少年儿童身心的健康发展。因此，课程改革主体尤其是制度制定者需要秉持高度的制度理性[①]和改革伦理，站在国家发展、教育发展和儿童发展的角度，以公共利益为考量的重点，去科学推进课程改革制度变革与创新。这不仅是课程改革制度创新的原则，也是中国共产党领导下社会主义办学方向的必然要求，需要我们认真对待和贯彻执行。

---

① 司汉武：《制度理性与社会秩序》，知识产权出版社 2011 年版，第 221—222 页。

第二章

顶层设计：课程决策制度创新的历程

课程改革乃是课程政策制定及付诸实施的过程。课程政策决定着课程改革的方向与内容，需要科学决策与精心谋划。因此，课程决策是对课程改革的顶层设计，对课程管理、课程编制、课程实施以及课程评价等都产生着至关重要的影响。也正因如此，从理论上讲，课程决策更加需要制度的规约，需要在制度层面对为何决策、谁来决策、如何决策等根本问题作出规定，以保障课程决策过程的民主性和科学性，保障课程政策的真正落地和有效实施。改革开放40多年来，在我国宏观政治决策体制的引领下，我国课程决策制度也在前行中缓慢变革与创新，尤其是进入21世纪以来，我国的课程决策制度完善与创新的步伐进一步加快，制度创新在保障课程决策科学化方面的功效愈加彰显，并在教育改革与发展中发挥了重要的作用，推动了我国教育事业的科学发展。然而，总体而言，我国课程政策的形成与发展在外人看来仍然是一个"黑箱"，也即是课程决策制度规则体系仍不够健全，课程的民主决策仍显不足。正因如此，2019年10月31日，党的十九届四中全会审议通过了《中共中央关于坚持和完善中国特色社会主义制度　推进国家治理体系和治理能力现代化若干重大问题的决定》（以下简称"决定"），其中提出："坚持民主集中制，完善发展党内民主和实行正确集中的相关制度，提高党把方向、谋大局、定政策、促改革的能力。健全决策机制，加强重大决策的调查研究、科学论证、风险评估，强化决策执行、评估、监督。"① 该文件强调了我国政治决策制度应坚持的一般原则以及具体的发展完善路径，对于我国其他领域的决策制度创新与发展具有重要的指导作用。本章在对课程决策、课程决策制度创

---

① 中共中央关于坚持和完善中国特色社会主义制度　推进国家治理体系和治理能力现代化若干重大问题的决定［EB/OL］. http://politics. people. com. cn/n1/2019/1105/c1001-31439380. html。

新等相关概念的内涵进行澄清的基础上，将课程决策制度创新放置在我国宏观政治决策制度发展的历史大背景中，着重回顾改革开放 40 多年来我国课程决策制度的变迁与发展，分析 40 多年来我国课程决策制度创新的内在理路，在此基础上对我国课程决策制度创新的未来发展趋势进行展望。

一　课程决策制度创新的意蕴

（一）课程决策制度创新的内涵

1. 课程决策的内涵

课程决策是课程理论研究的重要组成部分，对其进行理性的认识和分析，无论是对课程理论的研究，还是对课程实践的探索都有着重要的意义。对于大多数人而言，课程决策这一词汇并非是经常出现和可做直观认识的，反而是课程政策这一词语出现较为频繁，也有一定的文件或内容可为人们进行认识和理解。而且，课程政策作为课程决策的直接产物，与课程决策有着千丝万缕的联系。因而，在分析课程决策的内涵之前，有必要对课程政策这一概念进行澄明。课程政策作为一个新的研究领域，鲜有学者对其进行明确的界定及论述，不同学者从不同的角度对课程政策进行了自己的阐释。美国课程学者沃克认为"课程政策通常是有关应当教什么以及作为课程开发指南的一个书面陈述。它建立基本原则、限度以及在特定的管辖范围内规定教育机构课程大纲的标准。它必须经由一个民主的过程来决定，在其合法化之前，必须首先考虑所有有关团体的愿望"[1]，这一认识强调了课程政策制定过程的民主与公平问题。学者蔡清田认为："课程政策是指有关课程目标的方针与课程方案的计划，以作为日后进行课程实施之方针。"[2] 这种观点更倾向于将其看作是一种计划或规划，是对后续课程实施的方向性指导。胡东芳认为课程政策是"国家教育行政

---

[1]　Decker Walker. *Fundamentals of curriculum* [M]. San Diego：Harcourt Brace Jovanovich, Inc, 1990：303.

[2]　蔡清田：《课程政策决定——以国家教育改革法案为依据的课程决策》，台湾五南图书出版公司 2003 年版，第 25 页。

主管部门在一定社会秩序和教育范围内，为了调整课程权力的不同需要、调控课程运行的目标和方式而制定的行动纲领和准则"①，该认识着力解决课程权力分配的问题。由此，虽然不同学者基于不同的角度给予课程政策不同的认识，但总体上来说，课程政策作为一种纲领或者准则，由一定的部门或团体制定，且具有一定的引领性和指导性等特征是基本共识。基于此，笔者认为，课程政策是国家教育行政主管部门以正式文本的形式明确课程管理主体与权责、确定课程方案、调整课程结构、规划课程内容、建议课程实施方式等，以作为各级教育行政部门和学校在课程建设与发展过程中所应遵循的准则。

在理解课程政策的基础上分析课程决策则相对容易一些，简单来讲，课程决策就是对课程政策起草、商讨及制定的过程。但课程决策概念具有一定的复杂性，对其进行理解不能仅仅停留在表层简单的认识。一般说来，对于课程决策的认识有三种理解：其一，就是简单地从课程政策这一视角进行理解，即课程决策就是对课程政策的制定和课程选择、实施、评价策略的规划。其二，课程决策是不同人群之间价值观的相互博弈和平衡的过程与结果。从这一视角来看，课程决策具有评价的属性，其本质是一种价值判断和协商。如在西方课程理论中，课程决策被认为是"对有关教育或社会化的目的和手段的一种判断，往往在学校范围内采用，并以教学大纲为中心（而不是人事、预算等）。判断是某种有意识思考的结果，代表了以一种特殊的方式去行动或产生一个预期结果的意向"②。其三，课程决策过程暗含着一定的权力运作，即一定的权利主体认为哪些课程是应该被重视和需要的，这比较契合"谁的知识更有价值"这一话语的含义。因而，从该视角审视课程决策，课程决策便是社会权利的调整和再分配。如我国学者丁念金认为："课程决策是课程发展过程中对教育的目的、手段进行判断和选择，从而决定学生学习怎么样的课程的过程。"③ 以上对于课程决策的三种不同理解，都从不同侧面阐述了课程决策的内涵，但这些理解并不能涵盖课程决策内涵的全部，从广义上来讲，无论是从课程决策的主体视角，还是课程决策过程及其结果的视角理解，

①　胡东芳：《论课程政策的定义、本质与载体》，《教育理论与实践》2001 年第 11 期。

②　江山野：《简明国际教育百科全书·课程》，教育科学出版社 1991 年版，第 143 页。

③　丁念金：《试论我国基础教育课程决策机制的转变》，《课程·教材·教法》2001 年第 5 期。

这些都是课程决策的有机组成部分，而且需要着重指出的是课程决策并非在根本上从属于权力的规约，其根本遵循应是人才素质发展的内在要求以及课程发展的基本规律。因而，本书认为广义的课程决策是在遵循课程发展基本规律的前提之下，对各种课程资源加以选择和整合以实现特定教育目的的过程。狭义的课程决策则是对课程政策的制定和课程选择、实施、评价策略的规划。

2. 课程决策制度的内涵

课程决策是围绕特定的课程议题进行政策商讨与文本叙写的过程，这一过程牵涉到如下几个问题：第一，特定课程议题何以进入决策主体的视野，也即是为何决策的问题；第二，何种机构的人员以及具备何种素质的人方能成为决策主体，也即是谁来决策的问题；第三，围绕特定的课程议题，决策主体是如何描绘课程愿景、把握课程现状，进而做出科学决策，也即是如何决策的问题。这三个问题关系到课程决策的科学性与有效性，需要在制度层面加以明确和规定。因此，课程决策制度即是对为何进行课程决策、谁来进行课程决策以及如何决策等根本问题的规范，这种规范可以通过专门的政策文本或者规章制度等形式进行体现，也可以散见于其他更高层次或者更抽象的政策文本或规章制度之中。

随着近现代政治文化的不断发展，每个国家都形成了自己独特的制度文化传统，其课程行政体制也与之相应地建立并定型。有两种典型的课程决策类型，即所谓的行政主导的顶层设计类型和草根的底层探索类型。行政主导的顶层设计类型下的课程决策的权力主体是国家权力机构，采用的是一种自上而下的决策模式，由中央教育行政部门决定或修订课程，一般在集权制国家采用。草根的底层探索类型之下的课程决策的权力主体则是各地的教师团体或地方教育机关，它采用的由下而上的方式来决定或改变课程，一般在分权制国家采用，如英国和美国。值得说明的是，两种类型的课程决策模式并非是只属于某种政治体制范畴，随着社会的发展以及全球化进程的加速，如今的课程决策很少存在单一的类型，而更多体现的是集权与分权的结合。集权制的国家倾向于课程决策权力的下移，分权制国家则倾向于课程的集中管理，而实际上，分权制国家的所谓"集权"，不过是一种更合理的"分权"而已；集权制国家的权力下移，也不意味着国家权力的全部让渡，而是走向更合理的"集权"。我国长期奉行中央集权的课程决策，形成"上定下行"的课程研制体制，广大教师与学生基本上没有参与课程决策、开发和编制的机会与权利，尽管有时也组织专家学者参与决策，但专家们除了从事大量的技术工作外，"政策注解式的课程研制探究的思维方式依然如故，未能被彻底根除"，许多研究者"热衷于解释、发挥政府的课程决策……对整体课程方案的研制，缺乏主见、能力及主体意识和责任意识"①。

　　3. 课程决策制度创新的内涵

　　"制度创新"原本是制度经济学中的一个概念，指在竞争的环境中，创造出新的经济行为规则或"游戏规则"，以减少交易费用。V. W. 拉坦认为："制度创新或制度发展一词将被用于指：第一，一种特定组织的行为的变化；第二，这一组织与其环境之间的相互关系的变化；第三，在一种组织的环境中支配行为与相互关系的规则的变化。"② 制度创新，就是在人们现有的生产和生活环境条件下，通过创设新的、能够更有效地激励人们行为的制度，进一步规范组织的运行，从而实现社会的持续发展和效率的提升。制度创新的核心内容是社会政治、经济和管理等制度的革新，是支配人们行为和相互关系的规则的变更，是组织内部要素与其外部环境相互关系的变更，其直接结果是激励人们的创造性和积极性，促使不断创新的知识和社会资源的合理配置，最终推动社会的进步。"可以说，所有的创新活动都有赖于制度创新的积淀和持续激励。通过制度创新得以确立新的制度化规则，并以制度文化的方式持续发挥着自己的作用，这是制度创新的积极意义之所在。各种社会组织都需要进行制度创新，如企业制度创新、行政制度创新和文化制度创新等。这为考察教育制度创新提供了宏观背景和参照系。"③ 课程决策制度创新是课程决策制度从无到有，从不完善到逐步完善，从不合理到逐渐趋向合理，以便实现课程决策中权力的重新分配、调整以及课程决策主体、方式、程序、机构、章程等不断变化和改革的过程，确保课程决策的科学化和民主化，确保课程政策的落地实施。

---

　　① 郝德永：《课程研制方法论》，教育科学出版社 2000 年版，第 267 页。

　　② ［美］R. H. 科斯等：《财产权利与制度变迁》，刘守英译，上海人民出版社 2000 年版，第 329 页。

　　③ 杨明全：《制度创新语境下课程领导的转型与超越》，《中国教育学刊》2010 年第 2 期。

（二）课程决策制度创新的价值意蕴

党的十八大以来，习近平总书记数次强调"创新"对中国全面深化改革和发展的重要作用。变革创新是推动人类社会向前发展的根本动力。谁排斥变革，谁拒绝创新，谁就会落后于时代，谁就会被历史淘汰。改革创新，指的是改掉旧的、不合理的部分，使其更合理完善，并开创新的事物。以改革创新为核心的时代精神是富于进取的中华民族历来具有的思想品格。制度创新是当前我国社会整体创新的一个重要构成部分。课程决策制度创新是推动课程决策制度不断完善、不断更新的过程，是以新的、更先进的制度取代旧的、不适应时代发展的课程决策制度，以进一步明确课程决策的主体与素质要求，进一步规范课程决策的程序，确保课程决策过程科学化、民主化，确保课程决策的产物——课程政策更加科学、更加合理，最终推动课程改革各项举措顺利实施。

1. 推进课程决策制度的合理化

课程决策制度关系着课程决策过程的合理性与决策结果的科学性，关系着课程改革能否按照预期的方向进行，因此，需要在理念层面确保课程决策制度的合理性。而制度的核心乃是制度观念，制度即是制度主体制度观念的外化。那么，课程决策制度创新的关键就是课程决策制度观念的变革与更新。从这个角度而言，课程决策制度合理化的核心就是课程决策制度观念的合理化。课程决策制度观念来源于课程决策实践，来源于制度主体对国内外课程决策实践的经验总结与理性反思：一方面，我们的课程决策制度要善于把握我国传统课程决策制度的优势和特色，不能盲目变革创新，应在变化中追求永恒；另一方面，我们也需要不断反思我国课程决策制度在哪些方面长期以来存在不利于民主决策、科学决策的原因，在永恒的追求中实现变革创新，而非因循守旧、保守残缺。这便是坚持本来、面向未来。一方面，我们的课程决策制度要适应本国基本政治制度，不能脱离于基本政治制度而独立存在，更不能与基本政治制度相悖；另一方面要善于借鉴国外优秀课程决策制度，将国外课程决策制度中的优秀做法吸收过来为我所用。这便是立足本土、借鉴外来。课程决策制度创新就是制度主体为了使制度能够顺应时代发展、顺应决策需要，而不断变革创新制度观念、不断完善决策制度、不断更新决策制度、不断使决策制度更加形式化，最终推动课程决策制度的合理化。

2. 进一步明确课程决策的主体

课程决策是由课程决策主体针对特定的课程问题而提出的有针对性的解决方案，并通过政策文本的形式颁布实施，进而影响课程实践、促进课程实践科学发展的过程。因此，课程决策主体对于课程决策的过程合理性与结果科学性有着至关重要的作用。这里的核心问题是课程决策主体的课程决策素养问题，具备良好的课程决策素养是科学的课程决策过程的前提条件和关键要素。而课程决策素养包含对于政策问题的辨识、政策议题的设定、决策过程的把控以及政策文本的合法化等几个方面，具备这些素养的人是需要从广大的教育行政人员、课程研究人员、一线教师甚至社会人士中遴选出来的，而且需要对各种类型参与课程决策的主体的比例进行明确的规定，只有如此，课程决策才能体现民主性和参与性，才能保障课程政策制定的科学性和连续性。如果不对从何种机构如何遴选何种身份与能力素养的决策主体作出明确的规定，那么课程决策过程的科学性就没有充分保证。课程决策制度变革创新的初衷就是为了避免课程决策的随意性，提升课程决策的科学化水平，因此，课程决策制度创新的一个重要使命或者功能价值就是进一步明确课程决策的主体，促使课程决策制度真正朝向形式制度化的方向发展，给予课程决策的结果一个较为明确的预期。

3. 进一步规范课程决策的程序

课程决策的核心实质上包含两个相互联系的问题：其一，谁来决策的问题；其二，如何决策的问题。前一个问题即是课程决策主体的问题，后一个问题便是课程决策程序的问题。课程决策主体安排具有专业性和代表性仅仅是课程决策科学化的必要条件而非充分条件，想要在此基础上真正实现课程决策的科学化和民主化，课程决策程序问题就成为一个至关重要的问题，这一问题不解决，即便我们拥有一支专业化的决策队伍，也不能保证课程决策过程及其结果的科学性，因为决策过程将可能充满随意性和盲目性。因此，课程决策制度内容的一个重要方面就是要对课程决策程序作出规定，以规范决策程序，促使课程决策程序合理化、科学化。课程决策程序是关于课程决策要素、要素组合、先后步骤等问题的表征，查尔斯·林德布罗姆（C. E. Lindblom）认为，决策程序大致包含以下几个环节：从调查研究、提出问题到系统分析、确定目标到收集信息、科学预测到制定方案、进行对策到全面比较、评价方案到总体权衡、最后决策到执行决策、控制反馈。在一定意义上，课程决策制度变革创新的关键环节就是课程决策程序的制度化，只有实现课程决策程序的制度化，方能确保课程决策按照特定路线实现既定的政策目标。因此，课程决策制度创新必将推动课程决策程序的规范化和制度化，建立程序完备、科学合理、论证严密、推进顺畅的课程决策程序。

4. 确保课程决策结果的科学性

合理的课程决策制度为课程改革设计了运作蓝图。我们承认在一个知识高度增长的社会中，全知全能式的理性决策模式肯定已经不能解决我们所面临的问题，但我们必须清楚，如果在课程运作过程中，没有一个整体的蓝图与框架，我们很可能陷入"经验主义"的泥沼。课程决策过程是一个价值判断与事实抉择相结合的过程，在课程决策过程中，我们必须回答这样一系列问题："决策是如何做出的——它是否经历了政策分析的所有阶段；该决定是对现存政策在多大程度上的改变；该决定在多大程度上与其他部门的政策保持一致；该政策是否被广泛地、清楚地表述出来，或者它是以一种易于被测量的方式被陈述的吗？该政策看起来是可以操作的吗？或者说它的实施是令人难以置信的吗？"[1] 通过这样的分析与决策，我们在改革以前就已经对于课程标准、课程结构、教科书以及教学程式有了一套系统的规划和建议。当然，一个设想的政策，充其量是一个基于理论和实际的设想。无论怎样对上下因素进行仔细的考虑，但在理想和现实之间仍存在一定的距离，我们在施行的过程中要不断地调整和修订，但是假如缺失了合理的课程决策制度，课程运作就必然会因混乱而走向失败。

二　课程决策制度的历史变迁

完整的课程运作过程包括课程决策、课程设计、课程实施和课程评价四个环节。课程决策作为首要环节，对后续环节有着十分重要的影响，而课程决策制度则是课程决策科学化的重要保障。课程政策作为课程决策的产物，其起草、修订、试验与推行的过程一定程度上展现了课程决策制定的特征。首先，课程政策的制定本身既是一种政治行为，同时也是各种政

---

① 转引自代建军《课程运作系统中的决策机制》，《天津师范大学学报（基础教育版）》2009 年第 2 期。

治行为在教育领域综合影响的产物，它从根本上反映了统治阶级的教育愿望与要求。① 之所以说课程政策是一种有关教育的政治产物，是由于课程政策往往传达的是统治阶级的意志，是课程政策制定主体对中央政府关于解决当前课程问题的意图和意志的履行。其次，课程政策制定不是简单地从目标到结果的线性操作过程，而是一项兼具复杂性和矛盾性的博弈过程，是在各相关利益群体的权力和观念的博弈中不断开展的。在课程政策制定过程中，各个利益群体为了维护自身的利益而不断与其他利益群体进行斗争与博弈，课程政策正是在这些充满矛盾和冲突的博弈过程中逐渐完善和发展起来的。由于课程政策的制定是一项关涉国民教育质量的重要举措，因此必须建立在广泛的调查研究和试验的基础之上，进行长期的、不断的修改和完善，"这使得课程政策制定过程中的博弈斗争具有一定的合理性，因为正是不断的博弈斗争使得课程政策制定主体重新审视课程政策制定的各个环节，权衡利弊，推动着课程政策的修复与完善"②。

在我国，相对集权的行政主导或行政把关伴随着课程决策制度历史变迁的整个过程，集中高效的制度优势极大地促进了我国课程改革和发展的历史进程。历时性地看，我国课程决策制度在改革开放以来大致经历了三个重要时期。值得强调的是，本章主要是对改革开放以来的课程决策制度历史变迁进行重点梳理，这是因为改革开放以来我国基础教育课程建设是在"文化大革命"废墟的基础上起步的。在"文化大革命"期间，新中国成立以来的基础教育课程建设的成果招致全盘否定，原有的教学计划、教学大纲和教材体系遭到严重破坏，文化知识的教学被彻底否定，导致基础教育质量的急剧下滑。"文化大革命"结束后，随着教育领域"拨乱反正"的开展，基础教育课程建设随之展开。改革开放至 20 世纪末，是新中国成立以来教育改革在力度、幅度和深度上最大的时期，我国在教育管理体制改革方面经历了恢复计划管理体制、改革计划管理体制和深化管理体制三个阶段，教育管理体制从改革开放后最初的稚嫩逐渐走向了成熟。国家相继出台一系列教育政策以提升教育质量、培养优质人才。课程决策制度的演变大致经历了三个不同的时期，本书仅从行政部门和专业人士

---

① 杨聚鹏：《教育政策执行的内涵、本质及特点研究》，《教育理论与实践》2016 年第 28 期。

② 赵垣可：《课程政策制定的原则、理念及影响因素分析》，《教学与管理》2017 年第 21 期。

（课程专家、学科专家等）两个不同决策主体的权力划分这个角度进行审视，把我国改革开放以来的课程决策制度划分为三个不同的阶段：课程决策制度的恢复与重整是第一阶段（1977 年至 1985 年）。在这一时期，课程决策制度的典型特征是行政主导、专业注解，课程决策的目的主要集中于恢复和稳定课程与教学各个方面的运转秩序，保障课程与教学活动步入正轨并有序开展。对于这一时期而言，更多的是拨乱反正，是对以后课程决策制度确立与发展的酝酿，可算作是课程决策的前制度化时期；课程决策制度的确立与调整是第二阶段（1985 年至 1999 年）。在这一时期，课程决策的典型特征是行政主导、专业参与，课程决策的目的主要是着眼于提高教育教学质量，促进课程运作与活动朝向良性的方向发展，这一时期课程决策制度只是初步的建立，可视为课程决策的初步形式制度化；课程决策制度的发展和完善是第三阶段（1999 年至今）。这一时期，课程决策制度的最大特征在于专业主导、行政把关，课程决策的目的一方面在于继续强调教育教学质量的提高，另一方面也强调人的发展的重要性。在这一时期，课程决策制度得到了快速发展和完善，但课程决策并未明朗化和公开化，课程决策的一系列程序、规则、方式、章程等还都不为多数人所知晓，因而，这一时期可算作课程决策的形式制度化，还尚未进入实质制度化时期。

在梳理和分析改革开放后的课程决策制度的历史变迁之前，有必要对新中国成立以后至改革开放之前这一段课程决策制度变迁的历史过程进行简要梳理，以便更好地理解其制度的变迁历程。中华人民共和国成立以前，旧中国的教育事业非常落后，而且带有浓厚的半殖民地半封建性质色彩，全国人口中的 80% 以上的人是文盲。为了提高全国人民的文化水平和道德水平，适应国家建设的需要，《中国人民政治协商会议共同纲领》规定："有计划有步骤地实行普及教育，加强中等教育和高等教育，注重技术教育，加强劳动者的业余教育和在职干部教育，给青年知识分子和旧知识分子以革命的政治教育，以适应革命工作和国家建工作的广泛需要。"[①] 新中国成立后召开了一系列会议，对我国的教育政策进行调整。1949 年 12 月教育部召开第一次全国教育工作会议，会议提出了教育改革

---

① 中国人民政治协商会议共同纲领［EB/OL］http://www.chinalawedu.com/falvfagui/fg21752/9022.shtml。

的基本方针："以老解放区新教育经验为基础，吸收旧教育有用经验，借助前苏联经验，建设新民主主义教育。"这一方针具体规定了教育改革的步骤和方向，这次改革是教育部门自上而下进行的，实行对旧课程的改造，初步确立了我国中小学新的课程体系，形成了全国统一教学计划、统一教学大纲与统一教科书的"大一统"课程模式。1950 年到 1952 年又相继颁布了《中学暂行教学计划（草案）》《普通中学（各科）课程标准（草案）》和中学规程、《关于改革学制的决定》《小学暂行规程》《中学暂行规程》等。这一时期国家实行高度集中统一的课程发展模式，强调中央高度集权，地方负责执行中央的决策。如 1963 年颁布的《全日制中学暂行工作条例（草案）》中提到："全日制小学必须根据中华人民共和国教育部统一规定的教学计划、教学大纲和教科书进行教学……对教学计划、教学大纲和教科书，地方教育行政部门和学校不得任意修改；如果确实有修改的必要，必须由省、市自治区教育行政部门报教育部批准。各地教育行政部门、学术研究机关、学者，也可以根据教育部颁布的教学计划、教学大纲编写教科书。经过教育部审定，可以推荐全国采用。"[1] 由此可见，新中国成立初期的课程决策高度集中，课程决策的权力几乎都在中央，地方和学校没有决策的权力，只是负责执行中央的决定。高度集权的课程决策制度使得新中国的教育事业取得了一定的发展与进步，但是过分强调统一导致课程结构单一，而且模仿苏联的痕迹明显，一定程度上脱离了中国的实际情况。1966 年，"文化大革命"爆发，全国进入混乱状态，没有了统一的教学计划、教学大纲和教科书，有的只是各地自编的生活式教材，生活、社会、革命构成了全部的课程。"文化大革命"期间，课程决策局面混乱，谈不上有规范的课程决策。"从总的发展历程、趋势来看，这个时期的课程决策机制是新中国成立以来课程决策机制演变第一大阶段中一个不正常的插曲、中断。"[2]

（一）课程决策制度的恢复与重整阶段（1977 年至 1985 年）

"文化大革命"期间，教育部及其所属单位的业务工作、各地教育行

---

① 全日制中学暂行工作条例（草案）[EB/OL] https：//baike. sogou. com/v167994777.htm? fromTitle。

② 丁念金：《试论我国基础教育课程决策机制的转变》，《课程·教材·教法》2001 年第 5 期。

政机关的工作都先后停顿，课程管理表现出极大的随意性，对地方参与编写教材、中小学校和教师参与课程编制等放任自流。这种课程管理体制，实质上是畸形的课程管理。1978 年 12 月 18 日，中国共产党第十一届中央委员会第三次全体会议在北京举行，这是中华人民共和国成立以来具有深远意义的一次重要会议。会议果断地停止了"以阶级斗争为纲"的政策，重新确立了党的马克思主义正确路线，为教育的恢复和发展提供了政治环境和基本条件。十一届三中全会以后，随着党和国家工作重心的转移，教育领域开始进行拨乱反正，全国的教育工作重点转移到贯彻党的教育方针、提高教育质量，为社会主义现代化建设服务的轨道上来。这一时期，国家为了使停顿近十年之久的中小学学校重新恢复做了大量工作，如颁布《全日制十年制中小学教学计划试行（草案）》，其中规定，中小学学制十年，小学五年，中学五年。1978 年颁布新修订的《全日制中学暂行工作条例（试行草案）》和《全日制小学暂行工作条例（试行草案）》，对课程设置进行了原则性说明。为了配合教学计划草案，教育部颁布了全国统一的教学大纲，重建人民教育出版社，组织召开"中小学教材编写工作会议"，集中编写第五套全国通用的十年制中小学教材，并于 1978 年秋开始在全国使用。新教材吸取了国际中小学课程改革的经验和教训，进行了教学内容的现代化改革，特别是这套教材清除了十年动乱时期出版的教材中的许多谬误内容，改正了在政治与业务、理论与实践等问题上一些不恰当的处理方法，注意到基础知识的选择、智力的启迪和能力的培养，但是也存在一定的缺点，如"难、深、重"。"在这一时期，我国由中央政府管理和改革课程，课程政策的制定主要由中央政府以指令性文件来规定全国统一的基础教育课程。中央政府不仅规定教育方针、制定教学大纲，甚至还规定了教学方法、考核内容和考核时间等。"[1] 教育部是课程改革的设计者、组织者和领导者。国家指令性的课程政策与统一的外部考试严格限制了学校的教学，使教师很少有余地对课程进行二次开发，只能成为课程的忠实实施者。

经过两年的课程领域内的拨乱反正，课程发展趋于正常化，但进入20 世纪 80 年代后，国际国内形势发生了巨大的变化，各国的竞争与国内

---

[1] 胡洁：《改革开放以来我国义务教育课程政策发展的研究》，硕士学位论文，西南大学，2011 年。

的主要需求都集中在人才上，教育日益受到重视，同时在 1978 年到 1980 年间的具体实践中，人们发现 1978 年颁布的教学计划在课程设置等方面存在一些问题，已跟不上新形势的需求，势必要求在原有基础上推进新一轮课程改革。1981 年教育部根据邓小平"要办重点小学、重点中学、重点大学"的指示精神，颁发了《全日制六年制重点中学教学计划（修订草案）》，并修订颁发了五年制小学和中学教学计划。根据新教学计划的要求，人民教育出版社立即组织编写了第六套教材。1984 年教育部颁发了六年制城市小学和农村小学教学计划，对数学、外语、自然常识、劳动课程分别提出了不同的要求，同时对教学大纲也进行重新修订，并于 1986 年颁布了小学、初中各科教学大纲。经过第六次课程改革，基础教育取得了显著成就，主要针对拨乱反正时期教育中出现的一些问题进行了有针对性地改革，如普及义务教育、教育体制僵化等问题。

通过教材编写可以看出，此时期的课程决策权主要在中央，学科专家是在中央的组织下为教材编写贡献自己的学科智慧，是一种行政主导、专业注解的决策方式。此时期的课程政策采取的是"国家"权力模式，课程权力高度集中于中央，课程几乎完全由国家决定，地方和学校都没有课程决策的权力，只能执行国家的决定。这是由当时特定的历史背景决定的，"这种带有过渡性质的课程决策对尽快结束课程教材的混乱局面，恢复和重建教育，保证全国教育的基本水平，提高教育质量，提升学生素质，为建设新时期的课程政策奠定了良好的基础"①。这里需要说明的是，当时中小学教材实行国定制是历史的必然、时代的选择，也是同我国当时的经济和社会发展水平相适应的，特别是对维护国家的统一稳定和民族团结起到了重要作用。我们不能因为现在实行了审定制就对过去的国定制以及在国定制条件下编辑出版的部编教材、统编教材、通用教材横加指责和任意贬低，甚至全盘否定。对中小学教材国定制的利弊得失，应放在当时的历史背景下进行辩证的、实事求是的分析和评价。在这一时期，专门的课程决策制度并未建立，只是对改革开放前课程决策方式的沿袭和对教育决策制度的重建，课程决策制度是附属于教育决策制度之下的，两者尚未分离开来，但这一时期课程决策制度的恢复和重整，快速和极大地保证了

---

① 黄忠敬：《我国基础教育课程政策：历史、特点与趋势》，《课程·教材·教法》2003 年第 1 期。

教育教学秩序的重建和趋于稳定，更在一定程度上保证和提高了教育教学质量，为以后课程决策制度的建立和发展奠定了重要的实践基础。

（二）课程决策制度的确立与调整阶段（1985 年至 1999 年）

这个时期我国的经济体制由计划经济逐步转向市场经济，政治体制改革也不断走向深入，相应的教育体制改革亦随之不断变革和发展。国家在改革政治体制的同时，不断将权力下放到地方。"这一时期相比第一阶段，课程决策的参与主体更丰富，由地方政府与国家共同行使课程决策的权力，这一阶段也是我国进行课程决策机制转变的重要时期。"[①] 1985 年5 月中央政府颁发《中共中央关于教育体制改革的决定》（以下简称《决定》），其中明确指出："教育必须为社会主义建设服务，社会主义建设必须依靠教育。"[②] 针对我国教育管理制度统得过死的弊端，提出"简政放权""分级管理"的原则，要"改革管理体制，在加强宏观管理的同时，坚决实行简政放权，扩大学校的办学自主权"，要把发展基础教育的责任交给地方，"实行基础教育由地方负责、分级管理的原则……基础教育管理权属于地方。除大政方针和宏观规划由中央决定外，具体政策、制度、计划的制定和实施，以及对学校的领导、管理和检查，责任和权力都交给地方。省、市（地）、县、乡分级管理的职责如何划分，由省、自治区、直辖市决定"[③]。除此之外，《决定》中还提到"要动员和教育全党、全社会和全国人民关心和支持教育体制改革，发展教育事业。鼓励各民主党派、人民团体、社会组织、离休退休干部和知识分子、集体经济单位和个人，遵照党和政府的方针政策，采取多种形式和办法，积极地自愿地为发展教育贡献力量"[④]，尤其提到要调动教师的积极性，"在教育体制改革中，必须紧紧地依靠教师，认真听取他们的意见，充分发挥他们的作用，

---

① 周颖、李德臣：《以学生为主体的学校课程决策及其保障机制》，《教学与管理》2016 年第 24 期。

② 《中共中央关于教育体制改革的决定》［EB/OL］. http：//www.moe.gov.cn/jyb_sjzl/moe_177/tnull_2482. html。

③ 《中共中央关于教育体制改革的决定》［EB/OL］. http：//www.moe.gov.cn/jyb_sjzl/moe_177/tnull_2482. html。

④ 《中共中央关于教育体制改革的决定》［EB/OL］. http：//www.moe.gov.cn/jyb_sjzl/moe_177/tnull_2482. html。

有关学校自身的重大改革都必须经过教师充分讨论"①。《决定》的颁布标志着中国教育体制改革的航程由此开始。《决定》的起草与拟定也经历了多方的考察、缜密的思考、慎重的决策,本身也可以体现我国课程决策的特征。1984年10月29日,中央书记处开会讨论决定,将科技、教育改革提上日程,并成立领导小组。这个小组由胡耀邦、赵紫阳同志主持,日常工作由万里同志领导。领导小组首先阅读了一些有关教育方面的文献资料,并对当时苏联、美国等国家的教育制度,特别是战后德国、日本高度重视教育尤其是基础教育、职业教育的经验进行了考察了解。之后,他们与教育部、中央办公厅和文件起草班子的同志到第一线去调查研究,先后去了安徽、江苏、江西、广东四省进行考察,开了近百场座谈会。在调研中他们了解到,由于政府权力过于集中,学校无法成为一个独立自主的办学主体,外无压力、内无动力,整个学校缺乏活力。学校的教材几十年一贯制,从课程设置、教材内容到教学方法,在相当程度上是为了一纸大学文凭,严重脱离了现代化建设和社会发展的需要。在充分了解了教育教学的现状之后,1984年年底,教育部起草小组将修改了十多次的《决定》草案报送给了中央,中央又抽调了一批理论、文字功底很强的同志进一步起草、修改《决定》。在征求了众多人士意见、反复修改后,《决定》草案被提交全国教育大会讨论,又于5月27日提交政治局讨论,终被通过。《决定》的起草、修订与颁布过程体现了"行政主导、专业参与"的原则,中央有关部门根据社会发展的现实需要以及教育改革的主要问题拟定决策主题与日程,专业人员在中央有关部门的领导下参与决策的拟定与修改。在充分了解现实状况、听取各方意见建议的基础之上所作出的课程决策更为科学全面,这也是为什么这个决定时至今日对当今的许多教育问题仍然具有很好的启发意义的原因。

随着改革开放的深入,新政策的出台推动了我国政治、经济、文化建设的发展,使我国社会主义法制建设不断完善,教育法制建设也随之进入一个新的阶段,为义务教育法的制定提供了必要性和可能性。为了在我国实施义务教育,1984年国务院教育主管部门开始着手准备起草《义务教育法》,1985年通过的《决定》中明确提出"我国基础教育还很落后,

---

① 《中共中央关于教育体制改革的决定》[EB/OL]. http://www.moe.gov.cn/jyb_sjzl/moe_177/tnull_2482.html。

这同我国人民建设富强、民主、文明的现代化社会主义国家的迫切要求之间，存在着尖锐矛盾，决不能任其继续。现在，我们完全有必要也有可能把实行九年制义务教育当作关系民族素质提高和国家兴旺发达的一件大事，突出地提出来，动员全党、全社会和全国各族人民，用最大的努力，积极地、有步骤地予以实施。为此，需要制订义务教育法，经全国人民代表大会审议通过后颁行"①，这是中华人民共和国成立以来第一次明确提出通过立法在全国实施义务教育，有力地推动了《义务教育法》起草工作的进行。在起草过程中，相关同志搜集整理了我国有关实行普及教育和义务教育的历史资料，学习研究了新中国成立以来，党和国家有关普及教育的方针、政策，总结分析了新中国成立后我国实行普及教育的成果、经验和存在的问题，参阅了世界上一些国家有关义务教育的立法文献，结合我国的现代化需要和实际国情，草拟了《义务教育法（草稿）》。在修改过程中多次征求社会各界专家、学者的意见，并多次召开各种类型的座谈会，对提出的意见进行认真分析、反复修改，力求使《义务教育法》既能体现社会对教育的需求，又适应我国的具体国情，便于在实践中贯彻实施。文件指出："国家实行教科书审定制度。教科书的审定办法由国务院教育行政部门规定。"② 《中共中央关于教育体制改革的决定》和《中华人民共和国义务教育法》，拉开了第七次课程改革的序幕。

1986 年，我国成立了权威的教材审定机构"全国中小学教材审定委员会"及其下属的"各学科教材审查委员会"，实行全国中小学教材审定制度，这为课程决策权下放到地方提供了契机。1988 年，经原国家教委批准，上海市和浙江省开始进行以地方层次课程决策为主的实践。以上海为例，1988 年，上海开始组建课程教材的编写队伍和审查队伍，由大学教授、中小学教师和出版社编辑等 500 多位借调人员组成了一支有志课改、实力雄厚的队伍。1988 年到 1989 年，这支队伍深入到全国 19 个大城市进行教育调查研究，制定课程目标、课程计划；1989 年到 1990 年制定课程标准；1990 年开始编写教材并进行试验，全市出版 688 种必修课教材、127 种选修课教材、76 种活动课教材、21 种课程标准、5 种课改专

---

① 《中共中央关于教育体制改革的决定》［EB/OL］. http：//www.moe.gov.cn/jyb_sjzl/moe_177/tnull_2482.html。

② 中华人民共和国义务教育法［EB/OL］. http：//www.law-lib.com/law/law_view.asp?id=3636。

辑。因此,在 20 世纪 80 年代末,我国实行的是三套不同的义务教育课程计划和教学大纲。

1992 年,党的十四大召开。为了实现党的十四大所确定的战略任务,使教育更好地为社会主义现代化建设服务,1993 年 2 月,中共中央、国务院印发了《中国教育改革和发展纲要》,该文件提出了到 20 世纪末期我国教育改革与发展的方针任务、战略目标、总体思路和政策举措,为 20 世纪 90 年代我国教育改革指明了方向。在基础教育方面,《纲要》明确强调"基础教育是提高民族素质的奠基工程",要求"进一步转变教育思想,改革教学内容和教学方法,克服学校教育不同程度存在的脱离经济建设和社会发展需要的现象。要按照现代科学技术文化发展的新成果和社会主义现代化建设的实际需要,更新教学内容,调整课程结构"①。" '教育体制改革要采取综合配套、分步推进的方针,加快步伐,改革包得过多、统得过死的体制……教育体制改革要……有利于调动各级政府、全社会和广大师生员工的积极性……' 这在课程改革中也得到推进和落实,顶层逐渐放松控制,基层获得更多自主。"② 《纲要》颁布后,1995 年 5 月 6 日,中共中央、国务院颁布了《关于加速科学技术进步的决定》,做出了实施"科教兴国"的重大战略决策。1997 年 9 月,党的十五大在北京召开,党的十五大不仅将实施科教兴国战略正式写入大会报告,而且对落实科教兴国战略做出全面部署。在此背景下,我国基础教育课程又进行了如下改革:在课程计划方面,1994 年、1995 年,为贯彻、实施新工时制,国家教委对义务教育和普通高中阶段课程计划分别进行了调整。1996 年 3 月,国家教委颁布了《全日制普通高级中学课程计划(试验)》,"计划"提出普通高中课程以学科类课程为主、活动类课程为辅,并在课程管理上明确提出了中央、地方、学校三级课程管理的构想。该"计划"于 1997 年秋季在江西、山西、天津开始进行试验。针对课程计划试验中反映出的问题,1999 年教育部又组织专家对之进行了修订和完善,于 2000 年 1 月颁发了《全日制普通高级中学课程计划(试验修订稿)》。在教学大纲方面,随着 1994 年、1995 年义务教育和普通高中阶段课程计

---

① 《中国教育改革和发展纲要》[EB/OL]. http://www.moe.gov.cn/jyb_sjzl/moe_177/tnull_2484.html。

② 柯政:《从整齐划一到多样选择:改革开放 40 年中国课程改革之路》,《全球教育展望》2018 年第 3 期。

划的调整，教学大纲也进行了相应调整。1996 年，在普通高中新课程计划颁布的同时，国家教委印发了全日制普通高级中学 12 个学科的教学大纲。2000 年，教育部又颁布了义务教育全日制小学、初中和全日制普通高中各科教学大纲的试验修订版，其中普通高中的教学大纲扩大到全国 10 个省、直辖市进行试验。在教材方面，为贯彻落实国务院制定的新工时制，1994 年人民教育出版社按《九年义务教育教材和现行中小学教材调整意见》对中小学教材进行了修订，从 1996 年开始供应。1996 年国家教委颁布普通高中课程计划和教学大纲之后，人民教育出版社据此编写了全套高中教材，从 1997 年秋季起在山西、江西和天津开展试验。2000 年 1 月，在教育部颁布义务教育阶段和普通高中各学科教学大纲的试验修订稿后，人民教育出版社又对中小学教材进行了修订，其中高中新教材在 2000 年秋季开始扩大到全国 10 个省、直辖市继续进行试验。[①] 另外，除了人民教育出版社之外，不少省、市也根据教学大纲和课程计划的调整编写了教材，通过审查、审议后供中小学使用。在这一时期，基础教育课程由于受"应试教育"的影响，致使课程模式单一、课程结构不尽合理、课程内容略显陈旧等问题仍不同程度存在，但这一时期的课程改革提出了诸如三级课程管理等一些新的构想，并构建了与义务教育课程计划相衔接的普通高中课程体系，使义务教育——高中一体化的课程体系得以最终形成。

　　这一时期课程决策制度最显著的特点就是政府主导、专业参与。政府仍然是课程决策最为权威和重要的主体，但这种权威相比之前有所消解，更多地停留在课程决策结果即课程政策的敲定、颁布以及部分解释上。专业力量在课程决策过程中的作用越来越突出，主要体现在课程政策的起草、制定以及解释、指导实施方面。而且从整体上国家、地方、学校三级课程管理体制逐渐形成，而相应的课程决策权力也随之实现了一定的下放，随之而来的便是从国家到地方再到学校的纵向课程决策制度越来越有建立和发展的必要。同时，从这一时期的教材决策制度建设来看，相对完备的决策制度已经建立，并为国家教材建设和发展做出了巨大的贡献。从以上种种方面来看，课程决策制度在这一时期得到了较快发展，并取得了

---

① 彭泽平：《真实成就与客观困境——改革开放至 20 世纪 90 年代末我国基础教育课程改革评析》，《教育理论与实践》2005 年第 7 期。

较大成就。诸如，课程多样化的趋势较为明显，具体体现在课程管理、课程结构、课程内容等层面，都不同程度增加了课程教材的灵活性和多样性，以适应不同地区、不同学校、不同学生的个性发展需求。在教材方面，由"国定制"改为"审定制"，编审分离，体现了课程政策权力重心的下移。在课程决策主体方面，这一时期的课程政策的制定有更多的学科专家的参与，同时课程决策权实现了一定程度的下放，使得地区和学校有了一定的自主权，有利于调动他们参与课程决策、投身课程建设和课程改革的积极性。但是也存在一定的缺陷：第一，除了上海市和浙江省得到了一定的课程决策自主权之外，其他省份仍然是由国家统一管理和规定，执行国家的课程决策，基本没有课程决策权；第二，由于上海市和浙江省使用的是不用于其他省、市、自治区的课程计划和课程标准，因而在教育评价等方面难以与其他省份进行统一，缺乏与其他地区进行交流的基础；第三，具体学校课程决策的自主权考虑得仍然不够，尚未充分调动学校的积极性。纵观我国的课程决策机制，在 20 世纪 90 年代以前，课程决策权基本集中于国家教育部。教学计划由国家教育部颁发，各省、直辖市教委、局可结合本地区实情适当调整。调整后的教学计划方案必须报国家教委备案。各省、直辖市调整后的教学计划方案，学校必须严格执行。这是典型的集权制的课程决策体制，在这种决策体制下，决断的唯一主体是政府，无论是课程标准的制定、课程结构的设计，还是教科书的编制与选用，都属于政府的职能范畴。课程改革的最终目的是发掘学生的内在潜力，促使学生得到最佳的发展状态，因此它要照顾到不同学生的个性、兴趣与现有能力水平的差异，但是课程作为一定社会意识形态的载体，必然要体现国家的意志和时代的要求，必然要反映一种社会共识，唯有如此，才能保证课程的社会属性与个人属性的统一，使课程具有现实意义。因此强调政府调控非常必要，它是平衡个人需要和社会需要的中介。正是基于这种考虑，我们在课程运作过程中要肯定和承认政府的决断主体地位，但是如果政府的决断地位过强，而漠视其他利益群体意见的时候，也会出现统得过死的问题，使得课程运作成为一个简单的线性流程。总之，这一时期的课程决策制度虽然取得较大发展，并且有一系列相关的教育政策相继出台、颁布和执行，但相应的制度建设仍然处于调整和初步确立阶段。因而，从整体上来看，这一时期的课程决策制度尚未进入形式制度化阶段，最多可以算作是课程决策形式制度化的初级阶段。

（三）课程决策制度的发展和完善阶段（1999 年至今）

1999 年 6 月，第三次全国教育工作会议提出要对课程体系、结构、内容等方面进行调整和改革，试行国家课程、地方课程和学校课程。这在《中共中央国务院关于深化教育改革，全面推进素质教育的决定》中有所体现，该决定指出："调整和改革课程体系、结构、内容，建立新的基础教育课程体系，试行国家课程、地方课程和学校课程。"[1] 2001 年 5 月，国务院颁布《国务院关于基础教育改革与发展的决定》，其中指出："实行国家、地方、学校三级课程管理。国家制定中小学课程发展总体规划，确定国家课程门类和课时，制定国家课程标准，宏观指导中小学课程实施。在保证实施国家课程的基础上，鼓励地方开发适应本地区的地方课程，学校可开发或选用适合该校特点的课程。探索课程持续发展的机制，组织专家、学者和经验丰富的中小学教师参与基础教育课程改革。"[2] 同年 6 月，教育部印发《基础教育课程改革纲要（试行）》，其中强调："改变课程管理过于集中的状况，实行国家、地方、学校三级课程管理，增强课程对地方、学校及学生的适应性。"[3] 至此，我国正式实施课程三级管理体制，即课程决策权由国家统一控制，转为国家、地方、学校协同控制。三级课程管理政策的出台，标志着我国基础教育课程管理权力下放的进程迈出了实质性的一步，由原来高度集中统一的管理模式转向权力分享、责任分担的课程管理模式。而且，原先在国家层面上过于集中的课程决策权力部分下移和分配给地方和学校，"课程决策机制迎来了改革的新高潮，课程决策机制包括了国家、地方、学校三个参与主体，三个主体从三个层次上发挥了各自的功能"[4]。其中，校本课程的提出意义尤其重大，由于它充分肯定了学校开发课程的自主权，肯定了教师在课程开发中的地位，因此集中反映了课程决策民主化的特征，同时也意味着在校本课程开

---

① 《中共中央国务院关于深化教育改革，全面推进素质教育的决定》[EB/OL]. http://old. moe. gov. cn/publicfiles/business/htmlfiles/moe/s6986/200407/2478. html。

② 《国务院关于基础教育改革与发展的决定》，《江西教育》2001 年第 Z1 期。

③ 教育部关于印发《基础教育课程改革纲要（试行）》的通知 [EB/OL]. http://old. moe. gov. cn//publicfiles/business/htmlfiles/moe/s8001/201404/xxgk_167343. html。

④ 周颖、李德臣：《以学生为主体的学校课程决策及其保障机制》，《教学与管理》2016 年第 24 期。

发中校长和教师也成了决策主体。

2002 年 4 月，《国务院办公厅关于完善农村义务教育管理体制的通知》中指出："农村义务教育实行'在国务院领导下，由地方政府负责、分级管理、以县为主'的体制。县级人民政府对农村义务教育负有主要责任，省、地（市）、乡等地方各级人民政府承担相应责任，中央政府给予必要的支持"；"省级人民政府负责统筹制定本省、自治区、直辖市农村义务教育发展规划"；"地（市）级人民政府负责制定本地区农村义务教育发展规划，组织协调农村义务教育发展"；"县级人民政府负责制定本地区农村义务教育发展规划，组织实施农村义务教育"①。该通知明确了我国农村义务教育实行国家领导，地方政府负责，分级管理，以县为主的基础教育管理体制，这其中隐含的是各级部门的课程管理权，而课程管理也必然包含着相应的课程决策，而且赋予不同层级课程管理的权力，也相当于赋予不同层级一定的课程决策权力。当然，三级课程管理制度的确立以及建立并没有直接表明相应的课程决策制度的确立和建立，但相应的课程决策模式、方式的改变为三级课程决策制度的建立提供了一定的实践基础。2003 年 9 月，《国务院关于进一步加强农村教育工作的决定》中再次强调了："落实'在国务院领导下，由地方政府负责、分级管理、以县为主'（简称'以县为主'）的农村义务教育管理体制，县级政府要切实担负起对本地教育发展规划、经费安排使用、校长和教师人事等方面进行统筹管理的责任。"② 2006 年 6 月，新修订的《中华人民共和国义务教育法》，"再次以法律的形式对义务教育的管理体制和投入体制做出了新的规定，义务教育实行国务院领导，省、自治区、直辖市人民政府统筹规划实施，县级人民政府为主管理的体制"③。无论是从政策的连续性角度而言，还是从法律法规的视角来看，我国的三级且分层的教育管理制度已然相当完善，而课程管理制度作为其中的一部分也随之不断发展和完善，课程决策的分层实践也随着教育管理制度和课程管理制度的发展和完善，也

---

① 《国务院办公厅关于完善农村义务教育管理体制的通知》［EB/OL］. http：//www. gov. cn/gongbao/content/2002/content_61475. htm。

② 《国务院关于进一步加强农村教育工作的决定》［EB/OL］. http：//www. gov. cn/zhengce/content/2008-03/28/content_5747. htm。

③ 范国睿：《从规制到赋能：教育制度变迁创新之路》，华东师范大学出版社 2018 年版，第 105 页。

变得越来越成熟化和合理化，这些都为课程决策制度的建立和发展提供了制度、法律和实践上的保障。

2010 年 4 月，《教育部关于深化基础教育课程改革 进一步推进素质教育的意见》在谈到基础教育课程改革的保障制度时指出："加强组织管理和统筹规划。要把深化课程改革、推进素质教育作为基础教育的中心工作摆在突出位置，整体规划深化课程改革的目标和进程。积极协调各部门，共同研究制定深化课程改革的政策措施，统筹课程改革、教师培养培训、高校招生考试制度改革等相关工作，增强各项工作的协调性。加强地方各级教育行政部门课程管理的能力建设，把推进课程改革、提高教育质量作为'以县为主'管理体制的重要内容，建立科学的管理制度，既要充分尊重学校的办学自主权，激发学校的活力，又要按照教育规律规范学校办学行为。"① 2014 年 3 月，《教育部关于全面深化课程改革落实立德树人根本任务的意见》指出："教育部将健全课程教材工作管理机制，整合课程、教材、教学等各类专家组织，充分发挥专业力量的作用，统筹协调高校和中小学课程建设。各地和学校要建立健全相应的工作机制，制订全面深化课程改革的实施方案，明确改革的具体任务和政策措施。教育部将对各地开展工作的情况进行指导。"② 以上两个文件都在一定程度上明确了政府、地方和学校在课程改革和管理中的权利和义务，而且其中强调各地和学校应制定全面深化课程改革的方案等，则直接表明了各地和学校均被赋予了一定的课程决策权，也间接地说明了各地和学校相应的课程决策制度将逐步建立，以便更好地发挥和使用课程决策权。同时，以上两个文件中都强调了要充分发挥专业力量的作用，这一定程度上说明了专业力量在课程决策过程中的作用越来越明显和突出。

2017 年 12 月，教育部印发《普通高中课程方案和语文等学科课程标准（2017 年版）》，教育部教材局负责人就普通高中课程方案和课程标准修订答记者问时，指出此次修订的过程大致经历了五个重要的步骤，即广泛深入调研、精心组织修订、广泛征求意见、落实十九大精神、国家教材委员会审查把关。尤其是在精心组织修订和广泛征求意见环节，"委托教

---

① 《教育部关于深化基础教育课程改革 进一步推进素质教育的意见》[EB/OL]. http://old. moe. gov. cn/publicfiles/business/htmlfiles/moe/s4989/201007/92800. html。

② 《教育部关于全面深化课程改革落实立德树人根本任务的意见》[EB/OL]. http://old. moe. gov. cn//publicfiles/business/htmlfiles/moe/s7054/201404/167226. html。

育部基础教育课程教材专家工作委员会（简称"专家工作委员会"）遴选 260 多位专家成立修订组，承担具体修订工作。加强统筹谋划，采取集中和分散相结合的工作机制，先后召开 16 次全体会议集中修订研讨"。"向各省（区、市）和中央、国务院等 16 个部门以及课程教材专家征求意见。"① 从这一课程政策的制定和决策过程中可以发现，以专家为主要组成的专业力量在这一过程中发挥着重要的作用，不仅直接参与了整个课程决策的全过程，即在广泛深入调研中发挥着重要的方案制定者和实施者角色，在精心组织修订中发挥着主要的修订者和专业指导者的角色，在广泛征求意见和国家教材委员会审查把关中发挥着重要的咨询专家的角色。可以说，专业力量在这一课程政策的决策过程做了大量的工作，并发挥着主导的作用，而政府则是主要在于组织、支持和把关方面发挥着重要作用。

　　通观这一时期课程决策制度的发展史，可以发现课程决策制度在这一时期得到了明显的发展和完善，三级课程管理制度下的课程决策制度也随之建立和发展，并在国家整体的课程改革过程中发挥着重要作用，尤其是校本课程的快速发展更是体现了学校课程决策制度的优越性和重要性。同时这一时期相对于课程决策制度发展的前两个时期，最大的特征在于专业主导、政府引导。即在这一时期，专业力量在课程决策过程中发挥着重要的影响力，甚至可以说直接影响了政府的决策方向，而政府虽仍然掌握着根本的课程决策权，但其在整个过程中实现了由强势权威的决策主导者向组织者和服务者角色的转变。这种决策模式和决策特征不仅符合课程决策的理论，更契合当代课程决策的实践需要。在课程决策的理论方面，课程本身是一个复杂的社会系统，受哲学、社会学、心理学等多方面的影响和作用，只从教育学或者学科文化的视角进行课程决策，势必会造成课程政策的偏离和不切实际，因而课程决策需要来自哲学、社会学、心理学、教育学等多方面的学科专家，通过自己学科专业的视角、深刻的洞察力、审慎务实的态度从更高站位和理论自身的逻辑体系出发，为科学而合理的课程决策出谋划策，使其不仅成为课程政策的解读者和诠释者，更应成为课程决策的主导者和见证者。在课程决策的实践需要方面，教师和学生作为

---

① 《教育部教材局负责人就普通高中课程方案和课程标准修订答记者问》［EB/OL］. http：//www.moe.gov.cn/jyb _ xwfb/xw _ fbh/moe _ 2069/xwfbh _ 2018n/xwfb _ 20180116/sfcl/ 201801/t20180116_324661.html。

课程实践的直接参与者，他们对课程与教学实践具有大量具体而丰富的感性认识，他们这种实践优势使其应该而且有必要拥有一定的课程决策参与权，这样不仅保证了课程决策更接近于课程实践需要，同样也提高了专家、教师和学生参与课程实践和课程改革的积极性和主动性。而且，第八次课程改革与之前不同的地方还在于"新课程已成为一种公共论述。历史上任何一次课程改革都没有像这一次这样引起基础教育领域内部的巨大反响，历史上任何一次课程改革都没有像这一次这样引起基础教育领域以外的人的广泛关注"①。而且随着新课程改革的不断深化，这种公共性更加明显，这也直接影响了课程决策模式和课程决策制度转向专家主导、政府引导的方向。总之，这一时期，一系列相关教育政策、课程政策及法律法规的颁布，三级课程决策制度的初步确立、校本课程决策制度的发展以及教材决策制度的发展和完善等都大大促使课程决策进入了形式制度化阶段。

三　课程决策制度创新的内在理路

课程决策作为一种公共实践活动，其过程极其复杂。尤其是课程决策过程及方式受到各种因素的影响与制约，诸如决策主体的价值观念、教育及课程领域出现的问题与冲突、社会历史环境和基本国情等都影响、作用着课程决策的方方面面及其制度的确立和发展。在不同的历史时期，课程决策主体根据我国教育的现实状况，结合当时的社会政治经济制度、历史文化、民族传统等背景，审时度势地作出符合当时教育现状的政策决定。新中国成立以来，尤其是改革开放以来，我国的课程决策制度大致经历了三次制度创新，并且在制度创新的过程中不断进行调适与发展，逐渐形成了具有中国特色的课程决策制度。40 多年来，课程决策制度由不成体系逐渐走向相对成熟，由前制度化进入到形式制度化，形成了较为稳定的课程决策机制，这其中蕴含着一定的内在逻辑和规律，需要我们认真分析。

---

① 崔允漷、王少非：《关于新课程的评议：一种视角》，《教育发展研究》2005 年第 9 期。

（一）课程决策主体在课程决策制度创新的历程中由单一化走向多元化

新中国成立初期，我们采用的是一种自上而下的课程改革思路，课程决策一直是作为一种政府行为，被认为是国家教育行政部门和少数专家的事情，而地方教育行政部门和学校及教师只能被动地执行和落实国家的课程决策，没有参与课程决策的权力及意识。"文化大革命"期间，课程与教材的制定权得到了一定程度的下放，但由于缺乏统一的课程标准的指引，出现了混乱的局面。改革开放以来，国家逐渐意识到课程决策不仅仅是教育行政部门和个别专家们的事情，而是需要多方利益主体参与进来，通过协商交流共同进行科学化、民主化的决策。教师被社会呼吁成为课程决策主体的重要部分，从一线教育教学实践出发，为课程决策建言献策。在之后的课程决策中，除了课程理论专家、学科专家之外，教育行政部门还会从全国召集许多一线教师参与政策的制定及教材的编写，课程决策主体逐渐丰富，走向多元化。除此之外，三级课程管理体制也是我国课程决策主体走向多元化的另一显著特征。2001年教育部颁布《基础教育课程改革纲要（试行）》，提出要推行三级课程管理体制，"三级"即国家、地方和学校，于是便出现了国家课程、地方课程和校本课程三种类型的课程，它们构成了学校课程的有机整体。不同地区和学校可根据自身的实际情况进行课程的调整与决策，这一政策给予了地方和学校较多的自主性和空间，能够使学生、家长等更多的主体参与到课程建设和课程决策当中来，使课程决策更为民主化和科学化。

（二）课程决策主体价值观念的博弈和平衡推动着课程决策制度创新

课程决策并不是由单一部门和主体完成的，涉及多方主体的利益。我国的课程决策主体主要包括教育行政部门、课程理论工作者、学科专家、一线教师和学生等。不同的决策主体从自身专业角度和立场出发，共同致力于课程决策。课程理论工作者、学科专家的专业素养与理论积淀能够保证课程决策的科学性与规范性，使决策对课程实践具有普遍的指导意义，他们是理想课程与官方课程的代言人。而教师作为课程实践的直接参与者，他们对教学实践具有大量具体而丰富的感性认识。他们作为现实课程的操作者，理解现实的课程应该以何种形态呈现，二者的有机结合既能保证课程决策科学性与可行性的统一　又能促使教师深刻地理解与把握课程理念的精髓，并把其有效地运用到课程实践之中。随着社会政治、经济和文化的不断发展，课程决策主体的价值观念在决策中的作用日益凸显。良好的价值观念可以提高决策科学化、民主化、法制化和人性化建设，促进课程实施的有序运转。不同的价值观念对课程决策有着不同的作用，可以在决策制定、评估、修订、颁布、实施过程中起到科学的引导作用。如教育行政部门的价值观念可以提高多主体间的协作能力，促进不同主体间的信息交流，有利于及时发现并解决问题，有效降低课程决策的失误率；一线教师及其他利益相关者的价值观念对课程政策的制定及推行都起到了至关重要的作用，他们的理解与认同是课程决策真正落地的重要保障。我国的课程决策秉持着以人为本的民主的价值观念，尊重不同主体的利益和价值诉求，在决策制定、执行、监督和管理的过程中，善于听取各方的意见和建议，综合协商考虑后做出科学的决策。这种人本化的价值观念，有助于推动各决策主体理解、认同并贯彻落实课程决策，进而促进课程实施。由此，由以课程教材为本到以分数为本再到以人为本的价值理念的转变，推动着课程决策制度不断地行走在制度创新之路上。

（三）课程领域中冲突与调适的循环往复促使着课程决策制度创新

辩证唯物主义和历史唯物主义方法论告诉我们，任何事物都应放在当时的社会背景下辩证地看待和考虑，课程决策制度创新亦是如此。任何的决策都是根据当时的社会背景和现实状况所制定的，符合当时的实际情况。但随着政治、经济、文化等的不断发展，原有的决策已不适应新时期社会的发展状况，滋生出许多问题，故我们需要对已有的决策进行调整和完善，使其适应新时期的现实发展需求。如在改革开放之初，课程决策制度处于恢复与重整阶段（1977 年至 1985 年），在这一时期，课程领域中主要存在的问题在于课程设置混乱、教材质量不高、课程实施效果不佳等，这些与急需稳健运行的课程秩序以及保证课程实施质量的诉求是相冲突的，正是在这种背景之下，这种冲突的现状急需得到转变，因而课程决策便显得越来越必要和重要，如此便推动课程决策制度不断改革和创新，进而走向课程决策制度的确立和调整阶段（1985 年至 1999 年）。在这一阶段，课程秩序与课程效果得到了一定的保障，但我国整体课程的质量与世界同时期发达国家的课程质量相去甚远，而且这种课程现状培养出来的人才远远达不到国家和社会快速发展的需求和要求，加之应试教育风气的滋长，多样化的人才培养更是步履维艰，因而种种历史积弊与新的冲突便不断显现出来。为了改变和调适这些冲突，课程决策无论是在程序上还是在质量上越来越相对成熟，课程决策制度在调适课程领域中的冲突以及课程决策相对成熟的过程中进一步得到创新和发展。进入课程决策制度的发展和完善阶段（1999 年至今），应试教育与素质教育之间的矛盾和冲突愈演愈烈，多样化人才的培养仍然满足不了多元化社会对人才的需求。课程领域中在教材、实施以及评价方面仍然存在与培养全面而有个性的人的目的相悖的问题，为了解决这一冲突，课程决策就必然走向多元化，以发挥各方优势力量和智慧，全方位、多层次地为课程决策建言献策，共同推动课程决策走向合理化和科学化，这个过程必然伴随和包含着课程决策制度创新的历程。总之，课程决策制度不是一项一劳永逸的工作，它需要我们根据不同历史时期社会和教育发展的现实状况，针对不同时期的课程领域中的冲突与问题，不断地进行调整和改进，课程决策制度正是在冲突与调适的循环往复中不断走向创新的。

（四）课程决策制度创新的基础大致从引鉴国外经验到立足本土再到初显中国特色

任何制度创新总会具有一定的现实基础，课程决策制度创新亦是如此。改革开放之初，我国的课程决策制度一方面恢复之前"苏化"时期的诸多做法，另一方面，西方发达国家的课程决策理论与实践经验的输入，对我国的课程决策制度建设和发展也产生了重要影响。这些对于百废待兴的课程与教学而言是必需的，也是发展较快的捷径，在这些引入和学习国外先进经验的基础上，我国的课程决策做了一些重要的改革和创新。从另一个层面来说，引入和学习国外先进经验不仅推动和影响了我国课程决策的方向和模式，同样构成了我国课程决策制度创新的重要现实基础。时间进入 20 世纪 80 年代中期，引进国外课程理论与实践经验最大的弊端，即本土适应性的问题凸显出来，也就是说，这些国外的经验固然是好，但直接的拿来主义却造成了理论与实践割裂、与社会发展需要不相适应等诸多新的问题，这些问题反过来严重阻碍着我国课程的发展。基于此，越来越多的人认识到了本土改造和本土探索的重要性，简单的拿来主义越来越少见，因而这一时期，开展了诸多的课程实践探索，这些课程实践探索直接影响着课程决策，并作为课程决策的现实基础改变着课程改革和发展的方向，本土化的改造和探索作为课程决策制度创新的实践基础和现实着力点推动着课程决策的革新。进入 21 世纪以来，尤其是课程改革深化发展时期，中国特色的课程理论和实践跃然纸上，越来越成为课程界努力的重要方向，但是中国特色的课程建设以及课程决策制度建设并非是一时之功，需要长时间为之努力。

四　课程决策制度创新的发展趋势

（一）课程决策制度创新的理论基础研究将会越来越系统和深入

在课程决策概念研究方面，学者们从不同的角度进行了探讨，为我们更深入地认识课程决策提供了基础，在此基础上形成抽象和概括程度更高的概念界定形式是理论发展的必然。课程不是一个独立的领域，在进行课程决策研究时要考虑众多的因素，如教育学、心理学、社会学、哲学、管理学、逻辑学等。以哲学为例，托马斯·霍普金斯对哲学在课程决策中的重要性做了经典的说明，他说："哲学已深入到有关课程与教学的所有重要决策之中，而且还将继续作为每一重要决策的基础……教师在学校里时刻都会面临着一些场合，在这些场合中，哲学是行动的不可缺少的组成部分。"[1] 约翰·古德莱德也指出："哲学是课程决策的起点，而且是后继的所有有关课程决策的基础。哲学已经成为决定课程目标、手段和结果的标准。"[2] 课程决策涉及的因素很多，其自身及其影响因素的复杂性决定了研究的理论基础将更加广泛。出于实践的需求，课程决策的研究不会仅仅停留在探讨表面现象和经验总结上，课程决策领域的一些重要问题，如教师、学生和家长参与课程决策的制度保障、课程决策中所出现的问题及其归因分析等必将会引起学者们的重视。课程运行实践将会推动课程决策研究摆脱浅层次的现象探讨而走向深层次的规律探讨。

---

① ［美］阿伦·C. 奥恩斯坦等：《当代课程问题》，余强译，浙江教育出版社 2004 年版，第 4 页。

② ［美］阿伦·C. 奥恩斯坦等：《当代课程问题》，余强译，浙江教育出版社 2004 年版，第 4 页。

这些基础的理论问题将直接或间接地影响和作用着课程决策制度创新的发展。

（二）课程决策制度创新将会不断立足实践，走向移植与创新的结合

21世纪，教育国际化已成为不可逆转的趋势，世界各国教育均超越国界和文化的局限，向国际开放，加强文化交流与合作。不同的异质文化接触、碰撞的时候，"落后"的一方出于自叹弗如的心理和希望赶上他人的急迫愿望，往往会有意无意地模仿别人。任何移植理论如果不经过改造和创新而直接用于指导实践，其力量都将是微弱的，甚至还可能导致一系列的问题。国外的课程决策理论研究起步早于中国，在课程决策实践上经验较为丰富，对于其合理之处进行吸收和借鉴是十分必要的。但是单纯的理论移植无论对构建理论还是指导实践，其作用都是有限的，从这方面看，对移植理论的本土化研究和改造是必不可少的。外来的教育思想如果不与本土文化相结合，它就很难深入到大众心中。因此，对待外来教育经验的正确态度和方式就是将其民族化，即把其他国家的有益经验融入自己的教育之中，使之成为自身发展的养料和契机。无论教育国际化的趋势多么强劲，我们的课程决策都要坚持中国特色，不断进行本土化的研究，而这种本土化研究的出发点和归宿便是课程决策实践，在决策实践中既可以检验理论的正确性又可以找到继续研究的新课题。在课程决策及其制度创新研究中，在实践中进行探索是一种必然趋势。

（三）课程决策制度创新需解决的问题将越来越具有针对性和精确性

课程问题与教学实践是密不可分的，课程决策亦是如此。对于课程决策的研究单纯采用理论思辨和经验总结的方法势必会造成客观性的缺失，对于实践的指导意义也是有限的。实证研究将会是解决此问题的一剂良方。实践是检验课程决策制度科学与否的试金石，任何的课程决策实行后都要通过实践来显示其效果，其自身存在的问题也会通过实践显现出来。因此，这就需要我们深入实践进行实证调查研究，获取真实、客观的资料，进而分析课程决策存在的问题、分析原因并有的放矢地加以改进，使课程决策制度不断趋于完善。目前课程决策保障体系的构建还是比较薄弱的环节，课程决策尚未完全制度化，决策过程还不够公开透明，且决策多是基于部分地区的调研和试验，难以反映其他不同地区的情况，因此更需要我们从不同地区的实际出发找出存在的问题，有针对性地提出解决策略，不失为一种有效策略。

（四）课程决策制度创新将会逐渐推动课程决策走向决策权力的均衡化

一般说来，一个国家的课程决策模式与这个国家的政治体制有着某种内在的联系。从世界范围来看，在政治体制上大体存在两种倾向：集权化与分权化。相应地在课程决策上也存在着两种倾向：法国、苏联以及中国等国家在课程决策上具有集权化的传统，强调中央对课程的开发、管理与控制；美国、英国、澳大利亚等国家在课程决策上具有分权化的传统，强调地方和学校在课程决策过程中的自主权。这两种决策模式都有各自的优势和弊端。当今课程决策的发展趋势是，集权化的课程决策开始重视地方和学校在课程中的自主权，分权化的国家开始加强国家对课程决策的干预力度。尽管在方式上存在不同，但殊途同归，目的都是为了课程决策的民主化、科学化。同时，随着人们课程意识的增强，越来越多的个人、团体以及其他的民间组织以积极的态度参与到课程决策中去，使课程决策能够最大程度地体现广大人民群众的利益。在课程决策的过程中，除了行政部门、政府官员、课程专家的作用之外，一些科研机构、高等院校、出版部门、社会团体以及媒体等都直接或间接地参与课程的决策过程，教师、家长和学生在课程决策中的地位也得到一定程度的提高。这说明，参与课程决策的主体开始多元化，权力不断走向均衡。

（五）课程决策制度创新不断推动课程决策走向科学化和专业化

课程政策作为课程决策结果的直观体现，以及作为考察决策制度创新的重要显性结果，不仅是一个静态的文本，更是一个动态的过程。这一过程包括四个最主要的环节：政策议题、政策决定（决策）、政策执行和政策评估。从这个过程来看，课程政策的制定尽管存在一定的缺陷，但与以前的经验型政策相比，在政策制定的科学性方面还是大大地向前迈进了一步。就政策议题而言，课程问题是素质教育的核心，它涉及范围广，影响巨大，带有全国性问题的性质，是政府必须要关注的问题。就政策决策而言，目前的课程政策在理念上不仅与世界先进的课程理念相适应，而且政策目标明确，这对于政策的评估也起到很好的作用。就政策执行来看，尽管在不同的地区也存在政策失真的问题，但实践的效果与影响是巨大的，所取得的成绩也是值得肯定的。就政策评估而言，我们改变了过去只颁布与执行政策，缺乏政策评估的局面，加强了对课程政策的更新、修订、补充和完善，这种反馈系统的完善使政策过程始终处于良性的循环状态，以利于课程政策走向科学化。由此来看，无论从政策的透明度、适切性、可行性和延续性来看，我国的基础教育课程政策正在由"经验型"向"科学型"转变。

第三章

协同合作：课程管理制度创新的历程

课程改革往往会涉及课程管理制度的变革①，科学的课程管理有助于明确课程改革中各层级权利主体的权力与责任，使各权利主体共同作用形成合力，以便课程改革的顺利推进。因此，课程管理制度的建立与完善是保障课程改革正常运作以及课程目标顺利实现的重要一环。② 纵观当代世界课程管理制度的变革，我们不难发现其有一个鲜明的整体改革趋势，即逐渐走向融合，也就是说，无论以前是中央集权制还是地方分权制，无论是国家课程为主还是地方或校本课程为主，现在都在向中间靠拢，我国也不例外。自新中国成立以来，课程改革已经经历了 70 多年的风风雨雨，我国的课程管理制度也在风雨兼程中不断发展，课程管理权力在国家、地方和学校三级间此消彼长，大体呈现出"钟摆现象"，但我们希望在集权与放权之间逐步探索出一条适合自身发展的道路。现阶段，我国基础教育实行三级课程管理，这是一项由国家、地方和学校共同管理课程的制度，是建立在基础教育课程改革的现实需求与发展趋势的基础上，统合集中管理与分权管理的优势，努力满足国家、地方、学校及学生对课程的多样性、灵活性的需求，增强课程适应性的改革措施。这项新的课程管理制度，是改革开放 40 多年来，国家通过多种形式调整与改革教育管理体制，在基础教育课程领域的反映，凝结了几代课程研究者的学术成果，涵盖了众多地方与学校的课程管理实践经验，逐步形成的具有中国特色的基础教育课程管理体制，是课程管理制度创新的重要表现。本章从澄清何为课程管理、课程管理制度及课程管理制度创新出发，对比世界课程管理制度的三种主要模式及其变革历程，并回顾我国自新中国成立 70 多年来课程管

---

① 李定仁、徐继存：《课程论研究二十年》，人民教育出版社 2004 年版，第 238 页。

② 肖磊：《课程改革的制度化研究》，西南师范大学出版社 2017 年版，第 33 页。

理制度的变革样态，试图从中找寻一般规律，从而更好地把握我国课程管理制度变革的内在理路，并探寻课程管理制度发展的未来方向。

一　课程管理制度创新的内涵

"课程"与"管理"两词出现很早，然而将两词合并为"课程管理"一词使用却是晚近的事情，且学者们对其内涵的界定也往往是仁者见仁智者见智，故本节的重点是澄清何为课程管理、课程管理制度及课程管理制度创新，意在从概念辨析入手，为深入探究课程管理制度创新历程及其创新的内在理路奠定基础。

（一）课程管理

从理论基础上分析，课程管理的直接理论基础有：课程理论和管理理论，在两者的结合下产生了课程管理研究领域，故而要研究何为课程管理，就要先弄清课程与管理的概念，并找寻其内在关联，为研究何为课程管理做铺垫。

"课程"一词的概念界定，向来是仁者见仁智者见智，总体来说可以分为三种：一、课程即知识。这一观点认为课程是凌驾于学习者之上的，是既定的、静态的。二、课程即经验。这一说法是从学习者本身出发，即学习者在学习过程中所获得的个人经验。三、课程是活动。持此观点的学者强调学习者自身的兴趣、需要和能力，强调活动的完整性、课程的综合性和整体性。我国学者王策三教授认为："课程自然不等于学科，活动课程论者反对这一点自不待言，学科课程论者也认为学科只是课程的一部分和一种含义，课程不仅包括学科，还有其他内容如劳动和其他各种活动，也不只是内容本身，还有对内容的安排，以及内容安排实现的进程和期限等含义。"[1] 由此可见，"课程"一词在演变过程中逐渐从强调外在的知识体系转变为关注课程本身为主体的活动。

在现代汉语词典中，"管"有"看管""管辖""管教""担任""照管""约束"之意。在现代汉语词典中，"理"有"整理""处理""协

---

① 王策三：《教学论稿》，人民教育出版社 1985 年版，第 201 页。

调""办理"之意。"管理"一词的本义是指：一是"负责某项工作使顺利进行"；二是"保管和料理"；三是"照管并约束（人或动物）"①。综合而言，管理就是掌握原理原则及安置事物使之有条理的方法。管理涉及的范围包罗万象，涵盖生活的方方面面。但在管理学中，"管理"的本义主要是指组织中的管理过程，即协调他人活动，为取得个人单独活动所无法取得的效果而进行的各种活动。

"课程管理"一词，在新中国教育学概念体系中属于新兴概念，相关教材及论著中鲜有提及，偶有论述，也将其定义为对课程内容的管理，属教学管理，是学校内部的管理。随着 20 世纪 80 年代课程研究的逐步兴起，课程管理在课程论研究中受到关注。再加上课程改革的推进，课程管理的研究日益完善，学者们对课程管理概念也有了进一步阐释。不同学者对课程管理概念有不同的界定，钟启泉先生的《现代课程论》是国内较早明确提出"课程管理"这一概念的著作。他认为，"课程管理是学校管理的一部分，但同学校的其他经营活动不同，它是直接地规定了教学活动的管理活动，是学校管理工作中具有重要意义的工作。课程管理的核心部分是课程编制。课程编制是注重于编制技巧的富于独特性的活动，而课程管理是系统地处理编制技法和人、物条件的相互关系，以教育目标为准绳，加以组织的一连串活动的总称"②。廖哲勋先生认为，从本质上说，课程管理是在一定社会条件下有领导、有组织地协调人、物和课程的关系，指挥课程建设与课程实施、使之达到预定目标的过程。协调人、物和课程这三者的关系是课程管理活动的基本内容。课程管理就是协调人与课程的关系，以保证学校课程正常运转。③ 白月桥先生认为，学校管理是教育管理的一部分，而课程管理则是学校管理的一部分，并且是特别重要的核心部分。课程管理是指对课程采取的经营措施，课程经营、课程运筹等和课程管理是同义语④。课程管理的基本内容包括课程标准部分、课程编制部分、课程实施部分、课程实施系统部分、课程评价部分等，也就是说，课程管理存在于课程运作的各个环节之中，而非独立存在。顾明远先

---

① 中国社会科学院语言研究所词典编辑室：《现代汉语词典》，商务印书馆 1997 年版，第 466 页。

② 钟启泉：《现代课程论》，上海教育出版社 1989 年版，第 367 页。

③ 廖哲勋：《课程学》，华中师范大学出版社 1991 年版，第 328 页。

④ 白月桥：《课程变革概论》，河北教育出版社 1996 年版，第 162 页。

生认为，课程管理指在特定的社会条件下，对课程编订、课程实施和课程评价等方面进行组织、领导、监督、检查的过程，包括人、物、课程三个因素。其中，人主要指参与课程决策、实施、监督、检查的人员和组成的机构；物指课程管理所需的财务、智力物化条件，如规章制度与教科书等；课程涵括了整个课程体系，具体包括课程标准、教学大纲、评价体系等内容。① 范国睿教授认为，"课程管理是一个内涵十分广泛的概念，从课程研究与实施的主体来看，涉及国家课程、地方课程和学校课程；从课程发展过程讲，则涉及课程发展、课程实施与课程评价等。而学校课程管理是指在学校管理过程中对课程采取的经营措施，这中间既有课程管理制度问题也有课程的选择和实施问题"②。

综观上述课程管理定义，无论从内涵还是外延来看，都存在一定的差异，主要表现在研究者对课程管理主体和课程管理内容理解上的不同。实际上，研究者对课程管理的诠释各不相同，这与他们对课程管理中的两个关键词"课程"与"管理"的理解有着密切的联系。由于对课程的内涵及对课程与教学关系的理解不同，也由于所持的课程管理主体与层次不同，对课程管理的认识可谓形形色色。综合以上定义，笔者将课程管理界定为对课程运作过程中的各个环节，以及各个环节所涉及的人、财、物等进行统筹规划、合理安排，从而促成预期课程目标达成的过程。

（二）课程管理制度

制度为课程管理组织有效运作提供了一个基本的规则。与"课程管理"相对应，课程管理制度是规范、指导课程管理实践的规则体系的统称，它既包括高屋建瓴的教育教学发展指导思想、教育行政部门出台的相关政策法规，也包括事无巨细的具体到学校课程管理制度、学校教育教学制度等。课程管理制度包括两个基本部分：一是课程管理的组织制度，它涉及课程管理机构的设置及其权力划分；二是课程管理的规范和章程，这是课程管理组织在课程管理过程中必须遵循的③。白月桥先生

---

① 顾明远：《教育大辞典》（第1卷），上海教育出版社1990年版，第201页。

② 范国睿：《学校管理的理论与实务》，华东师范大学出版社2003年版，第355页。

③ 郭晓明：《试论我国课程管理手段的改革——走向多样化和现代化》，《课程·教材·教法》2002年第3期。

认为，所谓"课程管理制度"，就是由国家司法部门或教育行政部门，以法规或文件的形式对课程管理的主要内容所做出的规定①。有怎样的课程管理制度就有相应特点的课程。课程管理制度直接制约着课程的变革和课程的编订。在检索到的文献中，学者们多将课程管理制度做宏观层面的理解，即国家以法规或文件形式对课程管理所做出的制度规定。一言以概之，课程管理制度即课程管理过程中颁布的相关政策法规和制度体系。

（三）课程管理制度创新

课程管理制度创新，顾名思义，就是颁布了原先没有的新的课程管理制度，或者是对原有制度进行优化、改进。首先，课程管理制度的出现之于课程改革而言就是一种创新，从无到有，这是开创性的。其次，从国家集权制课程管理到国家、地方两级课程管理，中央将权力下放给地方，给予地方课程管理自主权，这是课程管理制度的又一次创新。最后，发展到国家、地方和学校三级课程管理，权力下放至学校层面，学校享有一定的课程管理自主权，会更多关注到学生的个性发展，这是课程管理制度的再一次创新。课程管理制度创新的实质就是课程权力的重新合理配置，也就是将国家统一管理的课程制度转变为"地方负责，分级管理"。

二　课程管理制度的历史变迁

受制于人类思维的有限理性，课程管理制度必然要以一种渐进螺旋的方式发展。正如比尔德所说，就历史本身来说，它不会重演，但是假如在我们今天生存的社会中，发生的任何触动我们神经的热点问题，都会在历史的长河中或多或少地以某种特有的形式出现，给人一种似曾相识的感觉，人们会不约而同地按照当下时代的问题处理方式来解决所面对的挑战，抑或是置若罔闻。② 因此，历史和当下会发生紧密的联系，"历史应

---

① 白月桥：《课程变革概论》，河北教育出版社1996年版，第162页。

② ［美］丹尼尔·坦纳、劳雷尔·坦纳：《学校课程史》，崔允漷等译，教育科学出版社2006年版，第1页。

该提供我们超越时间的前进意识和一种决定与挫折为伍的本质、方向和程度的视角，以便帮助我们获得未来的愿景。历史缺乏的后果便是当前的课程事件注定要被当作此时的赛事或时尚"①。在此，笔者在对世界课程管理制度的变革趋势进行梳理的基础上，对新中国成立以来的课程管理制度进行梳理，以便找寻其内在的变革发展理路。

（一）世界课程管理制度的变革趋势

纵观当代世界的课程改革，有的国家由中央集权制走向地方分权制，有的国家则由地方分权制走向中央集权制。自20世纪80年代以来，在全球化的冲击下，世界上大多数国家所奉行的单一课程管理制度都陆续退出历史舞台。各个国家都意识到单一的课程管理模式不可能解决学校所遇到的所有的课程问题，纷纷开始改革原有的单一课程管理模式，向着与之相反的方向变革。不论是集权还是放权，极端化总是行不通的，凡事都讲究适度的原则。纵观世界各国的改革趋势，其目的都是为了找到适合本国国情的集权与分权的度，使课程管理的集权制和分权制合理并存。在中央集权和地方分权两种趋势并存的改革年代，那些课程管理制度实行地方分权的国家如英国和美国等，已制定了全国统一的课程标准，逐步实行某种程度的中央集权制，而那些长期实行中央集中管理课程的国家如我国、俄罗斯和芬兰等，正在向地方及学校下放课程管理的职权，试图改变集权制的课程管理模式。

随着世界各国教育体制改革的不断推进，课程管理制度改革也提上日程。建立与国情和教育发展相适应的课程管理制度至关重要，因此，应选择何种课程管理制度值得深入探讨。有学者将改革前各国的课程管理制度分为统一计划模式、分散管理模式、板块模式和蛋糕模式。② 前三种对应笔者划分的中央集权制、地方分权制和集权分权结合制，而蛋糕模式则是学者贾非所认为的课程管理制度的最佳发展模式。

---

① ［美］丹尼尔·坦纳、劳雷尔·坦纳：《学校课程史》，崔允漷等译，教育科学出版社2006年版，第1页。

② 贾非：《世界课程管理模式的主流与趋势——兼谈我国高中课程改革的困境与对策》，《外国教育研究》1994年第6期。

表 3-1　　　　　　　　　　　**四种课程管理模式的比较**

模式 要素	中央集权制	地方分权制	集分结合制	蛋糕模式
课程标准	国家统一 颁布执行 （或编写发行）	国家或地方 统一要求	国家依法制定	国家统一制定，学校 有部分机动权
课程计划		地方分权制定	国家制定，地方 和学校组织	
教学计划		学校一级 自主制定	学校自行制定	
教学大纲		学校自主编用	国家统一制定	地方审定， 学校自选
教科书			国家审定， 学校自选	

1. 中央集权制课程管理模式

自近代学校教育制度建立以来，中央集权制的国家受其政治体制的影响，建立了与之相对应的课程管理制度。国家掌握着课程资源分配的权力，控制着地方和学校的课程设置、课程内容等。课程开发也是由国家权力机构组织专家统一进行，采取自上而下辐散式推广模式。苏联是中央集权制课程管理模式的典型例子，在课程管理方面，苏联长期实行的是集中统一管理，由中央制定全国统一的教学计划、教学大纲和教材。然而，在苏联时期，人们就已经意识到集中统一管理下的课程不利于学生的个性发展，并做出过改革的努力。苏联解体后，俄罗斯在教育上延续苏联的模式，并朝着分权做出尝试，1993 年俄罗斯颁布《普通教育基础教学计划》，文件中提出缩小国家课程比重，扩大地方和学校课程比重。1998 年对 1993 年的计划做补充修改，从根本上改变了苏联时期高度统一的课程管理，并开始实施三级课程管理模式。总的来说，俄罗斯的课程管理模式由高度集中的中央集权制向地方分权制过渡，并试图寻求一个最佳平衡点。

芬兰也是中央集权制的典型。在 1968 年，芬兰实施了自上而下的中小学教育改革，建立了综合学校。但到 20 世纪 90 年代，芬兰的课程管理仍在实行中央集权制，国家教育部、国家普通教育委员会、国家职业教育委员会这"一部两委"拥有着强大的权力。在之后很长一段时间的社会与政治转型时期，教育管理的结构框架与法律架构发生了变革，权力下放到地方当局和学校层面。芬兰在 20 世纪末、21 世纪初进行的课程改革中改变了以往由中央集中统一管理全国课程的状况，下放课程管理部分权力到地方政府和学校，使各方权力相互制衡，实现了中央和地方政府共同管理的课程体制。中央集权国家为了寻求课程管理权力的制衡逐步赋权给地方和学校，改革自身局限，向三级课程管理体制进行过渡。芬兰在 PISA 测试中的出色成绩印证了芬兰高质量的基础教育。很多学者认为芬兰教育的成功应归结于卓越的教师队伍和高质量的教师教育，但也有学者认为芬兰教育的成功不能仅仅归因于教学方法、教学模式的改善或纯粹的课程问题，更重要的是应该从社会、文化、制度和历史等各方面的因素和角度去系统地考察，教育的成功是这些因素综合作用的结果。①

分析苏联和芬兰的课程管理模式，并总结两国在制度改革过程中的经验，对我国的课程管理制度改革有重要意义。其一，要制定合理清晰的课程管理制度框架，在框架的规约下，明晰国家课程管理的范围以及地方和学校的职权所在，各司其职，但不宜条条框框地精准制约，这不利于地方和学校的能动性和自主权的发挥，应在宏观掌控中适度放权，为地方和学校留有余地。其二，始终不忘以学生为本的理念，课程设置要充分体现"课程适应学生"的原则，适当给予地方和学校课程开发的权力，提供学生多样化的选择。其三，课程改革要想获得成功，弹性的课程结构必须成为改革的重点，真正让课程满足学生的个性化需要，提供选择性课程而改变大一统的课程；课程管理权必须分散，让学校和教师拥有更多的课程管理自主权；必需加强不同学校之间的合作，以实现课程资源的有效共享②。

2. 地方分权制课程管理模式

地方分权制管理模式是与中央集权制管理模式相对应的另一种模式，这种模式的课程管理主体是地方和学校，中央不直接管理地方课程事务，主要通过财政拨款或统一考试来间接管理。国家对教科书的编订、发行不统一规定，地方和学校拥有教材选择权。美国和英国就是典型的地方分权制管理模式。

在美国，依据各州分权、分级管理的原则，国会颁布教育政策与法

---

① Hannu Simola, The Finnish miracle of PISA: Historical and sociological remarks on teaching and teacher education [J]. *Comparative Education*, 2005 (4): 455-470.

② 张德启、汪霞：《芬兰基础教育课程改革的整体设计与实施浅析》，《外国教育研究》2009 年第 5 期。

规，教育部进行行政指导和协调，联邦通过国会和教育部对课程进行宏观指导，从而对各州产生间接影响。美国没有统一的全国通用教材，教科书的选择通常由地方学区设立的教科书选定委员会负责①。美国的国情与我国大不相同，在三足鼎立的分权与制衡的管理模式下，课程必受其影响。美国自 18 世纪独立战争后，通过《宪法修正案》确立了州一级的地方分权制，意味着各州的教育机构具有法定的教育决策权，而联邦教育机构则无权管理各州的学校课程。② 1957 年，苏联第一颗人造卫星发射成功，使美国有了危机意识，着手教育改革，1958 年，国会通过《国防教育法》，旨在全面提高教学质量、培养科技人才。这标志着美国国会和联邦政府的行政及立法部门开始介入学校课程，试图加强对学校课程的宏观调控。从 20 世纪 70 年代开始，美国在保障地方和学校课程管理自主权的同时，通过一系列措施逐步加强国家对课程的宏观控制。州政府自 20 世纪 80 年代起，也加强其对学校课程的影响力。1983 年，美国教育委员会发表《国家在危机中：教育改革势在必行》的报告，建议设置全国统一课程。也就是说，课程管理逐步成为美国联邦政府、州、地方和学校共同关注的事务。从美国课程管理的历史演进与发展趋势来看，实行地方分权制课程管理的国家，中央开始逐步收权。1991 年，老布什签发了《美国 2000 年：教育战略》，该文件的关键在于试图制定统一的国家课程标准，虽然由于保守派的反对，最终未能立法，但这是美国制定全国统一课程标准的第一次尝试。2001 年美国颁布《不让一个孩子掉队》法案，该法案明确提出，要"加强系统问责、扩大地方课程权力，赋予州和地方学区使用联邦经费的自主权，把 96% 的联邦经费直接下拨给地方"。2015 年美国通过《让每个学生成功法案》，该法案提出，要"将控制教育的权力归还给各州和地方学区"。长期以来，美国基础教育已经形成了国家建议、州级标准、学区决策、学校实施的一体化管理体制③。

英国的课程管理模式也属于典型的地方分权制，在 1944 年，英国颁布的教育法中明确提出"国家体系，地方管理"，将中小学课程自主权下放给地方一级的学校，中央和地方的教育部门不进行干预。英国人认为这一规定非常契合机会均等、公平的原则。在这种制度下地方学校的自主权

①　郭继东：《我国课程管理制度改革刍议》，《教学与管理》1998 年第 Z2 期。
②　孙维路：《英美两国课程管理的态势比较与分析》，《现代中小学教育》2008 年第 2 期。
③　和学新：《课程改革：新世纪的国际视野》，中国社会科学出版社 2018 年版，第 17 页。

不断扩大，但是其弊端也逐步显露。课程标准由学校自主制定，学生可以充分依据自己的兴趣爱好进行选课，这就造成了课程专门化、范围狭窄等问题，使得国家加强宏观调控成了必然选择。20 世纪 70 年代末，在经济危机的影响下英国的政治也难以脱身，保守党中激进势力开始对"国家体系，地方管理"的制度发起攻势，并对其进行政策施压。1987 年欧洲一体化间接地推动了英国构建国家统一课程的设想。故联邦政府在 1988 年颁布了《教育改革法》，该法案规定，各公立中小学应开设全国统一课程（数学、英语和科学）和基础课程（外语、技术、历史、地理、美术、音乐和体育）以及宗教课程，并且成立全国课程委员会统一设置和审查课程。这就体现了国家对课程的管理，但是由于长久以来学校掌握自主权的影响根深蒂固，难以轻易撼动，所以改革仍给学校保留了相当大的自主权。随后，在 2002 年颁布教育法，明晰了教育质量干预问题，确切地说明了各级职权的划分，凸显三级课程管理理念。英国为破除长期根深蒂固的"教师自治"的传统，从 20 世纪 70 年代到 20 世纪末，用了近 30 年的努力，基本形成了比较完善的三级课程管理制度。随着课程改革的深入，这种体制也在不断改进中。

3. 集分结合制课程管理模式

日本是集分结合制的典范。日本在战后为了更好地调动各方面的有利因素以发展教育事业，全面改革了教育行政管理体制，摒弃了战前中央高度集权的行政体制，遵循民主主义的原则，结合国家行政区的改革，建立了中央集权和地方分权相结合的教育行政管理体制。文部省是中央教育行政机构，其任务在于"振兴与普及学校教育、社会教育、学术及文化"，在行使职权时，除法律（包括以法律为根据的命令）予以特别规定外，不得进行行政或运营上的监督。这体现了文部省是以指导、建议为本的中央服务性机关。除指导、建议外，地方教育行政机构必须服从文部大臣为地方公共团体设立的有关教育事务的必要标准。在基础教育的行政管理中，市町村教育委员会为基础行政单位，承担着主要的管理任务，但文部省和都道府县两级行政也承担着相应的管理职能，典型地体现了战后日本教育行政体制的特征。

从日本的课程管理及开发的实践中，我们可以归结出一些基本经验：第一，日本已经形成了国家、地方和学校的三级课程管理体制。国家制定课程标准和课程计划，对教科书进行审定，对教育课程的实施以导为主、以督为辅。地方在基础教育课程管理上负有主要责任，根据国家基准制定相应的地方基准，对审定过的教科书进行再审定，并指导学校编制、实施具体的教育课程，学校也积极参与教育课程的研发。日本教育课程的管理与开发充分调动了三方面的积极性，既有统一性，又有灵活性；既有中央调控，又可体现地方、学校办学的自主性。这种做法增强了地方和学校的课程使命感，能促进课程的研究与开发，使整个课程水平得以提高。第二，日本地方教育委员会每年都会确立具体的教育目标，为地方课程的管理与开发提供主要依据。地方在课程的实施上，重视结合本地区实际，并将研究成果予以推广，以提高教育质量。

纵览世界各国课程管理制度变革可以发现，有一个鲜明的整体改革趋势，即逐渐走向融合，也就是说，无论以前是中央集权制还是地方分权制，无论是国家课程为主还是地方或校本课程为主，基本上都在向中间靠拢，试图找寻一个平衡点。在这一平衡点上，国家、地方、学校能够更好地结合起来，这样一来，既能发挥中央对课程的统一管理和领导，又能充分发挥地方和学校的积极性与主动性。

（二）我国课程管理制度的发展路径

自新中国成立以来，课程改革已经历了70多年的风风雨雨，我国的课程管理制度也在风雨兼程中不断发展，课程管理权力在国家、地方和学校三级间此消彼长，大体呈现出"钟摆现象"，但我们希望在集权与放权之间逐步探索出一条适合自身发展的道路。新中国成立70多年来，我们经历过"大跃进"以及"文化大革命"时期的课程管理权力极端分散的状态，但总体而言，我国课程管理的模式还是典型的中央集权式。而且纵观我国课程管理制度的变迁，其变革呈现稳步前行的状态。课程管理的行政主体主要有国家、地方和学校，因此，课程管理制度变革的实质是课程管理权力的再分配，通过课程管理权力的重新分配调动国家、地方和学校课程发展的活力。70多年来，我国根据自身发展的实际情况，先后经历了国家集中管理模式、国家与地方分级管理模式以及国家、地方、学校三级课程管理模式，逐步探索出了一条适合自身教育发展实际的课程管理道路和模式。回顾课程管理制度变革与创新的历程，有助于我们深入认识课程管理制度变革的内在规律，有助于深化我国课程管理制度的发展与变革。

1. 1977—1985，国家集中管理模式

新中国成立伊始，国家和教育的发展都处于初级阶段，为了解决教师数量不足、教育教学质量难以保证等问题，我国"一边倒"地效仿苏联的中央集权的课程管理制度，确立了国家集中管理的课程管理模式，采用"自上而下"的课程管理政策，课程管理权力高度集中于中央。1950年8月，教育部颁布《中学暂行教学计划（草案）》，制定全国统一的课程标准和教学计划；1951年8月通过了《小学暂行规程（草案）》和《小学教学计划》，由此正式确立了"一纲一本""编审合一"的国定教科书制度。经过几年的休养生息，社会主义改造已基本完成，国家的教育事业正稳步前行。1958年，受"大跃进"的冲击，教育界也掀起了"教育革命"①。教育界对教科书的内容陈旧、脱离实际等进行批判，1958年8月国务院颁布了《关于教育事业管理权下放问题的规定》，授予地方可以在通用教材的基础上自编教材的权力，打破了"一纲一本"的集权制，这是新中国成立以来第一次下放了中小学教材编写权限，是国家完全统一到局部多样化的第一次尝试。然而，受当时政治意识形态的影响，以及在权力下放过程中所出现的教科书使用混乱、教科书内容系统性差、基础知识削弱、难教难学等问题，中央于1959年1月对课程管理重新做出了规定：权力下放后，中央对学制、课程设置和课本等必须管起来，再次强调统一性，回归到国家集中管理状态。后历经十年"文化大革命"动乱，我国的教育事业遭受重创，几乎处于瘫痪状态。

1977年，我国步入探索建设有中国特色的社会主义初级阶段时期。正是基于新中国成立后我国课程管理的经验与教训，1978年1月，教育部颁发了《全日制十年制中小学教学计划试行草案》，此草案为消除"文化大革命"给教育事业所带来的不良影响，规定了全日制中小学学习年限，以及集中编写全国通用教材等，这表明我国恢复了中央统一管理中小学课程及国家统一编写和使用教材的制度。1981年，教育部先后出台了《全日制五年制小学（中学）教学计划（修订草案）》和《全日制六年制重点中学教学计划（试行草案）》，虽然文件提出各地可以根据实际情况和需要做一些调整，但须报教育部备案，而学校非经上级批准不得随意改变教学计划，后者还规定要从高中二年级开始开设选修课，并要积极开

---

① 黄敬忠：《课程政策》，上海教育出版社2010年版，第27页。

展课外学术活动和其他活动。这也反映出当时我国已经注意到基础教育课程过于整齐划一的问题，只是由于这一政策并没有具体落实，对课程改革没有产生实际影响。通过改革开放初期的政策调整，我国统一性的课程管理体系重新建立，课程管理权力由国家掌握，地方各级教育部门和学校主要是其课程决策的忠实执行者。在"文化大革命"造成的混乱背景下，加强国家的宏观调控有助于恢复我国中小学课程体系的完整性与规范性。

大体来看，从新中国成立至 20 世纪 80 年代中期，我国长期实行的是集中统一管理的体制，统一的教学大纲，国家统一管理和安排的课程，虽然课程管理制度在不断发展中，但并未取得大的突破，仍属于完全国家集中管理课程模式，地方和学校缺乏课程自主权。中央集权式课程管理模式下课程标准由国家统一编写制定并通过政策指令颁布实施，对于科目设置、课程内容等具体事宜，都有统一、详尽的规定，地方政府和学校只能严格执行，无权自主调整，也无须承担责任。教科书采用国定制和统编制，由国家组织专门人员根据教学大纲编写，指定专门的机构出版发行，教材全国统一使用。高度中央集权的课程管理模式有利于国家集中统一管理，增强中央的控制力；有助于保障学校的教育教学质量，维护教育公平；有益于保持文化的统一，培养学生的国家文化认同感和使命感。但其弊端也日益显现，中央集权课程管理模式强调一致性而不能适应悬殊的地区差异性；抑制了地方和学校层面的积极性，机械、僵化地执行会使课程失去灵活性与创造性；削减了人才培养的多样性，使学生变得千人一面，这种单一化的倾向与社会对人才需求的多样化趋势不相符合，必然造成学生与社会脱轨，教育丧失服务性功能。显然，完全集中的课程管理制度并不适应于我国地区差异、学校差异和学生差异的事实，与课程管理制度"主体多极化"的国际改革趋势不相符合，既严重压抑了地方与学校、教师等的主动性与积极性，使他们无法进行有效的课程改革并开展创造性工作，也严重限制了我国课程改革、教育改革的力度与深度，使其改革的步履缓慢且艰难[①]。课程管理制度的变革，正反映了胡塞尔所倡导的地平线法则——对事物的认知，只有抓住它的临界点，才能透彻理解其内在本质。无论是高度集权制的课程管理，或是地方分权下的课程管理，都走向

① 李敏：《从三级对立走向三级整合的世界课程管理模式》，《全球教育展望》2004 年第6 期。

临界时才能看透其弊病，改革也才能顺势而为。

2. 1985—1999，国家+地方分级管理模式

随着政治体制改革的不断推进，中央集权的课程管理制度已经不能满足课程发展的需要，我国原有高度集中的课程管理制度显现出许多弊端，阻碍了我国教育的改革与发展。统一的教学计划、教学大纲和教材，无法适应我国的地区差异，无法照顾学生的个别差异；课程决策权力属于中央，一定程度上压抑了地方和学校的积极性，地方课程决策权的不足，使得地方和学校无法进行有效的课程改革和开展创造性的工作。这些都不利于创造性人才培养目标的实现，由此产生加大变革力度的需要。国家在进行政府机构改革的同时，实行权力下放，以适应地方发展需要。

1985 年 5 月《中共中央关于教育体制改革的决定》颁布实施，其中强调改革管理体制，在加强宏观管理的同时，坚决实行简政放权，扩大学校的办学自主权；实行九年制义务教育，实行基础教育由地方负责、分级管理的原则，除大政方针和宏观规划由中央决定外，具体政策、制度、计划的制定和实施，以及对学校的领导、管理和检查，责任和权力都交给地方。这是发展我国教育事业、改革我国教育体制的基础一环。此决定表明我国课程管理的部分权限开始由中央下放到地方，中央负责大政方针和宏观规划，地方成了名副其实的权力主体，不仅仅表现在基础教育经费的主要来源由地方政府投入，同时给予了地方课程开发的自主权，可以开发地方课程和乡土课程。1986 年颁布实施的《中华人民共和国义务教育法》进一步深化课程改革，改中小学教材国定制为审定制，强化了"地方负责、分级管理"的思想。经国家教委批准，1988 年设立上海、浙江为课程改革试点地区，自主进行地方层面的课程决策。试点地区的设立是政策落地的表现，改革推进由点及面，"地方负责、分级管理"政策的普及指日可待。同年，国家教委颁布的《九年制义务教育教材编写规划方案》，倡导中小学教材由"一纲一本"向"一纲多本"发展。课程管理的权力下放使地方发展从执行教育命令转向提升课程的多样性以及专业性，探索课程发展的本质需求，从而促进课程在不同地区与学校的深度适应以及可持续发展[①]。进入 20 世纪 90 年代以来，我国进入了新的发展阶段，政

①　王明宇、吕立杰：《我国基础教育课程管理发展 70 年的回顾与反思》，《教育理论与实践》2019 年第 22 期。

治、经济快速发展对人才培养提出了新的要求。在此背景下，1992 年国家教委颁布了《九年义务教育全日制小学、初级中学课程计划（试行）》，将"教学计划"更名为"课程计划"，实行"一纲多本"甚至一定程度上的"多纲多本"，并首次规定设置地方课程，打破了国家课程一统天下的局面，增加了课程的灵活性与多样性。1996 年，国家颁布《全日制普通高级中学课程计划（试验）》，文件规定将我国普通高中学科类课程分为必修、限定选修和任意选修三种类型，在高中实行选修课制度。2000 年由原国家教委印发的《全日制普通高级中学课程计划（试验修订稿）》在 1996 年文件的基础上强化了课程结构的多样化，强调校本课程和综合实践活动课程。虽然这一系列的文件并未在根本上触动基础教育课程体系，但在时代需要和教育发展的推动下，基础教育课程管理制度改革终究拉开了历史帷幕，旨在扩大地方和学校的课程管理权的三级课程管理制度即将应运而生。

　　然而，需要注意的是，在不同国家的"国家+地方"分级管理模式是有很大不同的，主要差别在于国家的作用有多大，例如英、美等国家，主要是地方分权模式，国家除了拨款、提供服务和咨询外，并无实质权力，至少在英国的《教育改革法》和美国的《国防教育法》颁布前是如此情形。而我国却不然，在课程权力主体中，国家仍占主导地位，从课程结构占比可以看出，国家课程占相当大的比重。改变的只是由原先的单向决定变为双向互动，换言之，国家在对地方指导时，也听取来自地方的反馈。

　　3. 1999 年以后，国家+地方+学校三级课程管理模式

　　在 20 世纪 80 年代末，吕达先生就曾提出"结合我国的实际情况，笔者预测，对我国普通中小学实行三级课程、三级管理的做法，将是可行的"[①]。这是笔者查阅到的国内文献中最早出现"三级课程"一词的论述，此提法与后期的三级课程管理意义相差无几。"三级课程管理"一词也经历了从朦胧到清晰的过程，直至 1999 年，第三次全国教育工作会议正式确立了"国家课程、地方课程和学校课程"的三级课程管理模式。这在实际上推动了课程管理由"外控形态"向"内控形态"的革命性变革：课程为中央、地方、学校、教师、学生和家长等利益相关者所"共有"。

---

　　① 吕达等：《独木桥？阳关道？——未来中小学课程面面观》，中信出版社 1991 年版，第 248 页。

在 21 世纪初，我国紧抓历史机遇，紧跟国际趋势，进一步深化课程改革，在"扩大学校自主权""教育松绑"的呼声下，课程的部分权力进一步由地方下放到学校，校本课程的实施就是一个重要标志。① 2000 年，《全日制普通高级中学课程计划（试验修订稿）》提出"教师是课程实施的组织者、促进者，也是课程的开发者和研究者"。文件提出给予教师开发课程的权力，这是课程管理权力下放的关键表现，为教师积极探索教学革新提供了政策支持，激发了教师的积极性，使教师更加确认自己每一次对课程的开发、对教学的创新都是富有价值的。最初，三级课程管理仅在高中阶段推行，直到 2001 年，国家先后出台了两份重要文件——《国务院关于基础教育改革与发展的决定》和《基础教育课程改革纲要（试行）》，这标志着第八次基础教育课程改革的启动。文件确定了六大课程改革目标，将"三级课程管理"由高中阶段推开到整个基础教育阶段，并对其作出了明确规定。另外，新课程改革以课程标准取代使用了几十年的教学大纲，《基础教育课程改革纲要（试行）》指出"课程标准是教材编写、教学、评估和考试命题的依据，是国家管理和评价课程的基础"②。课程标准要按照循序渐进、由浅入深、有机衔接的原则，合理设计各学段、各学科专业教学的基本内容和要求，确保各学段教学内容的纵向衔接和各门课程教学内容的横向配合。课程标准规定了一个绝大多数学生经过努力都能实现的目标，在这个基础性目标下，各地区、各学校可以根据自己的实际情况自主设置地方课程与校本课程，自主选择经审定通过的教科书，灵活调整课程内容、创造性地实施课程，而不再是对课程内容甚至教学方法作出详细规定。这是改革开放 40 多年来课程管理制度改革与创新的重大事件，因为它标志着我国在课程管理内容上的一次重大探索，那就是抓大放小，尝试建立基于标准的管理机制。从此，我国基础教育课程管理摆脱了集权统一、计划式的体制，开始走向以分权、共创、对话为特征的体制，一种适应我国当代基础教育发展需要的课程管理新体制应运而生，揭开了我国课程管理史的新篇章。随后，教育部颁布了《义务教育课程设置实验方案》和 22 个义务教育学科课程标准，紧接着在 2003 年出台了《普通高中课程方案（实验）》和语文等 15 个学科课程标准，由

---

① 黄敬忠：《课程政策》，上海教育出版社 2010 年版，第 31 页。

② 教育部关于印发《基础教育课程改革纲要（试行）》的通知［EB/OL］. http://old. moe. gov. cn//publicfiles/business/htmlfiles/moe/s8001/201404/xxgk_167343. html。

此开启了以课程标准为纲管理课程的新时代。此后，"三级课程管理"也以制度文本的形式正式被确立，这一固定表达也开始被广泛使用，诸多课程管理政策文件的出台为地方和学校参与课程开发和管理提供了有力保障，促使我国课程结构、种类由同一走向多样。

2003 年《普通高中课程方案（实验）》进一步强调了学校在三级课程管理中应享有的课程自主权，为保障学校能合理而充分地应用其课程管理权力创造性地实施国家课程，并根据地方和学校特色因地制宜地开发校本课程提供了重要支持。这表明国家、地方和学校共同参与课程管理的格局已进入纵深发展阶段，课程管理成为国家、地方、学校共同对课程施加影响的过程。可见，我国课程管理改革的基本方向是逐步地、有指导地下放课程权力，也就是赋权增能①。但是，管理权力的下放并不代表某一方权力的全部让渡或转移，而是走向了更加合理的权力共享模式，实现更加均衡的"分权"。

2010 年我国颁布实施了《国家中长期教育改革和发展纲要（2010—2020 年）》，关于教育管理体制改革该文件提出一项重要内容，确立了今后权力配给的基本方向，即中央向地方放权、政府向学校放权。这一规定解决了怎样配置权力才更加合理、有效的问题。2019 年 6 月国务院颁布了《国务院办公厅关于新时代推进普通高中育人方式改革的指导意见》，文件中提到要完善学校课程管理，依照普通高中课程方案，合理安排各学科课程，加强学校特色课程建设，加强课程实施监管等。同月颁布实施的《中共中央国务院关于深化教育教学改革全面提高义务教育质量的意见》中提到，国家建立义务教育课程方案、课程标准修订和实施监测机制，完善教材管理办法，要加强教学管理，省级教育部门要分学科制定课堂教学基本要求，制定地方课程和校本课程开发与实施指南，并建立审议评估和质量监测制度。县级教育部门要加强校本课程监管，构建学校间共建共享机制，要指导学校形成教学管理特色。学校要健全教学管理规程，统筹制定教学计划，优化教学环节。文件中对各级部门的课程管理职责作出了更加明确的规划和引导，这反映出我国未来将持续深化实施三级课程管理。在教材建设方面，文件提出，学校要提高校本课程质量，校本课程原则上

---

① 教育部基础教育司、师范教育司：《新课程的领导、组织与推进》，高等教育出版社2004 年版，第 1 页。

不编写教材，提倡学校间共编共享校本课程。严禁用地方课程、校本课程取代国家课程，严禁使用未经审定的教材。文件体现了国家对三级课程管理的新要求，对学校一级收回部分权力，加强国家对课程的集中管理，这是为了贯彻落实"立德树人"根本任务，基于新时代我国教育发展和课程改革对课程管理制度所做出的科学调整。

三　课程管理制度创新的内在理路

回顾新中国成立以来尤其是改革开放以来的课程管理制度变迁历程，分析我国课程管理制度的变化趋势，我们可以发现课程管理制度的变革创新是与我国基础教育课程改革协同发展的，从高度中央集权制，到中央、地方两级课程管理，再到中央、地方和学校三级课程管理。从集权走向分权，更加注重权责明晰，对等统一，多元主体合作参与课程管理等，这些都体现着课程管理制度朝着合理化、开放化、多元化的方向发展。课程管理制度的每一次创新发展背后的经验与成就都值得叙写，深入分析其制度创新的内在理路，对于引领后续课程管理制度的健康发展有着非常重要的意义。一言以蔽之，制度改革的背后都有无数的助推力，这些合力推动着制度创新，课程管理制度的改革亦是如此。

（一）课程管理制度创新的基本前提是经济体制改革和社会形态变迁

审视西方近两百年以及我国新中国成立以来的课程发展史，有一点值得注意的是，一个国家的教育制度与课程管理制度是与其当时所处的经济体制相对应的，国家经济体制决定了教育体制的变化。自新中国成立以来，伴随着经济体制改革，教育制度在不断变革，课程管理制度亦随之变革。经济基础决定上层建筑，经济基础的发展变化必定带来上层建筑的一系列改变。自改革开放 40 多年，我国逐步确立了社会主义市场经济体制，原有的以政府行政垄断为主要特征的资源分配方式被在政府宏观调控下以市场机制为导向的资源分配方式所取代，经济制度影响着教育制度也在不断地变革和创新。可以说，市场经济的发展在很大程度上实现了人的解放，打破了传统的单一政府的计划经济模式；在市场经济与社会化大生产中，人逐步走出对物的依赖和束缚，积极发挥自身的主观能动性，成为有独立意识和自主品格的人。这反映在课程管理中，就是民主范围的逐步扩大，政府在课程管理中的权力垄断被打破，权力开始向下层分化。

中国是一个典型的发展中国家，改革开放之初，市场机制尚不完善，受教育人口众多，社会主义现代化建设的任务艰巨，基于这样特殊的基本国情，运用市场化手段推进教育资源的优化配置，则需要政府的参与和扶持，需要具有强制力的管理制度依托。因此，应该坚持以政府为主导的市场化机制，加强政府宏观调控与市场调节相结合，既保证市场机制更有效地配置教育资源，又能通过政府宏观调控确保课程管理制度的健康发展，以弥补和矫正市场机制先天的缺陷，实现课程管理制度持续、稳定、协调地快速发展。实质上，中国在经济改革初期便向着分权化发展，教育在经济改革的影响下也开始进行权力下放，这是课程管理权力向下延伸的重要驱动力。影响政策环境的因素不仅是经济制度的结构，而且还包括现行的经济状况。① 20 世纪末，OECD 提出了"以知识为基础的经济"这一命题，我国也顺势提出建设创新型国家的目标，创新型国家需要创新人才的支撑，这就需要打破原有以识记为主的传统课程学习方式。显然，强调统一要求的国家课程难以做到个性化地培养学生，地方课程与校本课程的重要性凸显。顺应时代发展，三级课程管理制度的提出与实施势在必行。在经济体制改革的导向下，在不断地尝试和摸索中，课程管理制度也在不断地深化和调整，地方层面、学校层面课程管理应运而生。

任何制度变革与创新的推动力都不止一种。经济体制改革是课程管理制度创新的前提条件，然而，我们亦不能忽视社会形态变迁所产生的效应。其一，从外部来看，国家与社会关系日益密切的今天，将权力给予政府，单单依靠政府管理课程的模式已行不通。政府需要下放权力，加强与地方、学校的紧密联系，地方与学校是教育改革的强有力支撑，星星之火可以燎原。今时不同往日，在这样一个多主体融合发展的时代下，我们需要来自社会的广大人民群众的力量，以建设面向人民群众、面向世界、面向未来的教育。帕森斯曾提出，"权力作为一种机制，发生在社会中人与人、人与集体的相互作用过程之中，他们的行为也随着这一作用过程不断地发生着改变；此处，'制度性的权威'成为权力得以发生所不可或缺的

---

① ［美］弗朗西斯·C. 福勒：《教育政策学导论》，许庆豫译，江苏教育出版社 2007 年版，第 51 页。

依赖物，它作为普遍化的权威，将责任和义务集合于一身，从而保障集体行动的有效"①。言下之意，国家、地方和学校在进行三方博弈的过程中，为获得最大化的利益而不断进行尝试与磨合，以便能够达到最佳组合。我们可以看出，在我国现行课程管理制度中，国家高度统一的管理模式已然被打破，在国家宏观调控下，地方和学校的权力在日益增强，地方和学校的权力日益具体化，正因如此，地方与学校进行课程建设的积极性才能被充分调动。其二，从内部的价值观层面看，优秀传统文化是中华民族宝贵的文化遗产，对落实立德树人的根本任务起着至关重要的作用。课程作为传承优秀传统文化的重要载体，显得尤为关键。近年来，学习和弘扬中华民族优秀传统文化的呼声日益高涨。伴随着国际化的浪潮，各国之间的文化相互交融。我们在不断吸收外来优秀文化充实自身的同时，也在不断地传承和发扬我们的优秀传统文化，这既要求在课程建设中充分地挖掘中国传统文化，又要适应时代的要求。课程改革与课程建设不能离开赖以生存的一方沃土，只有在优良传统文化的底蕴下所产生的思想和方法，才能孕育出适合我国国情的课程，方能有益于培养祖国未来建设的接班人。21世纪初，教育部再次提出了"传统文化进校园"的口号，号召广大中小学生学习、传承和发扬我们的优秀传统文化。2014年教育部颁布了《关于全面深化课程改革 落实立德树人根本任务的意见》，提出要"全面深化课程改革，整体构建符合教育规律、体现时代特征、具有中国特色的人才培养体系，建立健全综合协调、充满活力的育人体制机制，落实立德树人根本任务"②。立德树人的实现离不开优秀传统文化的精神滋养，优秀传统文化是立德树人的重要智慧宝库，是立德树人的力量源泉，学习优秀传统文化有利于学生树立正确的信念，增强文化自信；立德树人是对优秀传统文化的继承和升华，二者之间紧密联系，相辅相成。这一政策的落实，离不开学校层面的课程管理与建设，学校层面的课程是连接课程政策制定者和课程实施者的桥梁，它肯定了教师和学生的主体地位，是课程管理落实到学校一级的重要体现。

---

① Parsons, T. *Sociological Theory and Modern Society* [M]. New York: Free Press. 1967: 299–331.

② 教育部关于全面深化课程改革 落实立德树人根本任务的意见 [EB/OL]. http://old. moe. gov. cn/publicfiles/business/htmlfiles/moe/s7054/201404/167226. html。

（二）课程管理制度创新的主要模式是集权与分权的有机结合

我国的课程管理制度以集权为起点，在此基础上不断做出分权、权力下放的努力，但一段时间的革新后必然又会向起点回归，尽管课程管理制度不会恢复原样，其间也会发生一定程度的改变，但往往很难挣脱旧的传统。为什么课程管理制度会出现这一现象呢？一个重要的原因是集权与分权各有优劣，集权制的优点是分权制的缺点，而集权制的缺点则是分权制的优点，两者很难平衡。由于对立思维的存在，往往在突出一方的同时必须要放弃另一方，"在集权时代被当成是可取的东西（如集中管理能克服地区差异），到了分权时代，就会被说成是其弊端所在（集中管理无视地区间的差异）。反之，分权时代被认为的精华，有可能在集权时代就会被视为糟粕。这种理论上翻手为云、覆手为雨的现象，有时也令教育改革家们感到困惑和泄气"①。想要充分发挥集权制的优点时，就得放弃分权制的优点，当要克服分权制的弊端时，必然要接受集权制的弊端，由此导致课程管理制度的周期性变动，从而产生了钟摆现象。对此，我们必须明白我们要建立一个什么样的课程管理体制？我国的课程管理体制改革不能采取激进的方式，从高度集权制课程管理模式向极端的分权制模式转换并不符合我国的国情，由于我们长期实行的集中模式已越来越难以适应社会主义现代化建设的需要，因此有人主张以与此相对的分散模式取代之。但是，建立分散型课程管理体制并不是一个理想的选择，原因如下：其一，分散模式虽然克服了集中模式的固有弊病，但也抛弃了集中模式的优点与长处。在集权与分权、统一与分散、单一与多元等问题上，不能从一个极端陷入另一个极端。其二，我国有着很长的中央集权传统，尽管它存在一些缺陷与弊端，但人们对此已较为熟悉与适应。而分散模式与我国的文化传统不相合拍，从集中模式转换到极端的分散模式必然会出现种种不适应，甚至引起震荡、造成混乱。其三，分散模式对于地方和学校的课程管理人员有着很高的要求，他们必须掌握课程的基本理论、把握课程的发展动向、具备丰富的课程管理实践经验。而我国的课程管理人员在长期的集中模式的影响下，习惯于等待上级的规定与部署，完全依照上级的指令去

---

① 吴志宏：《两种教育行政体制及其改革》，《华东师范大学学报》（教育科学版）1999年第3期。

执行，蜕变为上级课程管理机构的办事员，缺乏自主管理的意识、知识和技能。因此，目前在我国建立分散型课程管理体制是不可行的，明智的选择是建立集权分权相结合的课程管理模式。

纵览当前世界各国的课程管理制度改革，可以发现有鲜明的整体改革、逐渐融合的走向，即无论是中央集权制抑或是地方分权制，无论是国家课程还是地方课程、校本课程，都在寻找一个新的平衡点，以使国家和地方、学校能更好地结合起来，使不同的管理体制能相互统一于同一体制之下，既发挥中央对课程的统一领导和管理，同时又调动地方和学校的积极性和自主性。自20世纪80年代以来，世界上无论是发达国家，还是发展中国家，原先实行地方分权制课程管理制度的国家，开始克服自身的缺点，借鉴中央集权制国家的模式，建立国家统一的课程标准，加强中央集权。原先实行中央集权制的国家，亦开始向着与之相反的方向放权，取长补短。强调中央集权与地方分权的充分结合是世界总体的课程管理走势，重视多元课程行政主体作用的发挥，课程行政主体的发展呈现明显的多元化趋势。各国都注重发挥国家、地方、学校管理课程的积极性和自主性，我国倡导从统一到多元、从集权到分权的课程管理制度改革的指导思想，同时也强化中央机构制定政策、统一基本标准的功能。美国的课程管理模式改革与我国刚好相反，美国正在从原先的地方分权制走向集分结合，国会通过颁布法案加强对地方教育的控制。各国都在探索适合本国国情的最佳结合点和平衡点的课程管理制度，世界课程管理制度改革以及新中国成立以来课程管理制度的历史向我们昭示，集权和分权各有优劣，课程管理制度改革无法挣脱旧有的传统，与其枉费力气去根除旧的课程管理制度，不如既保留原有课程管理制度优势，又纳入其它形式的课程管理体制，使之相互平衡，以弥补原有课程管理制度的不足。这样，不仅可以达到改革的目的，优化课程管理制度的功能，而且也可以减少改革的阻力。

一个国家的课程管理需要适度的统一，因为这有利于完成共同的教育任务、实现统一的教育目标，有利于开展教学研究、教学检查和教学评价等活动，也便于通过培训提高教师的业务水平和教学能力，达到大面积提高教育质量的目的，所以国家管理课程必不可少。同时，一个国家的课程管理又需要适度的分散，尤其是像我国这样区域发展不平衡的国家，"大一统"的模式无法顾及各地的差异，难以激发地方和学校的积极性，故而地方和学校亦需要有适度的课程管理权。因此，我国的课程管理体制必须在集权与分权、集中与分散、统一与灵活之间找到合理的平衡点。在确保国家宏观调控的前提下，通过适当的分权，建立中央、地方、学校三级相互协调、互为补充的分级管理体制。与这一改革目标相对照，集中分散相结合的模式是一种比较合理的选择。从高度集权式课程管理到三级课程管理，制度创新的背后是课程管理行政权力的下放，亦是对世界发展"多元化"的回应。

（三）课程管理制度创新的重要保障是主体多元与合作共赢

廖哲勋教授曾提出："等级结构是构建我国中小学课程管理系统的最佳结构。在中小学课程管理系统中，等级结构的首要特征是从中央到地方、再到学校，把课程管理系统划分为一级一级的子系统；在上下两个子系统之间建立从属关系。"[1] 课程管理必然要走上法治的轨道，故课程管理的权限和责任必须明确界定。建立权责明晰的课程管理制度，需要厘清府际关系、政府与学校的关系。府际关系亦称政府间关系，既指国家不同层级政府之间以及相同层级政府部门之间的权力分工关系，也指国家间各级政府之间的交往合作关系。府际关系实际上是政府之间的权力配置和利益分配的关系，它对于一国的经济发展、社会管理有着重要作用。[2] 这对于课程管理来说，也不例外。1985 年颁布实施的《中共中央关于教育体制改革的决定》提出，成立国家教育委员会负责掌握教育大政方针，统筹整个教育事业的发展，协调各部门有关教育的工作，统一部署和指导教育体制的改革。[3] 自此之后，我国开始走向中央和省级政府两级办学、以地方管理为主的课程管理模式。改革开放以来，随着课程管理制度改革的深化，政府与学校的关系也发生了很大的变化，政府开始由"掌舵者"转变为"服务者"，逐步从包揽一切的"全能型"政府转变为精细分工的"服务型"政府，政府开始改变以往直接管理学校的单一方式，给予了学校更多的自主权，注重激发学校的能动性，减少不必要的行政干预，政校关系的转变使得学校由被动变为主动。学校是教育系统和课程管理的主体，要通过现代学校制度的建设，促进学校依法办学，使学校实现由他治

---

[1]　廖哲勋：《课程学》，华中师范大学出版社 1991 年版，第 338 页。

[2]　颜德如、岳强：《中国府际关系的现状及发展趋向》，《学习与探索》2012 年第 4 期。

[3]　何东昌：《中华人民共和国重要教育文献（1976—1990）》，海南出版社 1998 年版，第 2285 页。

到自治、从依附到独立，为实现教师专业发展和学生成长成才提供平台。

我国当前实行的是三级课程管理，课程管理的主体分布于国家、地方、学校不同的课程领导层级之上。每个层级的人员主体既相互独立又相互协作，因各自不同的职责使命与利益诉求而产生不同的行为表达趋向和行动方式，主体间的关系也在差异转换和视阈趋同中发生着不断的博弈，故而明晰课程管理制度的权责分配至关重要。我国原有的高度集中统一的课程管理制度存在诸多弊端，高度集权阻碍了我国教育的改革和发展。统一的教学计划、教学大纲和教材，无法适应我国的地区差异，无法照顾学生的个别差异；课程决策权力属于中央，一定程度上压抑了地方和学校的积极性，地方与学校课程决策权的不足，使得地方和学校无法进行有效的课程改革和开展创造性的工作等，这些都不利于创新性人才培养目标的实现，进而出现了课程管理制度创新下的产物——三级课程管理制度。三级课程管理使得各管理主体尤其是地方与学校在权力构成与分配上实现了增权赋能、对等统一。在国家一级，其课程管理的职能部门是国家教育行政部门的最高机构——教育部，其主要职能是制定国家基础教育培养目标、课程计划框架和课程标准等宏观政策，并监督地方和学校贯彻执行这些方针政策。地方一级课程管理的职能部门是地方教育行政部门，它们在课程方面的权责表现在：严格执行国家课程计划和课程标准等方针政策，并按地方的实际情况与发展需要，为落实国家课程标准制定具体的方案，开发好地方课程，以及指导学校合理地实施地方制定的课程计划。当国家把义务教育的权限下放给地方时，地方就在课程事务上承担了国家的责任，这里的国家课程与地方课程就合二为一了。学校在课程方面的权责是，首先必须严格执行国家的课程政策以及上级颁布的课程文件，其次才是在规定的范围内实现学校一级的课程创新。因此，学校课程管理包括两层含义，一是国家规定的课程和地方课程的有效实施，二是校本课程的合理开发。①

任何有生命力的课程改革事业都是一场"持久战"，都需要构建一种动态的相互制衡机制，以此实现改革向内生型与自主化的转变。课程管理制度习惯存在的对立思维方式导致了课程管理制度改革的困境，不打破这

---

① 钟启泉等：《为了中华民族的复兴　为了每位学生的发展　基础教育课程改革纲要（试行）解读》，华东师范大学出版社 2001 年版，第 356 页。

种对立，就永远无法停止钟摆现象的延续。新中国成立以来课程管理制度变革与发展的历程向我们昭示，集权和分权各有优劣，课程管理制度改革无法完全挣脱旧有的传统，与其枉费力气去根除旧的课程管理制度，不如既保留原有课程管理制度优势，又纳入其他形式的课程体制，使之相互平衡来弥补原有课程管理制度的不足。这样，不仅可以达到改革的目的，优化课程管理制度的功能，而且也可以减少改革的阻力。三级课程管理制度的提出，就是将以往的单向度的垄断式国家集权制转变为合理而适当地下放给地方和学校课程管理权力，以提升地方和学校的办学自主权和能动性。然而，课程管理权并非随意下放，也需讲究策略——要将课程管理权力先作横向的分解，然后再进行纵向的分配，而不应不加分析地将权力整体下放给地方和学校。只有在明确了课程管理权的内在构成之后，我们才能清醒地决定哪些权力应当保留给中央、哪些权力可以下放给地方、哪些权力适合由学校掌握，从而积极稳妥地推进课程管理体制的改革。正是基于此，我们认为课程管理制度中各级管理主体权责明晰只是管理机制建立的起点，建立多元课程主体间的博弈与对话机制才是课程管理体制改革的终点。在课程管理实践中，各课程管理主体间围绕课程权力的博弈与对话是促使课程权力均衡状态出现的动态机制。如果某一方，如中小学教师不在意自己手中的课程权力，不善于利用这一机制来实现自己的课程权力，课程权力的均衡点就会移向国家或行政部门的一端，国家赋予其的课程权力可能会形同虚设；反之，如果中小学教师在强烈事业心、责任心的驱动下努力去争取并实现自己的课程权力，国家赋予其的课程权利可能会增值，一种最优化的课程权力平衡点就会出现。因此，课程权力对话机制的形成才是课程管理体制建设中最具实质意义的目标。课程管理体制一旦形成就将在一段时期内相对稳定，它为参与者提供了一个活动的空间与舞台，参与者应善于利用体制，将之效能、潜能发挥到最大化，这才是课程管理机制重建的内核所在。

第四章

条件保障：教科书制度创新的历程

　　教育的根本使命是培养人，而教科书是学校教育的基本依据，是解决培养什么人、怎样培养人这一根本问题的重要载体，关系着人才培养的质量和教育发展的成效。因此，我们党历来高度重视教科书建设。自新中国成立以来，尤其是改革开放以来，教科书建设取得了突出的成效，通过自身的努力探索和不断改革，以及通过向世界其他国家借鉴经验，教科书建设基本满足了不同阶段教育发展的需要，为我国培养了一批又一批合格的社会主义建设者和接班人。我国的教科书建设之所以能取得举世瞩目的成效，主要得益于我们在课程改革的过程中逐步确立起健全、完善的教科书制度，对教科书建设的诸环节进行了引导和规约，确保了教科书建设的方向不偏、内容科学。教科书建设要有明确、科学的根本遵循，要以科学研究成果为基础。然而，如何使这样的根本遵循和研究基础贯穿教科书建设的始终，而不是随心所欲、率性而为地使根本遵循和研究基础成为装点门面的装饰品、束之高阁的闲置品。这就需要建立一系列制度来保障教材建设自始至终都坚持思想性和科学性，使之成为一种行为常态和工作习惯，久而久之成为相关人员的一种内隐心理状态，制度规则就形成了文化心理，这将有助于教科书建设文化氛围的形成。也正因如此，2019 年 2 月，中共中央、国务院印发了《中国教育现代化 2035》，该文件指明了中国教育现代化的发展方向，并进一步提出了我国教材建设的发展目标，即"健全国家教材制度，统筹为主、统分结合、分类指导，增强教材的思想性、科学性、民族性、时代性、系统性，完善教材编写、修订、审查、选用、退出机制"①。这为教科书制度创新指明了方向，提供了遵循。为进

---

　　① 中共中央、国务院印发《中国教育现代化 2035》［EB/OL］. http：//www.gov.cn/xinwen/2019-02/23/content_5367987.htm。

一步明晰教科书制度创新的内在规律，了解教科书制度变迁的整个历程，本章着重分析教科书制度创新的内涵与价值意蕴，回顾和梳理改革开放之后我国教科书制度的发展演变历程，尤其是教科书编制制度、教科书审查制度、教科书选用制度的历史沿革，分析和说明改革开放40多年来我国教科书制度变迁与创新的动力、演进方式，以及教科书制度存在的问题和未来展望。

一　教科书制度创新的概念解析

"正如密尔（John Stuart Mill，又译'穆勒'——引者注）所指出的，概念是我们各种理论的核心部分。"[①] 澄清基本概念（或核心概念），是我们进行科学研究的首要环节。教科书制度创新作为本部分研究的核心概念，是我们进行深入研究的认识基础，其内涵必须明晰。为了更加准确地把握教科书制度创新的内涵，我们必须首先厘清"教科书""教科书制度"的内涵。

（一）教科书制度创新的内涵

1. 教科书的概念

教科书作为日常生活概念，我们都再熟悉不过，但在教育研究中却有着多种歧义，在一定程度上反映出人们对教科书的不同认识与认识的不同水平。值得注意的是，科学的教科书观，不仅关系到教科书的建设、研究和使用，关系到教育教学的质量和效果，而且对于建立一种什么样的教科书制度，也将产生直接的影响。

学者们对教科书的定义开展了广泛的研究，总的来说，主要有以下4种代表性学说：（1）"教学用书说"。如《中国大百科全书·教育卷》将教科书定义为："根据教学大纲（或课程标准）编订的、系统反映学科课程内容的教学用书。"[②] 这种对教科书的定义应用得较为广泛。（2）"教

---

① ［美］加里·戈茨：《概念界定：关于测量、个案和理论的讨论》，重庆大学出版社2014年版，第1页。

② 中国大百科全书编辑委员会：《中国大百科全书·教育》，中国大百科全书出版社1985年版，第145页。

学手段"说。德国学者施穆克提出："教科书是学校在教育工作中，根据各州教学大纲，从一定的教育观点出发为学生提供个别学科活动素材的辅助手段。"①（3）"图书文本"说。著名课程论专家钟启泉教授认为："教科书是学校或任何学习集团在学习一定领域的知识时所运用的教材，以便于教学的方式编辑的图书。"②（4）"工具书"说。曾天山教授认为："教科书是教学过程中帮助学生达到教学目标的知识信息材料的工具书之一。"③

本书认为，教科书有狭义和广义之分。从狭义上说，教科书主要指学校的教学用书，是教科书编写者根据课程标准、学生的身心发展规律、学科的发展规律，分年级、分学段编排的适用于学校教学的教学用书。从广义上说，"教科书包含一切以书本为形式的教学媒介"④。值得注意的是，本书中的教科书是狭义的教科书，特指中小学教科书，即义务教育阶段学生和普通高中阶段学生所使用的教科书。

2. 教科书制度的概念

从逻辑学的视角来审视制度和教科书制度两个概念的关系，可知制度是教科书制度的上位概念。因此，在界定教科书制度之前，应当明确制度的内涵，以便我们更深刻地认识和把握教科书制度。关于制度的内涵，前文已经做了清晰的界定，即制度是历史性存在的用于调节社会交往关系的具有权威性的行为规则系统。那么，教科书制度本质上也应该是一个规则系统，只是教科书制度调节的对象不再是一般的社会交往关系，而是教科书的编写、审定、出版、发行、选用等环节。因此，本书认为，教科书制度是历史性存在的用于调节教科书利益相关者的行为、协调教科书利益相关者关系的一系列规则系统。⑤ 具体来说，教科书制度主要是对教科书编写、审查、出版、发行、选用等一系列环节进行调节和约束，这些环节本质上是一个相互联系的有机整体，是作为一个系统发挥作用的。教科书编写制度、教科书审查制度、教科书出版制度、教科书选用制度等都是教科

---

① 钟启泉：《现代课程论》，上海教育出版社1989年版，第691—692页。

② 钟启泉：《现代课程论（新版）》，上海教育出版社2003年版，第377页。

③ 曾天山：《教材论》，江西教育出版社1997年版，第7—8页。

④ 曾天山：《国外关于教科书功能论争的述评》，《西南师范大学学报》（哲学社会科学版）1998年第2期。

⑤ 李水平：《新中国教科书制度研究》，博士学位论文，湖南师范大学，2014年。

书制度的子系统，它们既相互影响又相互制约。本书中的教科书制度主要指中小学教科书制度。

3. 教科书制度创新的内涵

在前文中，笔者对课程改革制度创新的内涵已经做了明确的界定，即课程改革制度创新是在课程改革的过程中，根据时代的发展和改革的特征，不断对相关制度进行构建、完善或者革新，使其能够充分发挥引导和规约课程改革主体行为的功能，以保障课程改革合理开展，而不至于使其陷入随意化和非理性的泥沼。教科书制度创新作为课程改革制度创新的重要组成部分，应积极对相关制度进行构建、完善和革新，以充分"引导和规约规范教科书利益相关者的行为，协调教科书利益相关者相互关系"[1]，通过创新突破旧制度的局限性，实现教科书制度的进一步发展，从而提高教科书质量。

（二）教科书制度创新的层次

正如课程改革是由课程决策、课程管理、教科书编审用、课程实施以及课程评价等环节构成的复杂系统，教科书制度本身也是一个多层次、立体化的制度规则系统。本书主要关注教科书编写、教科书审查和教科书选用三个环节的制度化和制度创新过程。因此，教科书制度创新的层次就包括：教科书编制制度创新、教科书审查制度创新、教科书选用制度创新等。教科书制度创新，有利于进一步健全、完善教科书制度体系，保障教科书制度的合理性与合法性，从而为教科书建设保驾护航。

1. 教科书编写制度创新

"教科书编写制度是指对教科书编写条件和教科书编写立项方面的相关规定。前者包括教科书编写人员的资格、教科书编写委员会的构成、出版社资质、出版的经费保障、教科书试验地区等内容。后者包括教科书如何申请立项、如何送审、如何核准等方面的内容。"[2]因此，教科书编写制度创新需要从严格审查教科书编写人员的资质、规范教科书编写的指导思想、建立健全教科书编写立项制度等方面着手进行，以完善教科书编写保障机制。教科书编写制度创新有利于进一步规范教科书编制行为，提升

---

[1] 李水平：《新中国教科书制度研究》，博士学位论文，湖南师范大学，2014 年。

[2] 李水平：《新中国教科书制度研究》，博士学位论文，湖南师范大学，2014 年。

教科书编制质量。

2. 教科书审查制度创新

教科书审查制度的建立与完善是教科书制度化的关键环节，同样，教科书审查制度创新也是教科书制度创新的应有之义。教科书审查的目的是确保教科书的质量，保障教科书符合社会主流阶层的利益。教科书审查制度创新有利于进一步健全教科书审查机构，提高教科书审查人员的素质，建立科学的教科书审查标准，规范教科书审查程序。

3. 教科书选用制度创新

教科书选用制度即由政府的相关职能部门出台的或颁发的关于教科书选用的一系列措施或办法组成的制度总和。"教科书选用制度的本质是教科书选用权利的分配，体现着国家的教育意志，展示着社会主流的价值观。教科书选用权的分配方式一旦改变会带来各相关利益集团的利益再分配。"① 教科书选用制度创新有利于进一步规范教科书选用权的使用，明确教科书选用人员的职责，规范教科书选用机构的具体职能，建立公开、透明的教科书选用程序。

（三）教科书制度创新的价值意蕴

教科书制度创新主要在于构建、完善和变革相关制度，通过创新突破旧制度的局限性，实现教科书制度的进一步发展。由此，教科书制度创新是对旧制度的扬弃和超越，是一种正向的制度变迁。具体来说：第一，教科书制度创新有益于提升教科书质量。教科书作为学校教育的重要文本，其质量直接影响着学校的教育教学质量，影响着教育目标的达成。教科书编制制度创新可以进一步规范教科书编制程序、提升教科书编制水平；教科书审查制度创新，有利于提高教科书质量，发挥教科书育人功能；教科书选用制度创新有利于实现教科书选用的多方参与，建立和完善教科书选用的评价制度，制定科学的教科书评价与选用标准，开展教科书评价工作，从而保证选用制度的科学化、规范化。第二，教科书制度创新是教科书建设的根本保障。教科书制度创新是教科书发展的内在要求，是提高教科书质量的内在驱动力。教科书制度创新可为教科书本体建设提供制度保障，从而通过外部环境的优化进一步推动教科书发展。教科书制度创新有

---

① 李水平：《新中国教科书制度研究》，博士学位论文，湖南师范大学，2014 年。

利于协调相关利益主体之间的矛盾，化解多元利益主体的分歧，维系好教科书相关利益主体之间的关系，激发多元利益主体的积极性，是促进教科书发展的有效途径。除此之外，制度创新为教科书建设提供了方向指引，是教科书建设的顶层设计。

二　教科书制度的历史变迁

根据制度变迁的规模，制度变迁可分为整体制度变迁和局部制度变迁，"整体制度变迁往往要有局部制度变迁相伴随来完成，而局部制度变迁的发生则不一定会导致整体制度变迁的出现"①。整体制度变迁涉及一个国家和地区制度体系的变革，是宏观的制度变迁。本书所关注的教科书制度变迁，属于局部制度变迁。但鉴于本书篇幅有限及作者能力不及等原因，本书主要从总体上概括改革开放40多年教科书制度的发展历程，重点对教科书编制制度、教科书审查制度、教科书选用制度三个具体方面的制度40多年变迁历程进行分析与阐述。"历史是观察现实的一面镜子。通过对教科书沿革历史的研究，可以帮助我们更为深刻地洞察历史流变中的教科书发展历程。"② 同样，以史为鉴，深刻地洞察教科书制度的变迁历程，明了不同时期教科书制度的基本特征，对于我们把握教科书制度创新的内在规律，有着重要的意义，需要我们认真梳理、深入思考、科学分析。

40多年来，我国教科书制度大致沿着"一纲一本、编审合一、高度统一"到"一纲多本、编审分离"再到"一纲一本与一纲多本并行"的脉络演进。具体说来，我国教科书制度的历史变迁大致分为教科书制度的恢复和重建阶段，这一阶段主要是恢复教科书"国定制"，以尽快扭转教科书各地使用混乱的局面，为完整的教科书制度的建立奠定基础；教科书制度的全面改革阶段，这一阶段主要是实行教科书多样化政策，积极建立和完善教科书审查制度和教科书选用制度，通过颁布一系列的政策文件，实现教科书制度创新；教科书制度的深化改革阶段，这一阶段主要是实现

① 宋兰旗：《中国高校筹资制度创新研究》，博士学位论文，吉林大学，2011年。
② 曹周天：《教科书研究主题的盘点与展望》，《上海教育科研》2018年第11期。

义务教育阶段语文、历史、道德与法治三科教材的统编、统审、统用的制度创新，形成"一纲一本与一纲多本并行"的教科书制度。

（一）教科书制度恢复和重建阶段（1977—1985）

"文化大革命"中，我国的教育事业遭受了前所未有的冲击。"文化大革命"结束后，恢复正常的教育秩序，重建教育制度便显得必要且急迫。1977 年，邓小平同志复出主持工作后，紧急召开了全国科学和教育工作座谈会，指出：中小学教育，"关键是教材。教材要反映出现代科学文化的先进水平，同时要符合我国的实际情况"①。这是对当时我国教育事业的精准把握，为我国当时的教科书建设指明了方向。根据邓小平的指示，教育部开始着手中小学教科书重建工作，出台了一系列重要举措。如成立"教材编审领导小组"，由教育部副部长担任组长，领导和组织教材编写工作，重建人民教育出版社，组织"中小学教材编写工作会议"，编写中小学各科教材；确定中小学十年制为基本学制，制定颁布统一的教学大纲，编写全日制十年制中小学教材。② 1981 年，教育部颁布了《五年制中学教学计划修订草案》《五年制小学教学计划修订草案》《六年制重点中学教学计划试行草案》，1984 年，又颁发了《六年制小学教学计划草案》，我国中小学学制出现了十年制学制和十二年学制并存的局面，人民教育出版社根据以上的教学计划分别编写了五年制小学教科书、五年制中学教科书、六年制小学教科书、六年制中学教科书。

通过对这一时期政策文件的回顾发现，这一时期教科书建设的重点是教科书"国定制"的恢复和重建，面对当时教育事业百废待兴的情况，尽快恢复"文化大革命"之前的教科书制度必要且急迫。国家必须集中力量在短时间内编写统一的教科书，以保证教科书的基本质量，从而尽快扭转各地教科书使用混乱的局面。总的来说，这一时期的教科书制度建设为后来我国的基础教育课程改革奠定了良好的基础。

（二）教科书制度的全面改革阶段（1985—2014）

1985 年，《中共中央关于教育体制改革的决定》颁布，这标志着我国

---

① 中共中央文献研究室编：《邓小平同志论教育》，人民教育出版社 1990 年版，第 35 页。

② 范国睿：《从规制到赋能：教育制度变迁创新之路》，华东师范大学出版社 2018 年版，第 167 页。

的教育改革进入了一个新的历史阶段。《决定》提出，"教育体制改革的根本目的是提高民族素质，多出人才、出好人才"，"把发展基础教育的责任交给地方，有步骤地实行九年制义务教育"①。根据我国各地区发展程度的差异，分别划分为经济发达地区、中等发展地区和经济落后地区，进一步明确了义务教育应根据不同地区的特点有计划地推进。这一阶段的教科书制度改革重点主要集中在处理教科书的编审关系，把教科书的编审分开，确立了教科书审定制。同年，教育部颁布《全国中小学教材审定委员会工作条例（试行）》，指出，"今后中小学教材的建设，把编写和审查分开，人民教育出版社负责编写，各省、直辖市、自治区教育部门，学校、教师和专家可以编写；全国中小学教材审定委员会负责审定，审定后的教材由教育部推荐，供各地选用"②。

1986 年，《中华人民共和国义务教育法》的颁布标志着我国的义务教育获得了法律保障，进入了依法治教的新阶段。《义务教育法》指出，"国务院教育主管部门应当根据社会主义现代化建设的需要和儿童、青少年身心发展的状况，确定义务教育的教学制度、教学内容、课程设置、审订教科书"。这为我国实行教科书多样化政策、教科书审定制提供了法律依据。根据上述精神，同年，原国家教委成立全国中小学教材审定委员会和各学科教材审查委员会，聘任了 20 名审定委员和 200 多名审查委员。这意味着我国教科书由国定制转向审定制，是我国教科书制度改革的重大突破。

1987 年，国家教育委员会颁布《全国中小学教材审定委员会工作章程》，对全国中小学教材审定委员会的性质、公共职责和成立目的进行了详细的说明和规定，明确了中小学教材审定标准和送审办法，进一步完善了教科书审查制度。1988 年，国家教育委员会颁布了《九年制义务教育教材编写规划方案》，主要指导思想着眼于：（1）提高全民族素质，为培养社会主义公民和各级各类人才奠定初步基础；（2）统一基本要求、统一审定，逐步实现教材的多样化；（3）把竞争机制引入教材建设，鼓励地方以及高等学校、科研单位，有条件的专家、学者、教师个人按照国家规定的教育方针、教学计划和教学大纲编写教材。明确提出，教科书编写

---

① 欧少亭：《教育政策法规文件汇编》，延边人民出版社 2001 年版，第 8 页。

② 全国课程专业委员会秘书处：《21 世纪中国课程研究与改革》，人民教育出版社 2001 年版，第 86 页。

必须符合《全国中小学教材审定委员会工作章程》的审定原则，并进一步指出教科书编写必须处理好"教材的统一性与多样性""通用教材与地方教材"等问题。① 在国家教委的统筹下，形成了这一阶段特殊的教科书布局——"八套半"教科书。其中包括：人民教育出版社编写的"六三"学制教科书与"五四"学制教科书，北京师范大学编写的"五四"学制教科书，上海编写的面向发达城市地区的"六三制"教科书，浙江省编写的面向发达农村地区的"六三"学制教科书，广东省编写的面向沿海地区的教科书，四川省编写的面向内地和西部地区的教科书，以及八家师范院校（北京师大、东北师大、西南师大、华中师大、陕西师大、广西师大、北京师院、华东师大）联合编写的"六三"学制教科书。而河北省编写的农村小学复式班的教科书，由于没有编写初中阶段的教科书，因此被称为"半套"。教科书"一纲多本"的格局正式形成。

1992年，《关于九年义务教育小学、初级中学教材选用工作的意见》对教材选用工作提出了明确而具体的要求："地方各级教育行政部门和学校应根据国家教委和省、自治区、直辖市教育行政部门印发的中小学教学用书目录，本着适应本地方的实际，有利于面向全体学生和全面提高学生素质的原则，选订适合本地区使用的教材"②。1993年《中国教育改革和发展纲要》进一步提出："中小学教材要在统一基本要求的前提下实行多样化。提倡各地编写适应当地农村中小学需要的教材。"③ 1995年颁布实施的《中小学教材编写、审查和选用的规定》指出："经审查通过的教材，由国务院和省级教育行政部门列入中小学教学用书目录，供学校选用。"④ 该文件明确规定了国家教育委员主管全国中小学教材的编写、编译、审查、选用工作，论述了各部门的分工原则以及中小学教材编写需要履行的审批、备案手续，还规定了只有经过审查机构审查的中小学教材才能用于正式教学。

1996年，国家教委重新印发了《全国中小学教材审定委员会工作章

---

① 《关于九年义务教育小学、初级中学教材选用工作的意见》，《课程·教材·教法》1993年第1期。

② 课程教材研究所：《教材制度沿革篇：下册》，人民教育出版社2004年版，第779页。

③ 《中国教育改革与发展纲要》［EB/OL］. http://www.moe.gov.cn/jyb_sjzl/moe_177/tnull_2484.html.

④ 欧少亭：《教育政策法规文件汇编》，延边人民出版社2001年版，第979页。

程》，主要就教科书审定、审查人员的条件、职责、纪律要求，教科书审定（审查）程序、审查报告的主要内容等进行了完善。除此之外，进一步明确全国中小学教材审定委员会作为我国中小学教材审定（审查）的最高权威机构。《全国中小学教材审定委员会工作章程》《关于九年义务教育小学、初级中学教材选用工作的意见》《中小学教材编写、审查和选用的规定》等政策文件使我国教科书选用制度初步形成格局。经全国中小学教材审定委员会审查通过的教科书，由国家教委列入中小学教学用书目录，供全国各地选择使用。经省、自治区、直辖市教委、教育厅组织专门机构审查通过的教科书，列入本省、自治区、直辖市中小学教学用书目录，供本地学校选用。教材选用工作应在省、自治区、直辖市教育行政部门的指导下进行，小学各学科教材由县级教育行政部门负责选用，初中教材由省或地一级教育行政部门负责选用，对有条件的小学或初级中学，可赋予选用教材的权力，并逐步扩大这类学校。各地教育行政部门负责将教学用书目录和教材审定单位的审定意见通知给教材选用单位。教材的编写、出版单位负责向教材选用单位客观地介绍教材的特点和适用范围，并在教材征订前将样书送到选用单位，供选用单位研究。教材选用单位在选用时应组织力量对教材分析、比较并听取校长、教师的意见和发挥教研部门的作用，有条件的地方建立教材选用的审议组织。教材选定后，各级教育行政部门和教研机构加强对教材使用的指导。

　　在前期探索和经验积累的基础上，2001 年教育部出台了《基础教育课程改革纲要（试行）》，明确要求："实行国家基本要求指导下的教材多样化政策，鼓励有关机构、出版部门等依据国家课程标准组织编写中小学教材。""加强对教材使用的管理。教育行政部门定期向学校和社会公布经审查通过的中小学教材目录，并逐步建立教材评价制度和在教育行政部门及专家指导下的教材选用制度。改革用行政手段指定使用教材的做法，严禁以不正当竞争手段推销教材。"[①] 同年，教育部颁布了《中小学教材编写审定管理暂行办法》，其中对教材编写的资格和条件、教材编写的立项和核准、教材的初审与试验、教材的审定等做出了较为详细的规定。自此，教科书多样化建设迅速发展。"截至 2009 年春，共有 84 家

①　教育部关于印发《基础教育课程改革纲要（试行）》的通知［EB/OL］. http：//old. moe. gov. cn//publicfiles/business/htmlfiles/moe/s8001/201404/xxgk_167343. html。

出版社开发的新课标教科书通过教育部审定，进入实验区。其中包括六三学制小学 10 个学科 115 套、初中 19 个学科 116 套；五四学制小学 7 个学科 10 套、初中 11 个学科 20 套；普通高中 18 个学科 72 套。"①

2005 年 2 月，教育部办公厅印发《关于做好义务教育课程标准实验教材选用工作的通知》，该通知指出：教科书选用是一项业务性很强的工作，任何部门、单位和个人均不得干预教科书选用工作。教材的选用工作要在省级教育行政部门指导下以地（市）为单位进行；在多民族、多文字且人口较少的省（区），如不具备以地市为单位选用条件的，可以省为单位进行，报教育部备案；有条件的县（区）和学校经省级教育行政部门同意，也可自主选用。并规定了教材选用委员会应主要由骨干教师、校长、学生家长代表及教育行政、教研人员组成。② 这在很大程度上完善了教科书选用制度，规范了教科书选用流程。

为更好适应国家长远发展对人才培养的要求，完善基础教育课程教材决策程序，提高课程教材建设水平，2010 年教育部相继成立了国家基础教育课程教材工作领导小组、国家基础教育课程教材专家咨询委员会和国家基础教育课程教材专家工作委员会。国家基础课程教材工作领导小组主要是基础教育课程教材建设的领导决策机构，小组成员主要由教育部、中宣部、外交部、文化部、中国科学院、中国社会科学院等有关部门负责同志组成。主要职责是研究确定基础教育课程教材规划、重大政策和重大事项；审核基础教育课程方案、各学科课程标准审议结果和教材审查结果；指导国家基础教育课程教材专家工作委员会的工作。③

2013 年 3 月 26 日，教育部公布《中小学教材选用管理办法（征求意见稿）》规定：教材选用工作在国务院教育行政部门即教育部的领导下，按照分级管理、分工负责的原则组织实施。国家教育行政部门即教育部负责研制教科书选用的政策，指导、检查、监督各省市的中小学教科书选用工作；编制和公布《全国中小学教材目录》，供各地选用。省级教育行政

---

① 石鸥、许玲：《在多样化中繁荣与发展——新一轮基础教育课程改革教材建设之回顾》，《基础教育课程》2010 年第 Z1 期。

② 教育部办公厅《关于做好义务教育课程标准实验教材选用工作的通知》[EB/OL]. http://www.moe.gov.cn/srcsite/A26/moe_714/201006/t20100611_177733.html.

③ 范国睿等：《从规制到赋能：教育制度变迁创新之路》，华东师范大学出版社 2018 年版，第 171 页。

部门负责本省、自治区、直辖市中小学教材选用工作。省级教育行政部门应当成立省级教材选用工作领导小组，负责指导、检查、监督本省、自治区、直辖市中小学教材选用工作。中小学教材选用在省级教育行政部门组织指导下，一般以地（市）为单位进行。人口较少的省份，可以以省级为单位进行，并报国务院教育行政部门备案；为教学改革试验或者有其他特殊需求的县（区）和学校，经地（市）级教育行政部门报省级教育行政部门备案后，可以县（区）和学校为单位选用。①

　　总的来说，通过对这一阶段我国教科书制度变迁的梳理，可以发现，在这一时期我国颁布了众多相关方面的政策以及制定了相应制度来保证教材尤其是教科书的建设。我国的教科书审查制度和教科书选用制度不断得到完善。就教科书审查制度而言，审查的对象和标准逐渐明确、审定原则与时俱进、教科书审定过程日益规范、教科书审定机构逐步建立、教科书审定人员的职责逐步明确和完善。就教科书选用制度而言，明确了教科书选用机构的职责，一定程度上优化了教科书选用权的配置，逐渐规范和完善了教科书选用程序。

（三）教科书制度的深化改革阶段（2014—　）

　　2014年，教育部印发《关于全面深化课程改革　落实立德树人根本任务的意见》，其基于新课程改革十余年来教科书建设的成效与经验，对教科书制度作出了重要部署和重大调整。该文件除了着重强调教科书在育人过程中的重要价值外，还明确提出教育部将组织编写、修订中小学德育、语文、历史等学科教材。同年，教育部印发《中小学教科书选用管理暂行办法》，其中规定："国务院教育行政部门负责制定全国中小学教科书选用政策，公布《全国中小学教学用书目录》。省级教育行政部门负责本行政区域内中小学教科书选用的统筹管理，领导和监督教科书选用工作。中小学教科书选用单位由省级教育行政部门根据当地实际情况确定。"② 该文件进一步明确了国家教育行政部门和省级教育行政部门的教科书选用权限，以期彰显教科书选用的适切性。

---

　　①　《中小学教材选用管理办法（征求意见稿）》［EB/OL］. http://www.gov.cn/gzdt/2013-03/29/content_2365326.htm。

　　②　教育部关于印发《中小学教科书选用管理暂行办法》的通知［EB/OL］. old.moe.gov.cn/publicfiles/business/htmlfiles/moe/moe_714/201410/xxgk_176575.html。

　　2016 年 10 月，中办、国办印发了《关于新形势下加强和改进大中小学教材建设的意见》，又进一步强调教材建设是国家事权，要求对道德与法治、语文、历史三科教材进行统编、统审、统用，教材建设上升为国家事权。2017 年 1 月，国务院印发《国家教育事业发展"十三五"规划》，明确提出，"加强对课程教材建设的顶层设计，修订国家基础教育课程方案和课程标准，体现学生发展核心素养要求，完善教材审查审定和使用监测制度，打造具有科学性、时代性、民族性的基础教育课程教材体系"[①]。2017 年 3 月，国家教材局成立，主要负责课程教材的规划与管理。具体说来，国家教材局主要"承担国家教材委员会办公室工作，拟订全国教材建设规划和年度工作计划，负责组织专家研制课程设置方案和课程标准，制定完善教材建设基本制度规范，指导管理教材建设，加强教材管理信息化建设"[②]。7 月，国家教材委员会成立，主要指导和统筹全国教材工作，贯彻党和国家关于教材工作的重大方针政策，研究审议教材建设规划和年度工作计划，研究解决教材建设中的重大问题，指导、组织、协调各地区各部门有关教材工作，审查国家课程设置和课程标准制定，审查意识形态属性较强的国家规划教材。正如有学者所言，"国家教材委员会的成立是教材统一性与多样性的体现。一方面，对于义务教育阶段的道德与法治、语文、历史三科教材实行统一编写、统一审查；另一方面，其他教材多是一纲多本，各地可以组织相关专家学者进行编写"[③]。2017 年 9 月 1 日，义务教育道德与法治、语文、历史三科统编教材开始在全国所有地区初始年级投入使用，这标志着道德与法治、语文、历史教材正式进入国家统编、统审、统用模式。在审查方面，"义务教育三科教材审查首次实行学科审查、综合审查、专题审查和终审制度，全面把好三科教材政治关、理念关和科学关"[④]，这是新时代我国教科书制度进行创新的重要体现。

---

　　① 《国务院关于印发国家教育事业发展"十三五"规划的通知》［EB/OL］. http：//www.moe.gov.cn/jyb_xxgk/moe_1777/moe_1778/201701/t20170119_295319. html。

　　② 范国睿等：《从规制到赋能：教育制度变迁创新之路》，华东师范大学出版社 2018 年版，第 174 页。

　　③ 靳晓燕：《教材建设是国家事权——对话国家教材委员会委员》，《光明日报》2017 年 7 月 14 日。

　　④ 范国睿等：《从规制到赋能：教育制度变迁创新之路》，华东师范大学出版社 2018 年版，第 173 页。

2018 年，《教育部 2018 年工作要点》指出："切实加强教材建设。发布大中小学教材建设五年规划。启动义务教育阶段课程修订调研，有序推进义务教育道德与法治、语文、历史三科教材统一使用培训工作，2018 年覆盖全国所有小学和初中一、二年级。加快普通高中思想政治、语文、历史等科目必修教材修订工作并在 2018 年秋季学期投入使用。印发《中小学少数民族文字教材编写审定管理办法》。设立若干个国家课程教材研究基地。"①

总的来说，该阶段是教科书制度改革的全面深化阶段，教科书的审查和选用越来越科学化、规范化，尤其是在落实立德树人根本任务的时代使命下，对于部分意识形态属性较强的教材更加注重统一性，形成了"一纲一本与一纲多本并行"的教科书制度。除此之外，国家教材委员会、教育部教材局的成立，进一步加强了课程教材建设管理机构的专业性。

三 教科书制度创新的内在理路

新中国成立以来，尤其是改革开放 40 多年来的教科书制度的历史变迁与演化过程，不仅使我们更清楚地了解和认识教科书制度的发展史，也为我们清楚地呈现了教科书制度的创新史。通过我国教科书制度演化的恢复重建、全面改革和深化改革三个变迁阶段的分析，可以发现，我国教科书制度的发展是一个不断创新的过程，并且大致进行了三次明显的创新。在恢复和重建阶段，我国教科书制度对"文化大革命"中被破坏和取消的国定制进行了恢复，为及时结束教科书编写的混乱状况和质量良莠不齐的历史现状做出了重大贡献，这可以算作改革开放以来第一次成效显著的教科书制度创新；在全面改革阶段，我国教科书的国定制开始逐渐向审定制转型和确立，此举不仅进一步提高了教科书的适应性，而且还大大规范了教科书的编写、审查、选用程序和秩序，这又可看作是对教科书国定制度的创新；在深化改革阶段，审定制又进一步得到改革和发展，形成了审定制下部编本和一标多本共存的教科书制度，这一方面进一步提高了教科

---

① 《教育部 2008 年工作要点》［EB/OL］. http：//www.moe.gov.cn/jyb_sjzl/moe_164/201807/t20180716_343155.html。

书质量和规范了教科书编写、审查、选用程序，另一方面也进一步明确了"教材作为国家事权"这一基本论断，进一步凸显了教科书及其制度的重要性，这又是对审定制下一标多本共存的教科书制度的创新。总之，由国定制走向审定制、由中央集权走向中央统筹与地方分权相结合、由单一性走向统一性与多样性相结合，不仅是我国教科书制度变迁的主要特征，也是我国教科书制度创新历程的重要特征。通过对我国改革开放40多年教科书制度创新历程进行深入分析，我们可以发现改革开放40多年来的教科书制度创新过程的内在理路主要表现为：实践的务实主义是教科书制度创新的基本遵循；国家统一基础上的多样化发展是教科书制度创新的基本主线；辩证统一的多种矛盾关系伴随着教科书制度创新的基本过程。教科书制度创新的内在理路伴随着制度创新全过程，也推动着教科书制度创新不断走向深入。

（一）实践的务实主义是教科书制度创新的基本遵循

纵观我国40余年教科书制度创新的发展历程，实践的务实主义显而易见的是我们进行制度改革和创新所遵循的基本原则。所谓实践的务实主义，可做简单理解，那就是坚持实践和实事求是的原则，在对客观实际进行准确把握的基础上，采取一切从实际出发的基本方法解决问题。比如在新中国成立之初，为了统一思想、稳定发展，我们就建立了教科书国定制，这对于维持国家和社会的稳定、提高教科书的质量、培养合格的社会主义建设人才等方面有着积极的意义。改革开放之初，我国教科书建设的重点是对教科书"国定制"的恢复和重建，面对当时教育事业百废待兴的情况，尽快恢复"文化大革命"之前的教科书制度必要且急迫，因而国家必须集中力量在短时间内统一编写教科书，以保证教科书的基本质量，从而尽快扭转各地教科书混乱的局面。进入全面改革阶段，为了在保证教科书基本质量的基础之上进一步提高教科书的适切性，我们提出教科书多样化的设想并不断开展区域性教科书制度变革的试验，进而围绕教科书多样化政策不断完善和革新教科书编写制度、教科书审查制度和教科书选用制度等。尤其是教科书审查制度和选用制度取得了长足的进步，具体表现为教科书审查的对象和标准逐渐明确、审定原则与时俱进、教科书审定过程日益规范、教科书审定机构逐步建立、教科书审定人员的职责逐步明确和完善、教科书选用机构的职责进一步明确、教科书选用权的配置不断优化、教科书选用程序逐渐规范。进入深化改革阶段，伴随着教材多样化政策而出现的个别教材编写不合理、质量不高、选用混乱等问题，已经阻碍和威胁到我国培养全面发展的社会主义事业的建设者和接班人的教育目的，因而，为了改变这一状况，国家专门成立国家教材委员会、教育部教材局，将教科书提高到国家事权的高度进行理解和把握，以此来促使教科书的审查和选用越来越科学化、规范化。由此可见，我国的教科书制度创新始终围绕各时期课程改革尤其是对教科书发展的需要，而不断进行变革与创新，以求不断提升教科书质量，促进学生的全面发展。

（二）国家统一基础上的多样化发展是教科书制度创新的基本主线

教科书制度作为规范教科书编写、审查、选用环节的规则系统，往往以政策文件、法令、纲要、实施办法为载体。无论在何种制度环境下，教科书制度要发挥其应有的功能，都必须得到相关行为主体的广泛认同，取得合法性地位。教科书制度创新就是要助力教科书制度不断地得到广泛认同，提高其存在的合法性。对于我国而言，在教科书制度的恢复重建阶段，国定制因其集权决策果断和行政快速高效之优点而得以复建，并且很快得到当时社会各界的基本认同，进而迅速取得国定制存在的合法性，这是历史的使然，也是历史的必然。但随着教科书的基本质量得以保证以及基本秩序得以恢复之后，单纯国定制的教科书制度弊端开始显露，其难以适应社会和国家快速变化和发展的需要，而且多元化已经在当时成为一种显性文化和气势恢宏的时代潮流而为人们所认同，而国定制的教科书很难满足人们和社会多元化发展的需要。为了解决这一问题，更是为了全面提高教科书质量，在教科书制度的全面改革阶段，国家开始逐步实行审定制的教科书制度，倡导教科书建设的多样化。虽然教科书多样化政策在这一时期得到了快速发展，但这种发展仍然是基于国家统一的基础之上，也就是说，国家拥有根本的裁定权和控制权，任何教科书的多元化都必须在国家规定的最低限度内进行，也正因如此，国家统一的基础保证了这一教科书制度的合理性，而多元化的发展则保证了这一制度得到了相关行为主体的广泛认同。随着时间的推进，这种制度因其多元化的泛滥而带来诸多弊端，比如教科书质量问题、教科书选用问题等，而部分教科书中存在的意识形态问题以及引发的后果尤为突出，与社会主义办学方向和落实立德树人根本任务相悖，从而引发了多数行为主体的担忧和此制度存在的合法性危机，所以在教科书制度的深化改革阶段，教科书统编与一标多本共存的教科书制度作为一种制度创新而再次调和和平衡了相关行为主体的认同感，提升了教科书审定制度的合法性。因而，从整体上来看，国家统一基础上的多样化发展构成了教科书制度创新过程的基本主线，这也能够保证我国教科书质量稳步提高。

（三）辩证统一的多种矛盾关系伴随着教科书制度创新的基本过程

对于任何制度创新而言，总是会伴随着对一些基本矛盾关系的应对和平衡，对于教科书制度创新的基本发展过程而言也是如此。纵览我国改革开放 40 多年的教科书制度创新史，可以发现，多种辩证统一的矛盾关系始终伴随其中，诸如统一性与多样性、继承性与发展性、本土性与外来性等矛盾关系。对于统一性与多样性这一矛盾关系的处理，我国教科书制度创新采用辩证统一的思维方式，不断地使两者得到调和和平衡，最终探索出一条在国家统一基础上的多样化发展的教科书制度，前文对此已有较为详细的论述，这里就不再赘言。而对于继承性与发展性这一矛盾关系的处理，也是我国教科书制度创新所不可避免和需要回应的问题，同样在辩证统一的基础上，教科书制度的创新一方面在继承已有制度的合理性的基础上进行变革和发展，从我国 40 多年的教科书制度变迁历程中，可以发现每次的制度创新都是在已有制度的基础上进行创新和变革而来，从来没有完全脱离已有制度进行另起炉灶的，而且每次制度的创新也都意味着对已有制度更深层次的发展。在处理本土性和外来性这一矛盾关系中，我们仍然采用的是辩证统一的思维方式。在改革开放之初，我们更多选择的是恢复"文化大革命"前的教科书制度，这种制度根本上来自苏联的做法，其后我们又进行了教科书多样化政策的探索和尝试，这种制度根本上源自欧美国家地方分权的教科书管理制度，这些做法都在一定程度上忽略了外来文化与本土国情的有机结合，所以导致教科书发展过程中一些问题的不断出现。当然，也正是在这些问题的出现和解决过程中，我们逐渐形成了合理的教科书制度观念，将教科书作为一种国家事权进行认识和理解，而且也强调要逐步建立中国特色的教材体系，所以才形成了当下统编本与审定本共存的具有中国特色的教科书制度。总而言之，辩证统一的多种矛盾关系始终伴随着我国教科书制度创新的发展历程，并且也是我国教科书制度创新所必须要面临和回答的问题，需要我们认真对待和慎重决策。

四　教科书制度创新的未来展望

经过长期的努力，我们初步建立了一系列的教材建设制度，如三级课程管理制度、教材编审体制和教材选用制度等，但经过新课程改革近 20 年的深入推进，我们在教材建设的实践过程中也发现了不少问题，需要进一步创新和完善教材建设的体制机制，以体制机制建设保障教材建设的高质量。新时期，创新和完善教材建设的体制机制需要从以下几个方面着手进行：

（一）完善教科书管理制度

改革开放 40 多年来，我国教科书建设在实践中不断总结经验和反思问题，不断进行变革与调整。总体经验是始终将教科书建设作为国家事权进行统一领导，在国家层面颁布政策、制定制度以确保教科书建设的合理性开展，这一点无论在我国发展的哪一个阶段都是如此，而且需要长期坚持，这是保证我国教育优质均衡发展的前提条件。只不过在不同的阶段，这种统一领导的表现形式不同罢了，从改革开放之初的国定制到 20 世纪 90 年代的审定制，再到目前的审定制下的三科教材统编本与"一标多本"共存。这是我们在经过长时期教科书建设所逐步建立起来的较为科学的教科书管理制度，尤其是经过第八次基础教育课程改革的实践检验，以及个别地区教科书内容出现与党中央政策相悖的内容之后，我们逐步意识到"一标多本"制度并非对所有学科的教科书都是适用的，也并非都必然能够促进教科书质量的稳步提高。在国际形势日益复杂化的今天，对于个别意识形态属性较强的教科书和和涉及国家主权、安全以及民族、宗教理论政策和常识等内容的教科书仍需实行集中统一管理。因此，我们初步建立了统一领导、分级负责的教科书管理体制，我们称之为"统分结合"的教科书管理体制，由国家教材委员会指导和统筹。目前，这种体制的成效正逐步显现，我们需要在这种管理体制下，不断研究思考如何在国家教材委员会的统一领导下，根据不同学段、不同学科、不同专业以及不同类型的需要，实行分类建设、分层管理，以满足非统编教科书的差异化要求。无论是统编教科书的集中统一发展，还是非统编教科书的多样化发展，都要求我们坚持在国家教材委员会的指导和统筹下，按照教材管理的职责合理分工，细化落实国家教材委员会各成员单位、省级教育行政部门以及学校层面的教材管理职责。通过明确各级教材管理主体的职责，形成一个上下贯通、多方联动的教材管理制度框架，使教材各管理部门、出版单位、专业机构和学校等能朝着一个共同方向行动，以此应对教材制度结构化变革中的重大问题。[①]

（二）健全教科书编修制度

教科书编写修订属于编写主体微观范畴的事宜，按道理，宏观制度不宜干涉过多，但是由于教科书是公共产品，其影响范围广，而且其使用对象是一代人甚至几代人，尤其需要在过程上加以规范，才能保证教科书自身的高质量和科学性。教科书编修制度是关于教科书编修的原则性要求，而非对编写过程进行严密监控，因为教科书编写的结果可以在审查环节进行严格把关。在教科书编写制度方面，首先，应执行重大课题备案制度，明确教材编写人员的资质要求，要像国家评审管理教育科研课题那样，对申报者的资质进行严格审查，重点考察前期的研究成果以及实践成果，符合相应的要求方可申请开展教科书编写。这可以保证教科书编写队伍的高素质与专业化，防止滥竽充数或别有用心之人进入教科书编写队伍，确保教科书编写的严谨性和科学性。其次，应完善教科书试教试用制度，我们过去在"一标多本"政策下，一些教科书在经过编写之后直接进入审定或者选用行列，没有经过试教试用环节的检验和修正，或者将试教试用环节当作走过场，装点一下门面而已，这都是不严谨的做法。因此，必须建立健全教科书试教试用制度，而且应该要求教科书编写单位公开或提交试教试用的结果以及根据结果进行的修订过程。在教科书修订制度方面，我们目前尚未明确教科书的使用与修订周期，一般是教科书编写者根据使用主体的反馈或者社会舆论情况，对教科书质量进行自我判断，并择机进行修订。这种情况就使得教科书修订成为一件偶然的事情，而非制度性修订完善的过程，这不利于教科书质量的持续改进，也不符合我们办人民满意教育的宗旨。当然，这也与下面要讨论的教科书监测反馈机制的不健全有

---

① 刘学智、王馨若：《基于立德树人的大中小学教材一体化构建：取向与路径》，《课程·教材·教法》2019 年第 8 期。

着直接的关系。我们建议，应建立相关制度，规定教科书可以按照学制年限实行周期修订，比如小学阶段教科书可以六年开展一次修订工作，这样可以整体把握一套教科书的质量以及反馈意见，时间过长或者过短都是不科学的。关于教科书编写和修订过程的其他环节则可以由编写单位自主决定方式方法，积极创新相关制度，只要是有利于提高教科书质量的措施都是可以尝试的，这样既可以形成一定的规则，又可以确保基层创新的活力。

（三）强化教科书审查机制

教科书审查是确保教科书质量的关键环节，在教科书建设体制机制中具有"探照灯"功能，能够将教科书中的问题充分暴露，促进教科书编写的科学化和规范化。尤其是对于那些意识形态属性较强和涉及国家主权、安全以及民族、宗教理论政策和常识等内容的教科书，更是要强化教科书审查机制，坚持"教科书凡用必审"的原则，这也是贯彻落实党的意识形态工作责任制的重要抓手。目前，我国已经颁布实施了《中小学国家课程教材审定审查工作细则》，其中规定教材审查主要围绕以下几个方面开展，即思想导向、与课程标准的切合度、内容的选择和呈现、对教和学的引导、编辑规范和意识形态属性等方面；审查程序是首先由专家委员会审查，其中又分为个人审读和集体审议，初审通过后应进行试教试用，对于意识形态属性较强的教材，专家委员会审查通过后，还需提交国家教材委员会审定，最后由教育部履行行政审定程序，列入全国中小学教学用书目录。① 《中小学国家课程教材审定审查工作细则》对教科书审查做出了很符合实际的规定，对于国家课程教科书审查有着重要的指导作用。对于地方课程教材，我们认为，应该参照国家课程的审查办法由地方教育行政部门根据实际情况开展制度建设与创新，确保地方课程教科书的高质量以及在意识形态属性较强的内容方面的方向正确性，确保立德树人根本任务的顺利实现。以往，我们往往忽视对地方课程教科书的审查，造成了地方课程教科书质量的参差不齐，甚至极个别地方课程教科书的部分内容出现严重政治导向性错误，这些现象都是教科书审查制度不健全、不

---

① 《中小学国家课程教材审定审查工作细则》［EB/OL］. http：//www. moe. gov. cn/jyb_zwfw/fwxx_xzsp/xzsp_xm/xm_xm3/xm3_scxz/201806/t20180625_340902. html。

完善导致的。而对于校本课程而言，2019 年发布的《中共中央 国务院关于深化教育教学改革全面提高义务教育质量的意见》明确指出：校本课程原则上不编写教材，在今后也就不存在校本课程教科书的审查问题。因此，整体而言，应继续完善教材审查制度，严格审查标准，规范审查程序，实行编审分离，强化教科书内容在思想性、科学性、时代性等方面的审查、把关。

（四）健全教科书选用制度

教科书不仅具有教育属性，而且还具有商品属性，这是教科书属性的两个方面，一般而言多数人都赞同教科书具有这两种属性。只不过，基于立场的不同、利益趋向的不一致，不同主体可能偏向于秉持的观点有所差异，教育战线的主体更偏向于秉持前者，教科书出版单位更偏向于秉持后者。既然教科书具有商品属性，那么通过教科书的出版便具有盈利的潜在可能性，也正因如此，在教科书多样化政策背景下，才会掀起"教科书大战"，也即教科书出版单位通过"无所不用其极"的途径兜售质量参差不齐的教科书，甚至干扰教科书选用环节，使得个别地方教育行政部门违规选用教科书或者中途更换教科书版本。教科书多样化政策的本意，是赋权给地方教育行政部门，让地方教育行政部门可以根据当地经济社会发展实际情况以及一线教师意见自主选用合适的教科书版本，通过教科书的适切性促进课程教学的适切性。但是教科书选用环节的不规范却会使教科书多样化政策的初衷无疾而终，甚至会对教育事业的正常发展造成冲击。因此，教科书选用环节是优秀教科书以及具有适切性的教科书涌现的重要环节和关键环节，需要秉持"办人民满意教育"的宗旨来合理选用教科书，这是需要相关制度予以规约的。因此，基于第八次基础教育课程改革过程中的经验教训，教育部于 2014 年印发了《中小学教科书选用管理暂行办法》，其中明确规定了教科书选用的机构、程序以及监督方式等，为教科书选用环节提供了基本遵循。在中国特色社会主义进入新时代，在三科教材统编的背景下，教科书选用制度更多的是对于非统编教材而言即对于其它学科的教科书而言的。这就要求我们建立健全教科书目录制度，国家应根据制度定期发布中小学教科书选用目录。各省（自治区、直辖市）也应参照《中小学教科书选用管理暂行办法》以及教科书目录制度建立相应的制度以规范课程教材的选用工作。只有通过建立健全教科书选用制度与目录制度，才能杜绝教科书选用过程中的随意化和非理性现象的出现，使地方教育行政部门真正选出适合本地区实际情况的高质量教科书，为学生的发展提供最有营养、最可口的精神食粮。为了确保《中小学教科书选用管理暂行办法》能够真正落地实施，避免政策实施过程中的"打折扣"现象，我们还应不断完善教科书选用监测机制和教科书退出机制，也即是组织相关单位（第三方机构）对选用的教科书进行跟踪调查，组织专家对教科书质量进行评价，将那些存在政治性问题、科学性问题、价值性问题的教科书筛选出来，坚决停止使用。

第五章

关键环节：课程实施制度创新的历程①

课程改革本质上乃是课程改革方案付诸实施的过程，课程改革方案仅仅是课程改革的前期准备，方案的付诸实施才是关键环节，如果仅有完美的课程改革方案，而在课程实施环节不能做到有效落实和灵活调整，那么课程改革也将陷入失败的境地。课程改革方案要想被有效落实，课程实施过程也需要相关制度予以保障和规范。改革开放 40 多年来，我国的课程实施制度也在不断建立、完善与变革，其变革过程是一个因时因势不断调整的动态过程，在这个过程中，国家颁布了一系列具有开创性的政策、法规、文件，形成了较为全面的课程实施制度体系，为课程改革顺利推进提供了坚实保障。课程实施制度建设虽然取得了显著成就，但其制度创新程度仍然不够，仍需要多方协作、共同努力推动课程实施制度建设向纵深推进，全面提升我国课程实施制度创新水平。本章旨在厘清课程实施制度创新的内涵，并着重以教师教育制度为例回顾和梳理改革开放 40 多年来我国课程实施制度的演变历程，阐明我国课程实施制度创新的内在逻辑。

一　课程实施制度创新的内涵

梳理改革开放 40 多年来课程实施制度的嬗变，旨在明晰新的制度是如何在旧的制度之上实现创新发展的。而课程实施制度创新是这里的核心概念，是我们的研究对象，那么与其相关的概念，如"课程实施""课程实施制度"等就必须得到清晰、准确的界定，其本质必须得到揭示。

---

① 本章与杜明峰博士合作完成。

（一）课程实施

20 世纪 50 年代末至 60 年代末在美国兴起的"学科结构运动"以失败告终，这引起了人们的深思。究其原因，"学科结构运动"只关注了假想的课程变革计划，却忽视了具体的课程实施过程，使得变革计划成了空中楼阁，无法真正发挥作用。人们对"课程实施"问题的研究自"学科结构运动"失败之后逐步兴起。由此可知，课程改革是人们关注课程实施问题的起因，课程实施是课程改革的关键环节，如若课程计划不能在实践中得以真正实施，课程改革就无法向前推进。著名课程学者施良方先生在《课程理论——课程的基础、原理与问题》一书中，总结了课程实施的两种界定——变革与教学。将课程实施界定为变革是因为课程实施通常是要把新的课程计划付诸实践，使现实发生预期的变化。而新的课程计划通常都蕴含着对原有课程的一种变革，课程实施就是力图在实践中实现这种变革。① 将课程实施界定为变革实质是厘清了课程实施与课程改革之间的关系：课程实施是课程改革的关键环节，课程改革必然要将理想的课程计划真正实施才能达成改革的目的。而将课程实施界定为教学则更易理解，因为教学是课程实施的主要途径，只有教师将课程计划付诸实践，课程才算真正得以实施。美国著名课程论专家古德莱德区分了课程的五个层次，深刻触及了课程实施问题：观念层次的课程和社会层次的课程属于课程计划、课程采用阶段，而学校层次的课程、教学层次的课程和体验层次的课程则进入课程实施阶段。② 古德莱德的课程层次理论蕴含了教师体验和实际实施的课程以及学生真正体验到的课程，这实质上也是在强调课程改革不仅要关注理想的课程计划，更要关注课程实施过程——教师的教育教学活动。

（二）课程实施制度

依前文所述，制度是历史性存在的用于调节社会交往关系的具有权威性的行为规则系统。教育制度是制度的亚层次概念，两者在特征上具有可通约性，主要表现在三个方面：一是保障性。现代化的教育是人们

---

① 施良方：《课程理论——课程的基础、原理与问题》，教育科学出版社 1996 年版，第 130 页。

② 张华：《课程与教学论》，上海教育出版社 2000 年版，第 332—333 页。

所追求的理想教育状态，其先进性不言而喻。但这种先进性只是一种逻辑上的潜在的先进性，其向现实性转化必须依靠教育制度来保障。二是规范性。制度的本质是规范，它通过刚性的约束机制向人们提供了一套明确的关于什么是被允许的、什么是受鼓励的、什么是被禁止的信息，为人们的教育行为设置了边界，提供了可能的空间。三是资源性。教育制度内含着价值导向和奖惩机制。合理的教育制度不仅可以极大振奋人的精神，调动各方人员的积极性，而且可以优化资源配置，在人、财、物资源不变的前提下大幅度地提高教育效能。① 课程实施制度作为教育制度的一种，同样具有上述特点。课程实施就是将理想的课程计划付诸实施的过程，如果没有实施这一关键步骤，再完美无缺的课程也只能是停留在文本层面。因此，无论是将课程实施界定为变革还是教学，都需要强调教师在课程实施中的重要性。课程改革的最终落实要靠教师，如果教师缺少参与课程改革的主体意识，缺乏实施新课程的必要能力，再美好的课程方案都只能"束之高阁"。② 课程的顺利实施需要教师专业能力的相应提高，这就要求建立教师专业发展制度，为课程实施提供人力资源保障。理论上讲，完整的课程实施制度还应该包含教育经费投入制度和教育教学制度，它们对课程改革顺利推进的影响亦不可小觑。然而教育经费投入制度涉及更为宏观的教育制度，有大量的专门研究成果供我们参考；而教学制度一般都是由各个学校自主制定，属于微观层面的制度，宏观制度不宜过多干涉，这样才有利于激发教师教学的积极性和创造性。因此，本书对课程实施制度创新的探讨着重于教师教育制度或者教师发展制度，对于教育经费投入制度和教学制度则不作重点探讨，这也符合我们通常对课程实施内涵的理解。

（三）课程实施制度创新

教育制度创新是以教育制度存在的问题为出发点，以实现教育制度的现代化为目的的不间断的变革过程。现代化的教育制度就是公平与效率相统一的教育制度，凡现存教育制度不符合这一标准之处，均应在变

---

① 邬志辉：《中国教育的现代化与制度创新》，《华东师范大学学报》（教育科学版）1998
年第 4 期。

② 陶青：《教师教育与基础教育课程改革合流：反思、批判与重建》，《教育理论与实践》
2008 年第 5 期。

革创新之列。① 教育制度不可能也不必都是新的，只有当教育发展出现了新问题，现有的制度体系已经不足以解决新问题时，教育制度才需要创新。创新教育制度的过程，就是解决教育问题的过程，用新制度代替旧制度的过程。② 制度创新是一种正向的、积极的制度变迁，课程实施制度创新就是指用一种更有积极意义的、效益更高的制度代替原有制度的过程，而课程实施过程中存在的问题乃是课程实施制度创新的起点与动力源。课程实施制度创新并非空中楼阁，它主要是通过对既有制度进行创造性的改造和革新来解决旧制度不能解决的问题以及化解课程实施过程中旧制度不能调和的矛盾。

二　课程实施制度的历史变迁
——以教师教育制度为例

　　课程改革成败的关键是千百万中小学教师的专业发展水平，而教师专业发展水平与教师教育制度密不可分，顶层的制度设计深刻影响着教师专业发展的质量。改革开放以来，我国教师教育取得了巨大的成就，教师教育系统支持和保证了全世界最大的基础教育事业的师资供给，这是师范教育对中国教育的历史性贡献。可以说，没有师范教育的成就，也就没有基础教育的今天。③ 随着教育理论的更新以及教师教育自身的发展，终结性的"师范教育"已经不能反映教师培养和培训的实际，不能反映教师教育的发展需要和未来特征。在我国，开放性、终身性的教师教育新体系，也正在取代原有的"师范教育"体系。④ 从师范教育到教师培养、培训话语的多元性共存，是改革开放以来我国教师教育制度的发展轨迹。随着师范教育向教师教育的转型，教师培训制度也经历了从最初的"补偿式"培训，到强调教师达到基本胜任力的"普及提高式"培训，再到教师培

---

　　① 邬志辉：《中国教育的现代化与制度创新》，《华东师范大学学报》（教育科学版）1998年第4期。

　　② 张彦玲、叶文梓：《论教育制度创新》，《教育发展研究》2001年第5期。

　　③ 管培俊：《关于教师教育改革发展的几个观点》，《教师教育研究》2004年第4期。

　　④ 钟启泉、王艳玲：《从"师范教育"走向"教师教育"》，《全球教育展望》2012年第6期。

养培训一体化的过程。总体上讲，改革开放以来我国教师教育制度的发展历程大致可以划分为三个阶段：

（一）改革开放之初到 20 世纪 80 年代末期

1. 职前教师培养制度：恢复与重建师范教育体系

新中国成立初期，我国以苏联定向培养师资的体系为原型建立起了单一的、独立的培养中小学师资的体系和模式——保证教师稳定来源的独立封闭的"四级师范教育体系"，包括初级师范学校、中等师范学校、师范专科学校和高等师范学校四个层次，为我国基础教育的师资需求提供了可靠的保障。在我国经济水平不高、教师职业吸引力还不够强的情况下，师范教育制度成功地满足了我国基础教育的师资需求，为我国人才培养做出了巨大贡献。[1] 但是在"文化大革命"期间，受错误思想的影响，广大教师遭受到不公平待遇，师范教育受到严重破坏，导致我国师资培养体系的断裂和社会主义事业的严重倒退。改革开放初期，教育事业百废待兴，教育领域改革千头万绪。为了尽快恢复教学秩序，解决教师身份低下和数量严重不足的问题，国家首先为教师恢复了名誉。邓小平指出："发展科学技术，不抓教育不行。靠空讲不能实现现代化，必须有知识，有人才。""一定要在党内造成一种空气：尊重知识，尊重人才。"[2] "两个尊重"的提出，对落实知识分子政策、在全社会养成尊师重教的风气发挥了重要作用。国家在提高教师地位的同时，恢复与重建了师范学校，以缓解中小学师资短缺的状况。

1978 年，教育部颁发了《关于加强和发展师范教育的意见》，该文件指出："大力发展和办好师范教育，建设一支又红又专的教师队伍，是发展教育事业、提高教育质量的基本建设，百年大计。"[3] 主要内容包括：一是明确中小学教师培训要求；二是要统筹规划，建立师范教育网，力争在三五年内使现有小学、初中、高中教师大多数分别达到中等师范、师范专科和师范学院毕业程度。认真办好现有师范学院（师范大学），有计划、有步骤地新建若干师范学院，为本省、市、自治区培养高中、中师教

---

[1] 袁振国：《从"师范教育"向"教师教育"的转变》，《中国高等教育》2004 年第 5 期。

[2] 邓小平：《邓小平文选》，人民出版社 2008 年版，第 40—41 页。

[3] 何东昌：《中华人民共和国主要教育文献 1976—1990》，海南出版社 1991 年版，第 1650 页。

师，培训师范专科学校教师及部分在职高中和中师教师。努力办好中等师范学校。教育部直属的 6 所高等师范院校（北京师大、华东师大、东北师大、华中师大、西南师大、陕西师大）应担负为各地师院、师专、中师和重点中学培养师资的任务。三是要加强领导，制订本地区师范教育发展和在职师资培训规划，并付诸实施。该文件是改革开放后较早明确提出三级师范院校具体职责和任务的规定，也是相对全面的规划和布置。①

1980 年，教育部召开全国第四次师范教育工作会议，会议较为全面地总结了新中国成立 30 年来师范教育的工作经验，明确了师范教育在整个教育事业中的重要地位。会议指出，师范教育的基本任务是培养教师，为中小学教育输送合格师资，建立一个健全的师范教育体系。会议还讨论了中小学在职教师培训工作，并制定了一系列文件，明确了今后的方针、任务，指明了各级师范院校的培养目标，纠正了"十年动乱"中师范教育的混乱局面，由此形成一个比较健全的教师教育体系。② 在此会议精神的指导下，我国于 1980 年前后恢复和重建了以师范大学、师范专科学校、中等师范学校为主的师资培养体系，与教师在职培训体系相并列。

1985 年颁布的《中共中央关于教育体制改革的决定》，充分肯定了已经建立的师范教育体制，并指出要把发展师范教育和培训在职教师作为发展教育事业的战略措施。1986 年，国家教委下发文件《关于加强和发展师范教育的意见》的通知，要求大力加强和发展师范教育，各级师范学校应把为基础教育服务作为办学的指导思想，突出精神文明建设，加强师德教育，积极推进教育和教学改革，强化教师基本功训练，不断提高教师教育质量。总的来说，经过改革开放后多年的恢复和发展，到 20 世纪 80 年代中后期，我国进一步完善了"三级师范教育体系"，形成机构较为完整、秩序较为良好的制度规范。

2. 在职教师培训制度：以"学历补偿"为主要内容

改革开放初期，由于多数教师尚不能胜任基本的教育教学工作，文化知识以及教育教学能力严重欠缺，所以在职教师培训的重点是强调教育理论知识和实践技能，以便使教师能够胜任基本的教学工作。1977 年 12

---

① 范国睿等：《从规制到赋能：教育制度变迁创新之路》，华东师范大学出版社 2018 年版，第 196 页。

② 王立科：《我国教师教育政策发展三十年回顾与展望》，《国家教育行政学院学报》2009 年第 1 期。

月，教育部颁发《关于加强中小学在职教师培训工作的意见》，该文件提出，力争在三五年内使现有文化业务水平较低的小学教师大多数达到中师毕业程度，初中教师在所教学科方面大多数达到师专毕业程度，高中教师在所教学科方面大多数达到师院毕业程度；所有教师都要加强教师基本功学习和锻炼，学会普通话，板书、批语要正确工整。这是改革开放以来较早对中小学教师学历程度提出规定的政策，目的是让教师能够胜任基本的教学工作。为了能让教师参加培训，1978 年 4 月，教育部印发《关于恢复或建立教育学院或教师进修学院报批手续的通知》，全国各地陆续恢复或建立了教师培训机构。此后颁发的一系列制度文件，主要都是强调教师要掌握基本的教育理论知识、基本技能，提高分析问题和解决问题的能力，能够胜任教育教学工作，提高教育质量。同时，强调丰富和拓展教师培训的基本形式。这些政策的规定都显示出对教师基本教育教学能力或学历进行补偿性培训的目标。[①]

1985 年 5 月，《中共中央关于教育体制改革的决定》提出，要建立一支有足够数量的、合格而稳定的师资队伍，这是实行义务教育、提高基础教育水平的根本大计。为此，必须对现有的教师进行认真的培训和考核，把发展师范教育和培训在职教师作为发展教育事业的战略措施。[②] 为了贯彻落实《中共中央关于教育体制改革的决定》提出的"争取在五年或者更长一点的时间内使绝大多数教师能够胜任教学工作"的任务，1986 年国家教委颁布了《关于加强在职中小学教师培训工作的意见》，这是当时我国经济社会发展的必然产物。其目的是通过培训，使中小学教师能胜任教育教学工作，为较短时间内培养大量的各级各类建设人才提供师资保障。这一时期的教师培训政策体现出强烈的"效率优先"的价值倾向。同时，培训存在着重知识传授、轻能力培养的倾向。培训内容注重文化知识的传授，培训方式和方法主要是脱产、函授等。尤其是函授，因适合中小学教师工作任务特点成为当时进修的主要形式。[③] 总之，从改革开放后到 20 世纪 80 年代中后期，国家对中小学在职教师进行的主要是一种补偿

---

① 杜明峰：《改革开放四十年我国教师制度的变迁与逻辑》，《全球教育展望》2018 年第 7 期。

② 《中共中央关于教育体制改革的决定》，《江西教育》1985 年第 Z2 期。

③ 单志艳：《中小学教师培训政策的价值取向变迁——基于 1986 年和 2011 年国家关于中小学教师培训〈意见〉的文本分析》，《教师教育研究》2013 年第 3 期。

式的培训，目的就是使教师能够胜任基本的教育教学工作，保证中小学教育质量。

（二）20世纪90年代

1. 职前教师培养制度：师范教育向教师教育转型

传统的"三级师范教育体系"强调的是"师范"院校在培养教师中的绝对地位。但是，随着我国社会主义市场经济体制改革的不断深入，人才市场的不断发育，师范院校定向招生、定向培养、定向分配和师范生免交学费的政策已经不同程度地淡化甚至取消，有些学校或地方已经明确取消师范生的定向招生，按照年级将学科教育与师范教育混合进行的培养模式也逐渐被学科教育与教师专业教育相分离的模式取代。在绝大多数学校师范生需要全部或部分交纳学费的情况下，师范生原有意义上的权利和义务基本上同时解除。事实上，传统的"师范生"的概念已经随着师范教育概念的变化逐渐退出历史舞台。[①]

1986年3月10日，国家教委印发《关于基础教育师资和师范教育规划的意见》，该文件创造性地提出，中学教师的来源要多样化，要对师范院校、普通综合院校统筹考虑以满足教育发展的需要。非师范院校按计划办师范班的招生、分配、待遇应与师范院校一视同仁；非师范班的毕业生也可按需要分配教中学，政策上要采取鼓励措施。这样，在师资培养问题上，就开始考虑综合性大学和其他非师范院校在师资培养上的重要作用，开启了师资培养的新途径。1996年12月5日，国家教委颁发《关于师范教育改革和发展的若干意见》，其中指出："健全和完善以独立设置的各级各类师范院校为主体，非师范院校共同参与，培养和培训相沟通的师范教育体系。""国家对师范毕业生颁发相应的教师资格证书，并通过实施教师资格制度，吸收非师范专业学生和社会优秀人才从教。"[②] 允许和鼓励非师范生从事教育事业，旨在更大范围动员和利用优质教师教育资源，把教师教育这项事业做大做强；旨在改革人才培养模式，在开放环境下和多学科综合背景下，能在更高水平的学术平台上培养高素质教师。

1999年《中共中央国务院关于深化教育改革，全面推进素质教育的

---

① 袁振国：《从"师范教育"向"教师教育"的转变》，《中国高等教育》2004年第5期。

② 国家教委关于印发《关于师范教育改革和发展的若干意见》的通知［EB/OL］. http://old. moe. gov. cn//publicfiles/business/htmlfiles/moe/moe_177/200407/2483. html。

决定》明确指出："鼓励综合性高等学校和非师范类高等学校参与培养、培训中小学教师工作，探索在有条件的综合性高等学校中试办师范学院。""具备条件的地区力争使小学和初中专任教师的学历分别提升到专科和本科层次，经济发达地区高中专任教师和校长中获得硕士学位者应达到一定比例。"① 这使国家原有的三级师范教育体制（中专、大专、本科）逐步向新三级师范教育体制（大专、本科、研究生）转变，逐渐形成了以师范院校为主体、其他高等学校共同参与、有开放性特点的教师教育体系。② 在该文件精神的引领下，21 世纪初，全国出现了师范院校与非师范院校合并或升格成为综合性大学的局面。在此背景下，为确保师范教育在教育事业中优先发展的战略地位，时任国家教委副主任柳斌《在全国师范教育工作会议上的总结报告》中提出：评价师范院校办学质量的一条重要标准就是各级各类师范院校必须坚定不移地为中小学服务。师范院校的宗旨就是为各级各类教育提供优质的师资保障，如若在升格为综合性大学的潮流中走偏了道路，迷失了培养人民教师的"初心"，那就不能保障我国基础教育的质量，更没有动力实施新的课程改革。教育部师范教育司原司长管培俊在《关于教师教育改革发展的十个观点》一文中也讲到："中国特色的教师教育体系是一个至上而下的庞大的系统，这是基础教育体系的支持系统，也是高等教育体系的一部分。改革是清醒的，不是盲目的；改革是扬弃，不是全盘抛弃。我们要做清醒的改革者，不要认为实行开放的教师教育，综合大学参与培养培训教师、实行教师资格，面向社会遴选优秀教师，就是削弱和取消教师教育体系。恰恰相反，我们的任务是积极地改革、完善和构建一个适应教育改革发展需要的开放的现代教师教育新体系。"③

2. 在职教师培训制度：以"普及提高"为基调

改革开放之后，随着我国基础教育改革与发展的不断推进，中小学教师培训制度建设开始逐步规范化。1990 年 10 月，原国家教委举办全国中小学教师继续教育工作座谈会，会议指出要将中小学教师培训工作的重点转移到开

① 《中共中央国务院关于深化教育改革，全面推进素质教育的决定》[EB/OL]. http://old. moe. gov. cn/publicfiles/business/htmlfiles/moe/moe_177/200407/2478. html。

② 王立科：《我国教师教育政策发展三十年回顾与展望》，《国家教育行政学院学报》2009年第 1 期。

③ 管培俊：《关于教师教育改革发展的十个观点》，《教师教育研究》2004 年第 4 期。

展继续教育上来，对已经达到国家规定学历的教师进行以提高思想政治素质和教育教学能力为主要目标的培训。这标志着我国教师培训政策开始发生转向，开始有重点、有针对性地从学历补偿培训转向教师的继续教育。

1991 年 12 月，国家教委颁发《关于开展小学教师继续教育的意见》，文件提出，要在小学教师中成长出一批教育教学骨干，甚至要成为小学教育教学专家。1993 年 7 月 26 日，国家教委颁发《关于加强小学骨干教师培训工作的意见》也提出了继续教育任务，希望通过教育教学实践和培训，使每个教师的政治业务素质不断得到提高，从中成长出一批教育教学骨干。当前要把骨干教师培训放在重要位置，各地在面向全体教师，搞好职务培训的同时，应着重加强对骨干教师的培训。应该看到，我国小学教师队伍中的中青年教师，大部分在中师接受过系统的培养，具有较好的基础，他们精力旺盛、进取心强，只要我们切实抓好对他们的继续教育，促使他们迅速成长，形成一支跨世纪的骨干教师队伍，是完全能够实现的。我们必须充分认识到骨干教师培训的重要性和紧迫性，积极行动起来，认真抓好这项工作。① 对有培养前途的中青年教师，要按教育教学骨干的要求和对现有骨干教师按更高标准进行的培训，这显然已经超越了改革开放之初对教师达标培训的基本要求。

1993 年 2 月 13 日，中共中央、国务院颁发《中国教育改革和发展纲要》（以下简称《纲要》），从教育发展规划的高度提出："振兴民族的希望在教育，振兴教育的希望在教师……进一步加强师资培养培训工作"，"要制定培训计划，促进教师特别是中青年教师不断进修提高，使绝大多数中小学教师更好地胜任教育教学工作"。② 为了贯彻落实《纲要》中对教师培训的规定，国务院于 1994 年 1 月 1 日正式实施《中华人民共和国教师法》，明确规定："参加进修或者其他方式的培训是教师享有的权利；各级教师进修学校承担培训中小学教师的任务；各级人民政府教育行政部门、学校主管部门和学校应当制定教师培训规划，对教师进行多种形式的思想政治、业务培训。"③ 1995 年和 1996 年分别颁布并实施了《中

---

① 《关于加强小学骨干教师培训工作的意见》，《师范教育》1993 年第 11 期。

② 国务院关于《中国教育改革和发展纲要》的实施意见 [EB/OL]. http://old. moe. gov. cn//publicfiles/business/htmlfiles/moe/moe_177/200407/2483. html。

③ 《中华人民共和国教师法》[EB/OL]. http://old. moe. gov. cn//publicfiles/business/html-files/moe/moe_619/200407/1314. html。

华人民共和国教育法》和《教师资格条例》，促使中小学教师培训步入科学化、规范化、法制化的轨道。① 1998 年 12 月教育部颁布的《面向 21 世纪教育振兴行动计划》提出了"跨世纪园丁工程"，强调要在三年内以不同方式对现有中小学校长和专任教师进行全员培训和继续教育，在全国选拔培训 10 万名中小学及职业学校骨干教师，发挥骨干教师在当地教学改革中的带动和辐射作用。1999 年 6 月，教育部召开全国中小学教师继续教育和校长培训工作会议，决定在全国范围内实施中小学教师继续教育工程，并在五年内对 1000 万中小学教师基本轮训一遍，提高教师队伍的整体素质，基本适应实施素质教育的需要。到 20 世纪末，我国不仅完善了中小学教师继续教育的专项政策法规，也形成了中小学教师培训的制度性框架。②

（三）21 世纪至今

1. 职前教师培养制度：构建开放化的教师教育体系

2001 年启动的新一轮基础教育课程改革是涉及课程目标、课程管理、课程结构、课程内容、课程实施以及课程评价等方面的全面而深刻的整体改革。教师作为新课程的实践者，他们的素质与能力直接关系到新课程改革的成败。为了提高教师素质，使其符合新课程改革的需要，2001 年 6 月教育部印发了《基础教育课程改革纲要》，对教师的培养和培训提出明确要求："师范院校和其他承担基础教育师资培养和培训任务的高等学校和培训机构应根据基础教育课程改革的目标与内容，调整培养目标、专业设置、课程结构，改革教学方法。"③ 这表明在基础教育课程改革的背景下，我国教师教育改革将面临一次大的机遇，呈现出新的发展趋势。④

在新课程改革的背景下，国家从政策层面开始引导建立开放的教师教育体系，从根本上实现从师范教育到教师教育的转型。这是改革开放以来

---

① 范国睿等：《从规制到赋能：教育制度变迁创新之路》，华东师范大学出版社 2018 年版，第 227 页。

② 杜明峰：《改革开放四十年我国教师制度的变迁与逻辑》，《全球教育展望》2018 年第 7 期。

③ 教育部关于印发《基础教育课程改革纲要（试行）》的通知 [EB/OL]. http://old. moe. gov. cn//publicfiles/business/htmlfiles/moe/s8001/201404/xxgk_167343. html.

④ 吴坚：《新课程改革背景下的教师教育发展趋势》，《高教探索》2005 年第 4 期。

我国教师制度发展的一次重大转型。2001 年颁布的《国务院关于基础教育改革与发展的决定》第 28 条规定："完善以现有师范院校为主体，其他高等学校共同参与、培养培训相衔接的开放的教师教育体系。加强师范院校的学科建设，鼓励综合性大学和其他非师范类高等学校举办教育院系或开设获得教师资格所需的课程。"① 这是首次在国家层面使用"教师教育"这一概念。2002 年教育部印发《教育部关于"十五"期间教师教育改革与发展的意见》，对"教师教育"这一概念进行了明确界定："教师教育是在终身教育思想指导下，按照教师专业发展的不同阶段，对教师的职前培养、入职教育和在职教育培训的统称。"该文件提出要"初步形成以现有师范院校为主体，其他高等学校共同参与，培养培训相衔接，体现终身教育思想的开放的教师教育体系"②。2002 年召开的全国教师教育工作会议重申了开放性建设的发展目标，即在"十五"期间，教师教育事业改革与发展的主要任务是初步形成以现有师范院校为主体、其他高等学校共同参与、培养和培训相衔接的开放的教师教育体系。《教育部 2003 年工作要点》再次强调，要"加快建立开放灵活的教师教育体系，提高办学层次，推进师范院校改革，鼓励综合性大学开展教师教育"③。2004 年颁布实施的《2003—2007 年教育振兴行动计划》提出："改革教师教育模式，将教师教育逐步纳入高等教育体系，构建以师范大学和其他举办教师教育的高水平大学为先导，专科、本科、研究生三个层次协调发展，职前职后教育相互沟通，学历和非学历教育并举，促进教师专业发展和终身学习的现代教师教育体系。"④ 这些政策构成了开放化教师教育体系的合法基础，确定了开放化教师教育的体制特征。在实践层面，教师教育体系走向开放的速度相当迅速。1997 年，全国有 77 所非师范类大学承担了教师教育的任务。2002 年，全国共有 475 所高等学校招收教师教育类全日制

---

① 《国务院关于基础教育改革与发展的决定》[EB/OL]. http：//www. moe. gov. cn/jyb_xxgk/moe_1777/moe_1778/201412/t20141217_181775. html。

② 《教育部关于"十五"期间教师教育改革与发展的意见》[EB/OL]. http：//www. moe. gov. cn/srcsite/A10/s7058/200203/t20020301_162696. html。

③ 《教育部 2003 年工作要点》[EB/OL]. http：//www. moe. gov. cn/jyb_sjzl/moe_164/201001/t20100128_13549. html。

④ 全面实施《2003—2007 年教育振兴行动计划》[EB/OL]. http：//www. moe. gov. cn/jybxwfb/xwzllssj/moe183/tnull2305. html。

本专科学生，其中非师范院校 258 所，比 1997 年的 77 所增加了 235%，非师范院校已占实施教师教育院校总数的 54%。

2010 年 7 月 29 日，备受关注的《国家中长期教育改革和发展规划纲要（2010—2020 年）》正式发布。《纲要》提出，要加强教师教育，构建以师范院校为主体、综合大学参与、开放灵活的教师教育体系。2012 年 8 月 20 日，国务院制定印发了《国务院关于加强教师队伍建设的意见》，对如何全面加强教师队伍建设、创新教师管理体制、加强教师工作薄弱环节等关键问题提出了具体的任务、要求和措施，有很强的政策性、针对性和可操作性，是指导教师队伍建设的纲领性文件。该意见提出，"完善教师培养培训体系。构建以师范院校为主体、综合大学参与、开放灵活的中小学教师教育体系"①。2012 年 9 月 6 日，为深入贯彻落实《国家中长期教育改革和发展规划纲要（2010—2020 年）》和《国务院关于加强教师队伍建设的意见》，深化教师教育改革，推进教师教育内涵式发展，全面提高教师教育质量，培养造就高素质专业化教师队伍，教育部、国家发展改革委员会和财政部联合发布《关于深化教师教育改革的意见》，其中提出要"构建开放灵活的教师教育体系。发挥师范院校在教师教育中的主体作用，重点建设好师范大学和师范学院。鼓励综合大学发挥学科综合优势，参与教师教育"②。2018 年，中共中央、国务院印发的《关于全面深化新时代教师队伍建设改革的意见》提出要"大力振兴教师教育，不断提升教师专业素质能力……加大对师范院校支持力度。实施教师教育振兴行动计划，建立以师范院校为主体、高水平非师范院校参与的中国特色师范教育体系，推进地方政府、高等学校、中小学'三位一体'协同育人……支持高水平综合大学开展教师教育。创造条件，推动一批有基础的高水平综合大学成立教师教育学院，设立师范专业，积极参与基础教育、职业教育教师培养培训工作"③。进入 21 世纪以后，在终身教育思想的影响下，为适应新课程改革的需求，教师教育的政策话语逐渐占据主

---

① 《国务院关于加强教师队伍建设的意见》［EB/OL］. http：//www. moe. gov. cn/jyb_xxgk/moe_1777/moe_1778/201209/t20120907_141772. html。

② 《教育部国家发展改革委财政部关于深化教师教育改革的意见》［EB/OL］. https：//www. 66law. cn/laws/92816. aspx。

③ 《中共中央国务院关于全面深化新时代教师队伍建设改革的意见》［EB/OL］. http：//www. moe. gov. cn/jyb_xxgk/moe_1777/moe_1778/201801/t20180131_326144. html。

导地位，实践话语全面推进，封闭、定向的师范教育体系逐渐被打破，确立了多样化、开放化和综合化的教师教育体系。

2. 在职教师培训制度：教师培养培训一体化

长期以来，我国教师教育的职前培养与职后培训一直由两个互不关联的体系承担：传统的师范院校主要对在校师范生进行职前培养；教师的入职教育和职后培训则主要由地方教育学院、教师进修学校和部分师范院校承担，教师培养和培训缺乏过渡性与延续性。而且，由于缺乏职前、职后的整体设计，我国教师的职后培训远不如职前培养那样规范和系统，教师教育的"两条腿"之间总是存在一条粗一条细的现象。事实上，对于教师个人的发展来说，职前培养与在职进修是不可分割的；而作为一种职业来说，教师是一种终身的、连续的职业，教师工作的过程同时也是不断学习和进修的过程。这就需要对教师的培养培训进行一体化设计。教师教育一体化包含两个方面的含义：一是纵向意义上的一体化，即打破教师教育职前培养、入职教育、职后培训的割裂局面，将整个教师教育的过程——职前培养、入职教育和职后培训视为教师终身教育体系中互相联系、全面沟通、连续统一的整体，建立一个内部各阶段相互衔接、相互支撑和补充的教师教育体系；二是横向意义上的一体化，即充分利用各种教育资源，建立学历教育与非学历教育、正规学校学习与教师自我导向学习等非正规学习相结合的教师教育体系。"一次性"的"师范教育"不能满足教师整个教学生涯的发展需要，必须强调教师的职前培养和职后培训的整合，以求教师在变化的教学实践中，能够持续性地提高素质，这是当今教师教育改革的重要趋势。①

进入 21 世纪，教师专业发展和教师专业化成为主旋律。2001 年 5 月 29 日，国务院颁发《国务院关于基础教育改革与发展的决定》，提出"建设一支高素质的教师队伍是扎实推进素质教育的关键……以转变教育观念，提高职业道德和教育教学水平为重点，紧密结合基础教育课程改革，加强中小学教师继续教育工作，健全教师培训制度，加强培训基地建设"②。2002 年 2 月，教育部颁发《教育部关于"十五"期间教师教育改

———————————

① 钟启泉、王艳玲：《从"师范教育"走向"教师教育"》，《全球教育展望》2012 年第 6 期。

② 《国务院关于基础教育改革与发展的决定》［EB/OL］. http://www.gov.cn/ztzl/nmg/content_412402.html。

革与发展的意见》，将教师培训的目标调整为发展教师的创新精神和实践能力，这是教师培训制度发展的重要转折。2004 年 2 月教育部颁布的《2003—2007 年教育振兴行动计划》，进一步将新理念、新课程、新技术和师德培训作为中小学教师培训的新要求。2005 年颁发的《中小学教师教育技术能力标准》，其宗旨就是在于提高中小学教师教育技术应用能力和水平，进而提高广大教师实施素质教育的能力水平。① 教育部 2004 年 9 月 7 日发布的《关于加快推进全国教师教育网络联盟计划组织实施新一轮中小学教师全员培训的意见》，提出："全面推进素质教育和基础教育课程改革对中小学教师的素质提出了新的更高的要求。……在新的历史条件下，积极推进教师教育创新，构建教师终身学习体系，加强中小学教师培训，建设一支高素质专业化的教师队伍，对于推动教育的改革发展，提高民族素质，增强综合国力具有重要的战略意义。"该文件提出要争取用五年左右时间，构建以师范院校、其他举办教师教育的高校和教育机构为主体，以高水平大学为先导和核心，区域教师学习与资源中心为支撑，中小学校本研修为基础，职前职后教育一体化，学历教育非学历教育相沟通，覆盖全国城乡、开放高效的教师教育网络体系，共享优质教育资源，提高教师培训的质量水平。实施 1000 万中小学教师新一轮全员培训，显著提高广大教师的师德修养和业务水平；实施 200 万中小学教师学历学位提高培训，促进全国教师学历学位水平整体提升；实施 100 万骨干教师培训，形成中小学骨干教师梯队。②

2010 年颁布的《国家中长期教育改革和发展规划纲要（2010—2020年）》特别强调要"提高教师业务水平。完善培养培训体系，做好培养培训规划，优化队伍结构，提高教师专业水平和教学能力"③。同时，中央财政支持启动了中小学教师国家级培训计划（简称"国培计划"），实施优秀骨干教师示范性培训、中西部农村教师培训、紧缺薄弱学科教师培训、班主任教师培训、学前教师培训、特殊教育教师培训等重要项目，为

---

① 杜明峰：《改革开放四十年我国教师制度的变迁与逻辑》，《全球教育展望》2018 年第 7 期。

② 《教育部关于加快推进全国教师教育网络联盟计划组织开展新一轮中小学教师全员培训的意见》［EB/OL］. http://www.moe.gov.cn/srcsite/A10/s7058/200409/t20040907_81254.html。

③ 《国家中长期教育改革和发展规划纲要（2010—2020 年）》［EB/OL］. http://old.moe.gov.cn/publicfiles/business/htmlfiles/moe/info_list/201407/xxgk_171904.html。

各地推进教育改革发展和开展教师培训输送一批种子教师，并探索创新教师培训模式，开发教师培训优质资源，建设教师培训重点基地，为中小学教师特别是中西部农村教师创造更多更好的培训机会，提供优质培训服务。2011 年 1 月，教育部颁布《关于大力加强中小学教师培训工作的意见》，提出新时期中小学教师培训应该以提高教师师德素养和业务水平为核心，以提升培训质量为主线，以农村教师为重点，开展中小学教师全员分类、分岗、全员培训，努力构建开放灵活的教师终身学习体系，加大教师培训支持力度，全面提高教师素质，为基本实现教育现代化，建设人力资源强国提供师资保障。①

　　为了适应教师教育一体化发展的需求，需要实现职前培养与职后培训课程的一体化。2011 年 10 月教育部颁发《关于大力推进教师教育课程改革的意见》和《教师教育课程标准（试行）》，从三个方面——"教育信念与责任""教育知识与能力""教育实践与体验"规范了教师培养过程，并对在职教师教育课程设置提出了框架性建议，这在中国教师教育改革上具有里程碑意义。2012 年，教育部、国家发展改革委和财政部联合发布《关于深化教师教育改革的意见》，提出要建立以师范院校为主体、教师培训机构为支撑、现代远程教育为支持、立足校本的教师培训体系。同年 8 月 20 日，国务院制定印发了《国务院关于加强教师队伍建设的意见》，提出："完善教师培养培训体系。构建以师范院校为主体、综合大学参与、开放灵活的中小学教师教育体系。""建立教师学习培训制度。实行五年一周期不少于 360 学时的教师全员培训制度，推行教师培训学分制度。"② 2016 年 12 月 15 日，《教育部关于大力推行中小学教师培训学分管理的指导意见》提出，"推行教师培训学分管理，深化培训管理改革"，"探索建立教师培训学分银行，推动非学历培训与学历教育衔接"。③ 2019 年 6 月 23 日，《中共中央　国务院关于深化教育教学改革全面提高义务教育质量的意见》颁布实施，其中提出：按照"四有好老师"标准，建设

---

　　① 《教育部关于大力加强中小学教师培训工作的意见》［EB/OL］. http：//old. moe. gov. cn/publicfiles/business/htmlfiles/moe/s4559/201101/114220. html。

　　② 《国务院关于加强教师队伍建设的意见》［EB/OL］. http：//www. moe. gov. cn/jyb_xxgk/moe_1777/moe_1778/201209/t20120907_141772. html。

　　③ 《教育部关于大力推行中小学教师培训学分管理的指导意见》［EB/OL］. http：//www. moe. gov. cn/srcsite/A10/s7034/201612/t20161229_293348. html。

高素质专业化教师队伍。大力提高教育教学能力，以新时代教师素质要求和国家课程标准为导向，改革和加强师范教育，提高教师培养培训质量。实施全员轮训，突出新课程、新教材、新方法、新技术培训，强化师德教育和教学基本功训练，不断提高教师育德、课堂教学、作业与考试命题设计、实验操作和家庭教育指导等能力。进一步实施好"国培计划"，增加农村教师培训机会，加强紧缺学科教师培训。①

通过梳理改革开放 40 多年来我国教师教育制度的演变历程，可以看出我国的教师教育体系日臻成熟，从独立封闭师范教育的体系化建设到师范教育体系的系统性重构再到开放化教师教育体系的实践探索，教师培训实现了恢复重建、改革扩展、全面转型和协同发展，建立了国家、省、市、县（区）、学校五级培训管理体系。目前，我国已基本建立"以师范院校为主、综合大学参与，多元开放的教师教育体系"。②

三　课程实施制度创新的内在理路

课程实施对于课程改革的顺利推进有着重要的意义，需要采取多种手段、优化实施路径、强化保障措施，不断推动课程实施的有效开展。改革开放 40 多年来，在党的教育方针的正确指引下，在教育体制机制不断改革的前提下，以教师教育制度为代表的课程实施制度不断改革创新，有力支撑了历次基础教育课程改革的顺利推进，有力推动了我国基础教育质量的不断提高，真正促使我国逐渐由教育大国走向教育强国。我国课程实施制度大致经历了改革开放之初至 20 世纪 80 年代末的恢复重建、20 世纪 90 年代的优化重组、21 世纪至今的深化改革三个阶段，从其发展阶段我们可以窥探到我国课程实施制度创新发展的逻辑理路：从内在旨趣上，我国课程实施制度从数量扩张不断向质量提升转变，为基础教育课程的深度变革提供有效保障；在外部定位上，也即是与基础教育课程改革的关系上，由滞后发展向协同融合不断迈进，真正实现引领基础教育课程改革的

---

① 《中共中央　国务院关于深化教育教学改革全面提高义务教育质量的意见》［EB/OL］. http：//www.moe.gov.cn/jyb_xxgk/moe_1777/moe_1778/201907/t20190708_389416.html。

② 《教师队伍建设的辉煌历程与历史性成就》［EB/OL］. http：//www.moe.gov.cn/s78/A10/moe_601/201910/t20191008_402111.html。

功能；在路径选择上，由封闭保守向多元开放逐渐转变，不断拓展课程实施所需的人力、物力资源。正是这样的内在理路，才保障了我国课程实施制度不断顺应时代发展、顺应教育发展而变革创新。

（一）内在旨趣：从数量扩张到质量提升

一部课程改革的历史，实质上就是课程实施的历程，当然也在很大程度上促进和反映着教育发展的历史。课程实施可以说就是教育事业开展的核心环节，课程实施的质量如何直接决定着教育发展的质量和人才培养的质量，间接决定着社会发展的进程。反过来，社会发展的进程和人才发展的质量不仅决定着教育发展的目标，决定着课程实施的资源和环境，也极大影响着课程实施制度的建立与完善。一个时代有一个时代发展的使命，也有一个时代的教育需求，这样的使命和需求决定了课程实施的样态和课程实施制度的样态。这是教育学研究已经阐明的基本理论，也是马克思主义唯物辩证法在教育研究中的具体应用。

纵观世界各国的教育发展史，其过程大致都遵循着从数量与规模的扩张到对内涵式发展和质量提升的追求的基本规律，我国的教育发展当然也不例外。新中国成立以来，尤其是改革开放以来我国的教育发展更是在目标追求和内在旨趣上经历和诠释着从数量扩张为主到质量提升为主的教育发展规律，作为教育及其发展践行的主阵地的课程实施，以及教育制度及其发展的重要组成部分的课程实施制度的发展与创新也在根本上服从这一基本规律。改革开放之初至 20 世纪 90 年代，我国基础教育发展的首要任务就是普及义务教育，全面提高劳动力素质。1985 年，《中共中央关于教育体制改革的决定》指出，"义务教育，即法律规定适龄儿童和青少年都必须接受，国家、社会、家庭必须予以保证的国民教育"，要"有步骤地实行九年制义务教育"。1986 年 7 月 1 日颁布实施的《中华人民共和国义务教育法》以国家立法的形式正式确立我国实施九年制义务教育。1993年颁布实施的《中国教育改革和发展纲要》正式把实现"两基"作为我国 20 世纪 90 年代的奋斗目标。[①] 然而，当时我国属于典型的"穷国办大教育"，我国人口基数大，需要接受义务教育的儿童数量也很庞大，想要

---

① 改革开放 30 年中国教育改革与发展课题组：《教育大国的崛起：1978—2008》，教育科学出版社，第 122 页。

维持这样庞大的教育体系着实不易，需要大量合格的人民教师、足够的教育经费支持等予以保障。而数量庞大的合格教师和足够的教育经费在当时都处于捉襟见肘的境地。因此，我们的制度设计就根据当时的社会经济条件和教师教育现状，因地制宜地开展先普及再提高的策略，也就是先满足数量再着眼提升质量。无论是教师教育还是教育经费支持制度都是遵循这样的发展路径，这也符合社会发展的规律以及教育发展的规律。当我们在20世纪末基本完成了"两基"任务后，进入21世纪，伴随着第八次基础教育课程改革的启动，我们则着眼于提高教育质量，深化基础教育课程改革，此时我国的经济社会发展已进入了较好的发展阶段，合格教师数量已经基本能够满足我国城乡义务教育的发展需要，教育经费支持也在"多渠道筹措教育经费"的政策下实现了制度性保障，① 因此，这个阶段的课程实施也随着教育发展战略中心的转移而进行调整和变革，也即由过去的追求数量满足到追求质量提升。具体说来，在教师教育制度发展方面，我们逐步由过去的学历达标发展到能力提升，不仅重视职前教师培养质量的提升和教师教育课程的改革，同时非常强调在职教师的培训质量，适时启动了国家培训项目，而且强调职前、职后教师教育的一体化，系统提升全体教师的职业素养；在教育经费支持方面，我们实现了公共教育财政制度，有力确保了课程实施的经费支持，同时注重财政转移支付，以弥补地区财政收入的差异与教育发展的不均衡，注重义务教育的优质均衡发展。总体而言，我国的课程实施制度在我国社会发展的阶段性背景下，持续改进、循序渐进、稳步发展，从数量满足到质量提升，从捉襟见肘到应对自如，有力确保了我国基础教育课程改革的顺利推进，有力保障了我国基础教育质量的稳步提升，有力促进了我国青少年儿童身心的健康发展。

（二）关系定位：从滞后发展到协同融合

课程实施制度在本质上是从制度上对课程实施的资源条件进行规定，以促进课程改革的各项举措能够顺利落地实施，而不至于遭遇资源条件或者环境支持上的困境。因为课程改革总是要从提出新的课程理念、确立新的课程目标、更新课程内容、变革教学方法等方面着手进行，这就对课程

---

① 范国睿等：《从规制到赋能：教育制度变迁创新之路》，华东师范大学出版社 2018 年版，第 345—354 页。

实施资源——原有的教师素质和教育经费投入提出了一定程度的挑战，这就要求我们的课程实施制度及时作出调整，以适应课程改革的发展需要。如果我们的课程实施制度不能及时作出调整，很有可能会出现新课程改革之初那样的现象，即少数课程改革专家声称"新课程改革之所以在实践中受阻，是因为绝大多数的中小学教师不合格"，这也许是实际情况，但是把板子全部打在一线中小学教师身上，既没有看到问题的实质所在——制度的滞后性，也伤害了绝大多数中小学教师的感情，这样的说法既不合情，也不合理。如果这种情况长期存在，那么课程改革终将走向失败的境地，课程改革也将遭遇制度信任危机。课程实施制度变革的理想状态应该是超前引领课程改革的发展，至少也应该与课程改革的步调相一致，以便能够确保课程改革的顺利实施。"凡事预则立，不预则废"，这句话用来说明课程实施制度与课程改革的关系再恰当不过了。然而，以往无论是我们的教师教育制度还是教育经费投入制度基本上都是滞后于基础教育课程改革的发展，导致了课程改革方案"看上去很美"，也在一定程度上导致了教师对课程改革的阻抗。

　　我们仍以教师教育制度为例来说明课程实施制度与基础教育课程改革的关系定位。实际上，2001 年我国颁布实施的《基础教育课程改革纲要（试行）》就曾明确指出："师范院校和其他承担基础教育师资培养和培训任务的高等学校和培训机构应根据基础教育课程改革的目标与内容，调整培养目标、专业设置、课程结构，改革教学方法。中小学教师继续教育应以基础教育课程改革为核心内容。""地方教育行政部门应制定有效、持续的师资培训计划，教师进修培训机构要以实施新课程所必需的培训为主要任务，确保培训工作与新一轮课程改革的推进同步进行。"[①] 可见，我们的课程改革方案或者顶层设计起初也是关注到教师专业素养与新课程改革的匹配性的，但是我们知道基础教育课程改革一般是由教育部基础教育司负责开展的，是面向基础教育阶段的，而教师教育则是由教育部教师工作司负责开展，面向各级各类教师教育，两个部门之间的任务分工有所差异、每个阶段的工作重点也不尽相同，再加上历史发展原因，所以难免会出现教师教育与基础教育发展步调不一致的现象，这是可以理解的。教

---

　　① 钟启泉等：《为了中华民族的复兴　为了每位学生的发展　基础教育课程改革纲要（试行）解读》，华东师范大学出版社 2001 年版，第 12 页。

育经费投入相较于教师教育的开展更加复杂，牵涉到更多的部门，所以与课程改革的需要不相一致也是可以理解的。但是，近些年来，在教育部的统筹协调和各部门的通力协作下，无论是教师教育制度还是教育经费投入制度都在蓬勃发展、变革创新，各部门都意识到服务中小学教育、落实立德树人根本任务的极端重要性。因此，课程实施资源基本上都能够满足基础教育课程改革的需要，深化基础教育课程改革的时代使命才能够顺利实现。

（三）路径演进：从单一封闭到多元开放

课程实施制度是制度设计者制度观念外化或者现实化的产物，有什么样的制度观念就有什么样的制度设计。然而，制度观念的形成机制较为复杂，除了受制于当时社会经济发展的状况，还受制于宏观社会制度，包括政治制度、经济制度、文化制度等，制度观念就是制度设计主体在这样复杂的内外部环境下逐渐明晰的。课程实施制度的形成同样受制于诸多内外部环境条件的影响，伴随着我国经济体制、政治体制改革的逐步深入，随着我国改革开放范围的逐步扩大以及程度的不断加深，我国的课程实施制度也不断变革更新，总体趋势就是由改革开放之初的单一封闭走向多元开放，继而审时度势，不断借鉴、不断尝试、不断探索，最终形成符合我国实际国情的课程实施制度。

我国的课程实施制度伴随着改革开放的步伐而启程与不断发展。改革开放之初，我国的课程实施制度恢复重建了"文化大革命"前的做法，也即计划经济体制下的课程实施制度，实际上，这一制度设计一直延伸到20世纪90年代初，无论是教师教育制度还是教育经费投入制度的发展都基本如此。在计划经济体制下，在"条块分割"理念的指导下，课程实施制度实际上只有"单一封闭"这一条路可以选择。比如师范生只有师范院校才可以培养，其他综合类院校是不能承办师范专业的。当然，最初这一制度安排是满足了基础教育对大批量合格教师的需要的，但是随着经济改革的加速发展和教育事业的迅猛发展，我国基础教育所需要的师资力量已经不仅局限于学历达标，而是对师资质量提出更高的要求，而且部分地区尤其是农村边远地区师资力量出现断层，但城市地区教师却出现过剩的现象，这就要求教师教育制度做出回应，以吸引优势教育力量举办师范教育，吸引更多优秀青年投入到教育事业中。因此，教师教育制度便做出

"开放多元"的政策调整，不仅鼓励综合类高等院校举办师范专业，而且放开教师资格证的申请限制。也正是这样的政策调整和制度安排，才使得我国的教师教育呈现出蓬勃的发展活力，为我国基础教育学校培养了大量高素质专业化的教师队伍。但是，在这样的发展脉络中也存在着一些持续性的问题，比如乡村学校教师的匮乏问题仍旧未能够得到彻底的解决，所以我们又在开放多元的制度安排下，鼓励地方出台相关政策以定向培养免费师范生，尝试在"市场"的背景下以"计划"调控的手段精准解决乡村学校师资匮乏的问题。我们相信这样的制度设计是符合我国教育发展的实际情况的，也有助于解决我国基础教育师资发展过程中出现的问题。教育经费制度的发展脉络同样如此，其大致经历了"划分收支、分级包干"制度—"分级办学、分级管理"—公共教育财政制度等发展阶段，在不同时期为我国的基础教育发展作出了巨大的贡献，然而，每一种制度安排都不是尽善尽美的，也正因如此，制度创新才有了可能。值得强调的是，评判一项具体制度安排是否合适，只能站在历史的高度去审视这项制度是否适应当时的制度环境，是否与原有的制度安排相比有所改进，而不能用现在的眼光去苛求它。当然，任何一项制度安排都会随着环境变化而暴露出自身的缺陷，这些缺陷又会成为新一轮制度创新的动力。[①]

[①]　李祥云：《我国财政体制变迁中的义务教育财政制度改革》，北京大学出版社 2008 年版，第 34—35 页。

第六章

效果检验：课程评价制度创新的历程[①]

  2018 年 9 月，习近平总书记在全国教育大会上强调："要深化教育体制改革，健全立德树人落实机制，扭转不科学的教育评价导向，坚决克服唯分数、唯升学、唯文凭、唯论文、唯帽子的顽瘴痼疾，从根本上解决教育评价指挥棒问题。"[②] 教育改革愈是深度推进和发展，教育评价及其改革的重要性和必要性愈是突出。教育评价改革成为教育改革的主要瓶颈，此种论述已往多存在于学界讨论话语之中，而习近平总书记关于教育评价改革的这一重要论断，将教育评价及其改革的重要性和必要性提高到了前所未有的高度。教育改革的核心是课程改革，课程改革的重要任务之一便是开展课程评价改革，而课程评价改革的核心则是课程评价制度的改革和创新。改革开放 40 多年来，我国在课程评价制度体系建设方面取得了诸多成就和进展，发展性和育人性的课程评价制度设计理念得到广泛传播与认同，发展性课程评价制度得以建立并日益在课程评价实践中发挥重要作用，对于课程文本质量和课程实施效果的改进与提升产生了较为明显的促进作用。本章着重在分析课程评价制度创新内涵与价值意蕴的基础上，回顾和梳理改革开放之后我国课程评价制度的历史变迁与演化历程，尤其是课程文本质量与课程实施效果两方面的评价制度的历史变革，分析和阐释 40 多年来我国课程评价制度变迁与创新的基本特征与内在理路。

---

  ① 本章与徐彬博士合作完成。

  ② 《习近平在全国教育大会上强调 坚持中国特色社会主义教育发展道路 培养德智体美劳全面发展的社会主义建设者和接班人》，《人民日报》2018 年 9 月 11 日。

一 课程评价制度创新的意蕴

（一）课程评价制度创新的内涵

课程评价是"在课程开发过程中通过对课程价值的调查、分析、协商、判断，逐步达成共识，促进课程不断改进和发展的反馈调节系统"[①]。课程开发包括课程设计、课程实施和课程效果等一整套的课程环节，课程评价是对这一整套课程环节中的课程价值进行评判的系统与过程，而评价的步骤和环节也基本包含对课程价值的调查、分析、协商和判断等方面，这一种对课程评价的认识是较为完整和全面的。依前文所述，制度是历史性存在的用于调节社会交往关系的具有权威性的行为规则系统。结合课程评价的内涵和制度的内涵，本文认为，课程评价制度是历史性存在的用于调节人与课程评价交互关系以及人在课程评价活动中交往关系的具有权威性的行为规则系统。它包括课程评价的理念、课程评价的组织机构、课程评价标准及程序的规定或规则等。从对课程评价制度的这一认识中可以看出，课程评价制度具有历史逻辑、关系逻辑和规范逻辑三个特性。课程评价制度的历史逻辑是其作为一定的历史存在物，无论是实体的，还是非实体的，都根源于一定的社会经济基础和教育背景，而且它的产生和发展都并非空穴来风，而是建立在已有课程评价制度或者与其相关的评价制度的基础之上，有一定的历史根据性和继承性。课程评价制度的关系逻辑则是其作为人与人、人与课程评价交互作用的中介，具有调整和整合课程评价主客体内部要素及其两者之间相互关系的作用，而且它与人、课程之间的关系是一种辩证的互动关系，即课程评价制度的理念和样态可以促进人和课程的发展，反之，人和课程的发展状况也影响着课程评价制度的理念和样态。课程评价制度的规范逻辑是指其以一种强制性的方式影响人与课程的发展，它规范着人们对课程设计、课程开发、课程实施和课程结果进行评价的过程中能够做什么、应该做什么、必须做什么，或者是不能够做什么、不应该做什么、不必要做什么。

---

① 刘志军：《走向理解的课程评价》，中国社会科学出版社 2004 年版，第 56 页。

　　制度创新最初发轫于经济学领域，多指能使创新者获取最大利益的现存制度的变革，或是能使创新者获得追加利益的现存制度的一种变革，包括制度的发明、模仿与演进。① 课程评价制度创新与经济学中的制度创新在追求制度变革和追加更大利益方面具有一定的同质性，但课程评价制度创新并非具有较强的经济学意义上的功利性，它所追求的最终目标在于最大限度地实现课程的高质量发展和人的全面发展。基于这一认识，本文认为课程评价制度创新是指制度主体以新的思想和理念为指导，通过调整和变革已有的课程评价规则，制定出新的课程评价规范，平衡利益相关者的权利和利益关系，为更大化地实现人和课程发展的价值目的而进行的创造性活动。为了更好地认识和理解课程评价制度创新的内涵，权且以新课程改革以来呼吁建立的发展性课程评价制度为例。这是因为发展性课程评价制度就是指"在课程评价的理念、目的、主体、内容、方式、过程以及结果的解释与运用等方面以发展的理念和方式来展开的课程评价制度"②。发展性课程评价制度本身就是一种课程评价制度创新。具体而言，首先，它是以学生发展为本、促使课程不断改进和提高、面向多元为新的指导思想和理念。③ 这一制度设计背后的观念便是对以往以知识为本，注重学生成绩与分数获得的观念的革新，相比以往的课程评价制度而言，发展性课程评价制度在制度设计理念上做到了更新与创新。其次，它在课程评价主体、内容、标准、方法等方面都进行了革新，并产生了新的评价规范。发展性课程评价强调教师、学生、家长等相关利益者积极参与课程评价，对以往课程评价多由行政部门组织，以专家为主的单一评价主体有所创新，同样，发展性课程评价强调评价内容的多元性、评价标准的多样化、评价方法的多元化，都是致力于对以往课程评价内容的单一化、评价标准的唯一化以及评价方法的固定化等方面进行改变和创新。再者，它通过新的评价规则和规范调整和平衡了政府、学校、教师、家长、学生等利益相关者在内的权利和利益关系，使其都可以参与课程评价活动。发展性课程评价从课程评价发展的历程来讲，属于一种较为先进的第四代评价的范畴，其强调对话与协商的评价规则和范式赋予了教师、家长和学生等评价主体一定的评价权利与义务，使他们积极参与课程评价之中，从不同视角和层面

---

　　① 文魁、徐则荣：《制度创新理论的生成与发展》，《当代经济研究》2013 年第 7 期。

　　② 董建春：《论发展性课程评价制度建设》，《中国教育学刊》2008 年第 4 期。

　　③ 刘志军：《走向理解的课程评价》，中国社会科学出版社 2004 年版，第 119—128 页。

对课程进行评价，力求课程评价效用发挥的最大化。最后，它是制度主体为了实现人和课程最大化发展的价值目的而进行创造性活动的结果。发展性课程评价是制度设计主体基于对促进人与课程最大化发展的价值与目的，对已有课程评价制度不利于实现这一目的进行革新的创新性结果。而且，发展性课程评价制度仍然是在其历史逻辑、关系逻辑和规范逻辑的范畴中生成和发展的，其必然也遵循着一定的历史逻辑、关系逻辑和规范逻辑，即课程评价制度创新是对课程评价制度历史、关系和规范的创新。

（二）课程评价制度创新与其相关概念辨析

制度创新与制度化、制度变迁等概念在已有相关制度研究中是词频出现较多的概念，这几个概念之间既相互联系，又有所不同，稍有差池，对此造成误读与误用的情况便极易发生。尤其是将这几个概念迁移至课程评价领域更是如此。因此，为了更好地说明和解读课程评价制度创新、课程评价制度化和课程评价制度变迁等概念，需要我们就这几个概念之间的关系进行深度辨析。

课程评价制度化是建立健全和完善的课程评价制度体系，以确保课程评价各项工作的有序进行，从而实现人与课程的同步发展。通过课程评价的制度化，存在于人们观念中的课程评价理念或课程评价理论的价值目的，以及课程评价方案设计、操作事项等被安排和固定下来，从而有助于人们在课程评价实践中充分认识、掌握和运用。由此，课程评价制度化便是课程评价制度从无到有的过程，从课程评价制度观念到课程评价制度文本，再从课程评价制度文本到人们自觉按照课程评价制度规则行事的完整过程。

课程评价制度变迁是关于课程评价新制度取代旧制度，进而发挥规范、约束甚至塑造相关课程评价主体行为的动态过程。根据制度变迁的相关理论，课程评价制度变迁包括自上而下的强制性课程评价制度变迁和自下而上的诱致性课程评价制度变迁。自上而下的强制性课程评价制度变迁指的是课程评价制度是由行政命令和法律引入来实现制度变迁的，在这一制度变迁中，行政部门是制度变迁的主体，相关的教育评价或课程评价政策是制度变迁的重要依据和参照蓝本，顺序是自上而下的，其变迁的路径往往是较为激进的。自下而上的诱致性课程评价制度变迁，指的是课程评价制度的变迁和创新是由某个人或某些人在面临和遭遇现有课程评价制度不均衡和不合理时所引致获得的自发倡导、组织和实行的制度变迁机会。它的制度变迁主体来自基层，顺序是自下而上、先易后难、先试点后推广，其变迁的路径是渐进的。

通过以上对课程评价制度化与课程评价制度变迁等概念的分析，可以发现课程评价制度化是从制度形成和实施过程而言的，课程评价制度从无到有的过程本身就是一种制度创新，而且从历史的角度来看，课程评价制度化也是一种制度变迁的某个阶段或者过程，是课程评价制度变迁的核心组成。而课程评价制度变迁更多的是从制度历史发展的视角来谈论的，任何制度的历史发展过程都可视作为一种制度的历史变迁过程，因而，课程评价制度变迁必然包含制度化，对于课程评价制度变迁的理解也可将其视为课程评价制度化到非制度化，以及再制度化的过程。对于课程评价制度变迁而言，它有着诸多的变迁或演化模式，包括课程评价制度的改造改良、革命以及创新等，而制度创新是其核心的演化模式，也是人们对课程评价制度发展和完善的关键路径和理想模式。

(三) 课程评价制度创新的价值意蕴

课程评价制度创新是以新的思想和理念为指导，对已有课程评价制度的扬弃和超越，是具有创造性的活动。由此，课程评价制度创新主要是指积极正向、进步发展的制度变迁，它是具有褒扬语义的词汇。课程评价制度创新的价值和功用也多表现在其积极正向的功能之上，而从其积极正向的功能层面而言也体现其进行创新的必要性。具体说来，主要有以下四方面：

其一，课程评价制度创新能够促进课程评价改革，进而推动课程改革和教育改革的进程。教育改革的核心在课程改革，课程改革的主要瓶颈在课程评价改革，而课程评价改革的核心任务又在于课程评价制度创新。反过来说，如果没有课程评价制度创新，课程评价改革就会囿于已有课程评价制度的困境和问题而无法前进和突破，或者说没有相应的课程评价制度对课程评价进行规约和限制，极易造成课程评价陷于一定的迷茫或混乱的境地，进而导致课程评价改革步履维艰，迟迟不见改革的实质进展和实际成效。课程评价改革如若难以推进和发展，课程改革自然是徘徊于其深水区和攻坚期而难以为继。

其二，课程评价制度创新可以进一步明确人在课程活动中的行动界限或限度。社会的快速发展促使人与课程交互关系的复杂性变得更为凸显，课程评价制度创新势必会应对这一复杂性而将越来越多的利益相关者纳入课程评价活动范围之内，并明确不同评价主体的评价权利和义务，而且课程评价制度创新也会将越来越广阔的课程活动范围和空间收纳其中，既包括学校课程，也包括网络课程；既包括实体化的课程，也包括非实体化的课程。而如若不对课程评价制度进行创新和改革，课程评价在评价内容方面便会陷于传统课程评价的对象之上，如对实体教科书的评价，实体的课堂中课程实施和教学的评价，这就会造成课程评价不断地封闭和落后于时代的发展。实际上，随着社会的不断发展和进步，课程的领域和边界也在不断拓展，电子教科书、网络教学、慕课等都可作为课程在信息技术时代境遇的历史反映，并可纳入课程领域之中，对其进行评价也是课程评价随时代发展的历史使命和必然要求。同样，课程评价制度不进行创新和发展，课程评价主体便会停留在传统的单一主体，即由行政主导的多数专家参与的课程评价主体，这种评价主体在进行课程评价时，虽然利于保证课程评价专业性和学术性，但仍然很难接近真实的课程实践活动的真谛与丰富性，不利于课程评价的实践性以及多重价值的显现，甚至是遮蔽了课程评价育人的本质所在，而异化为只关注课程实施效果中学生的成绩和分数。

其三，课程评价制度创新还有益于形成新的评价秩序，促使课程活动健康发展。课程评价制度创新在于弥补和革新现有课程评价制度中一些规范混乱和秩序不稳的弊端，使课程评价在更加公正和稳定的秩序与规则中运行。制度创新通过形成新的秩序为实现合作创造条件。这是因为"人与人之间的关系并非只有竞争，而且还要合作，竞争与合作是一对矛盾的统一体。因为人的有限理性和信息不对称等方面的原因，人自身不可能处理好竞争与合作的关系"[①]。所以制度便是人们在社会分工和协作过程中经过多次博弈而形成的一系列规则的总和，其主要表现为较为稳定的社会秩序，而课程评价制度创新则是在于完善和发展这一评价秩序，使其更有利于人与社会的发展。正如布罗姆利所言："没有社会秩序，一个社会就不可能运转。制度安排或工作规则形成了社会秩

---

① 辛鸣：《制度论——关于制度哲学的理论建构》，人民出版社 2008 年版，第 118—119 页。

序，并使它运转和生存。"① 制度创新便是使其运转和生存的主要动力源泉。对于课程评价制度而言，在没有相应的课程评价制度保驾护航之前，课程评价秩序只是靠课程评价主体自发和自律而维持的，这很难具有持续性和发展性。同样的，在已有不完善、不健全的课程评价制度前，课程评价秩序难免受到外界利益和权力的干扰和侵蚀，加之其自身制度弊病的日益凸显，课程评价秩序便会随之陷入一定的无序或者混乱状态，课程评价的公正性和公平性的价值便会随之降低。因而从这一方面来说，课程评价制度创新是非常重要的，而且也是必要的。

其四，课程评价制度创新还有利于良好评价环境的营造，激励和约束人们的评价行为。课程评价制度创新致力于通过构建和营造一种新的良好的评价环境，改变现存评价的不和谐一面。此举不仅能更好地激励利益相关者积极和正向地参与课程评价活动，也能有效地约束和规范他们的课程评价行为在良好的轨道上运行。当前课程评价的环境主要是依附于以追求分数利益最大化的功利化评价文化环境，功利化的课程评价环境成了一种较为稳定的课程评价生态，人们在这种课程评价环境和生态之中，是一种零和博弈的状态，人人追求自身利益和效益的最大化，不公正、不和谐的课程评价行为比比皆是，人们对于发展性和育人性的课程评价积极性不高，久而久之，课程评价自然会陷入功利化的陷阱而难以自拔。而课程评价制度创新则是致力于打破课程评价中零和博弈的不对等的评价状态，激励和约束人们在课程评价中的行为，提高人们对发展性和育人性课程评价的认同度和践行度，进而改善课程评价生态和课程评价环境，推动课程评价改革不断迈向积极的发展方向。总而言之，课程评价制度创新旨在通过完善和创新课程评价制度来保障和提高课程评价的实践效能，以此实现课程评价实践育人宗旨的回归。课程评价制度创新对于课程评价的制度化及其制度的变迁是相当重要的，对于课程评价改革，甚至是课程改革同样具有相当的必要性。

----

① ［美］布罗姆利：《经济利益与经济制度》，陈郁译，上海三联书店出版社 1996 年版，第 55 页。

二　课程评价制度的历史变迁与演化进程

在谈论课程评价制度的历史变迁和演化历程前，有必要对课程评价制度所指的范围或者内容进行说明，因为课程评价的对象和内容范围具有较强的复杂性和系统性，它包含对课程设置与结构合理性的评价、对课程内容选择及组织的评价、对课程实施及教学方式的评价和对课程目标达成度的评价[①]。或者包括对课程评价基本原理的元评价、课程计划的评价、课程标准的评价、课程质量保障体系的评价以及课程效果的评价。其中课程计划的评价包括课程计划的指导思想或者称课程设计理念的评价、课程目标的评价、课程设置与培养目标一致性的评价、课程结构的评价，而课程效果的评价主要包含学生学业成绩的评价。[②] 正是课程评价内容及范围的复杂性和多样性，课程评价制度也因之具有相应的复杂性。因而，本文所讨论的课程评价制度并非只是高度概括和笼统模糊的一个制度概念，而是包含具体的课程评价制度，只要在课程评价内容范围之内的相应的课程评价制度都是本文所讨论的范围。但鉴于本章篇幅有限及作者能力不及等原因，本章则是从总体上概括改革开放 40 多年课程评价制度的发展历程，在行文中重点就课程文本质量和课程实施效果两个具体方面的制度的 40 多年变迁历程进行分析和探论。

自改革开放以来，广大教育工作者便对课程评价给予了一定的关注和重视，研究成果也逐渐丰富，尤其是新课程改革以来，有关课程评价的讨论和研究更是蔚然成风，无论是在研究数量方面，还是在研究质量方面，都取得了可观的成就，但课程评价制度的建立和研究却相对缓慢和滞后。40 多年来，我国课程评价制度的历史变迁可以大致分为以下几个阶段：课程评价制度的重建阶段，形成了旨在提高学生考试成绩的课程实施及其效果的评价制度，应试教育氛围浓厚，这一阶段可算作是课程评价的前制度化阶段，它为较为完整的课程评价制度的建立提供了理论准备和实践酝酿；课程评价制度的调整和发展阶段，这一阶段主要是对应试教育背景下

---

①　裴娣娜:《现代教学论生成发展之思》，人民教育出版社 2012 年版，第 473 页。

②　陈玉琨:《课程改革与课程评价》，教育科学出版社 2001 年版，第 138 页。

课程评价存在的弊病进行反思，积极建立促进学生与课程发展的发展性课程评价制度，这一阶段包括课程评价的初步形式制度化阶段和形式制度化阶段，即通过颁布一系列的政策、建立制度来保障发展性课程评价的顺利推进；课程评价制度的多方面推进阶段，课程评价的宏观、中观和微观层面的制度建设逐渐丰富和发展，国家层面的课程评价制度、地方层面的课程评价制度以及学校层面的课程评价制度逐步建立，这一阶段可算作是课程评价的实质制度化的初级试验阶段，为人们充分理解和接受发展性和育人性课程评价并将其作为教育生活的有机部分做推进准备的实践试验和探索。

（一）课程评价制度的重建阶段（1978—1985）

1977 年 8 月，邓小平同志发表《关于科学与教育工作的几点意见》的重要谈话，其中对恢复相关教育制度和提高教育教学质量等方面给出了诸多意见与指示。他在谈及恢复学制问题的时候，强调"关键是教材。教材要反映出现代科学文化的先进水平，同时要符合我国的实际情况"[1]。虽然邓小平同志在强调教材的重要性时，未能就教材评价事宜做出论述，但其对教材时代特征的认识，为教材评价提供了一个重要的评价标准和指标，即教材评价要反映一定的时代性、文化性、科学性和适切性，这为以后教材评价研究和制度建设提供了一定的指导方向。更重要的是邓小平同志在此次谈话中还强调要恢复高考制度和文化考试制度，"决心恢复从高中毕业生中直接招考学生"[2]。同年 10 月，国务院批转了教育部《关于1977 年高等学校招生工作的意见》，规定从 1977 年起，对高等学校招生制度进行改革，恢复统一考试制度。"在邓小平的亲自指导下，恢复高等学校招生工作取得了拨乱反正的重大成果，新中国成立以来我国逐步建立起来的符合中国国情和社会主义建设需要的高等学校统一招生制度得以全面恢复。"[3] 高考制度的恢复，是改革开放以来有关教育评价制度建设的

---

① 《关于科学和教育工作的几点意见》[EB/OL]. http://old.moe.gov.cn//publicfiles/business/htmlfiles/moe/moe_90/200408/1531.html。

② 《关于科学和教育工作的几点意见》[EB/OL]. http://old.moe.gov.cn//publicfiles/business/htmlfiles/moe/moe_90/200408/1531.html。

③ 《教育大国的崛起（一）：改变国家命运的战略抉择》[EB/OL]. http://www.moe.gov.cn/jyb_xwfb/xw_zllssj/moe_183/tnull_39421.html。

重要转折点，对我国此后的教育评价理论研究与实践探索以及制度创新和
发展都有着深远的影响。

1978 年 1 月，教育部颁发《全日制十年制中小学教学计划试行草
案》，指出："要保证政治课和文化课的教学时间，按照教学大纲和教材
要求，完成教学计划，提高教学质量。"① 这句话虽未提及课程评价等字
眼，但也暗含着对课程实施评价的基本标准和指标，即对课程实施的评价
重点在于考察是否开足和保障了政治课和文化课课程，课程实施是否按照
基本的教学大纲和教材要求进行，是否能够完成基本的教学计划。同年 4
月，邓小平同志在全国教育工作会议上指出："要提高中小学教育的质
量，按照中小学生所能接受的程度，用先进的科学知识来充实中小学的教
育内容。""考试是检查学习情况和教学效果的一种重要方法，如同检验
产品质量是保证工厂生产水平的必要制度一样。当然也不能迷信考试，把
它当作检查学习效果的唯一方法，并且要认真研究、试验，改进考试的内
容和形式，使它的作用完善起来。"② 邓小平同志关于提高中小学教育质
量的论述，也点明了对课程实施的评价要充分考虑到中小学生的接受程
度，以及对教材的评价要考察其是否纳入先进的科学知识，最重要的是提
出考试是对课程实施效果进行评价的重要方法，主张不断地改进和完善考
试的内容和形式，重视考试功能并保证其作用的有效发挥。

1981 年，教育部颁发《全日制六年制重点中学教学计划试行草案》
《全日制五年制中学教学计划试行草案的修订意见》的通知，其中强调要
"扎扎实实打好基础。特别要打好语文、数学和外语的基础。在此前提
下，既要注意自然科学的教育，也要注意人文科学的教育。要使学生掌握
基础知识和基本技能，同时培养他们的学习能力，发展他们的智力"③。
这一论述强调了语文、数学和外语学科课程的重要性，也进一步指明了课
程实施评价的重点在于要促使学生掌握基础知识和基本技能，强调学生知
识的掌握程度和智力的发展水平。

1982 年，教育部发出《关于当前中小学教育几个问题的通知》，谈及

---

① 王振川：《中国改革开放新时期年鉴　1978 年》，中国民主法制出版社 2015 年版，第
29 页。

② 邓小平在全国教育工作会议上的讲话［EB/OL］. http：//www.jyb.cn/zyk/jyzcfg/
200602/t20060227_55358.html。

③ 张健：《中国教育年鉴（1949—1981）》，中国大百科全书出版社 1984 年版，第 748 页。

纠正片面追求升学率的倾向的时候，指出："要加强平时对学生学习情况的了解，不要频繁地进行考试。每学期只进行期中、期末考试或考查，每次考试地科目不要过多。有些课程可只在结束时进行期末考试。毕业考试只考本学年所学的课程。除招生和毕业考试（包括学科结业考试）外，未经省、市、自治区教育厅（局）批准，不要进行任何名目的统考。考试题目不应超出教学大纲、教科书规定的要求。"① 这对于改进课程实施效果的评价方法，规定考试评价的原则、限度有着重要启示，而且强调对于课程实施的评价标准要限定在教学大纲和教科书规定的要求之内。同年，教育部印发了《关于普通中学开设劳动技术教育课的试行意见》，对建立劳动技术教育课的考勤和考核制度提出了要求。可见，新的学科课程的设置和安排，相关的评价和考核制度是要随之跟进建立和完善的，以此保障新设学科课程的顺利实施。1984 年，教育部颁发《关于全日制六年制小学教学计划的安排意见》，指出："条件好的地方和学校，可试行不再举行期中考试，期末考试也只限语文、数学两科。小学的毕业考试制度亦应进行改革。农村小学毕业考试在县级教育部门的指导下，由中心小学根据教学大纲的基本要求命题，并对不同形式、不同要求的学校有所区别。城镇小学的毕业办法，暂由各省、自治区、直辖市教育部门自行决定，今后应逐步改由学校命题。"② 这一方面是对 1982 年改革课程实施效果评价即考试制度的延续和发展给出的意见，另一方面说明了相关课程实施的评价内容主要是局限于教学大纲之内，评价内容的选择原则也是根据教学大纲的基本要求进行选择与命题。

通过对这一时期相关政策的梳理可以发现，这一时期教育改革的重心在于保障教育教学质量和加强教材建设，而并未出现较为正式的课程评价制度，有的只是对之前考试评价制度的恢复和重建。但在这一时期，已然存在着相关的课程评价行为，而且主要是以课程实施及其效果的评价为主。这主要是因为，在通常意义上，课程实施是依托课堂教学完成的，对于课堂教学的评价自然也是对课程实施的评价。然而这一时期课堂教学评价主要"遵循的是一堂好课的评价逻辑，评价标准的构建不外乎是围绕教师的教学目标、教学内容、教学方法、教学管理、教学氛围、教学效果

---

① 张健：《中国教育年鉴（1982—1984）》，湖南教育出版社 1986 年版，第 85 页。

② 张健：《中国教育年鉴（1982—1984）》，湖南教育出版社 1986 年版，第 78 页。

等几个方面而研制的"①。其评价仍然延续苏联教育中评课的思路和模式，但这种延续并非是一种完全的照搬，而是根据一定教育教学实际进行了改造和超越。对于课程实施效果的评价，这一时期主要是以考试评价为主，从这一时期相关政策内容中也可知考试的完善和改革一直是课程实施效果评价的重点，其评价内容主要限于教学大纲之内，评价依据也是教学大纲，但也正是考试的重要性和功利性的提升，导致考试尤其是中高考的利害性逐渐凸显，成为教育评价的中心和重心，课程实施效果的评价也逐渐依附于考试招生评价制度之下被动地进行和发展。值得注意的是，这一时期，基本的学科课程实施的考核和评价制度的建立被提上日程，如劳动技术教育课程、实验课程等。综上而言，这一时期的课程评价虽然是依附于考试招生制度而发展的，并未建立正式的课程评价制度，但已有课程实施及其实施效果的评价论述和行为，包括相关学科建立课程实施考核评价制度的要求，都为下一步课程评价制度的初步建立提供了实践准备和政策基础。

（二）课程评价制度的调整阶段（1985—2001）

1985 年 5 月，中共中央颁布了《关于教育体制改革的决定》，"由此开启了中国教育体制改革的大幕"②。该重要文件指出要改变我国教育事业的落后和教育体制的弊端，"必须从教育体制入手，有系统地进行改革。改革管理体制，在加强宏观管理的同时，坚决实行简政放权，扩大学校的办学自主权；调整教育结构，相应地改革劳动人事制度。还要改革同社会主义现代化不相适应的教育思想、教育内容、教育方法"③。该文件高度凸显了制度对于教育发展和改革的重要性，并且对我国教育的改革和发展产生了深远的影响。虽然这次改革并未直接提及课程评价制度方面的内容，但也涉及了课程内容、课程实施方面的改革，并且相关教育制度的改革也将带动此后教育评价制度的改革和发展。而且也在这一年，国家教委"提出在 1987—1988 年间实现教育评价制度立法化，但至今我国教育

---

① 刘志军、徐彬：《我国课堂教学评价研究 40 年：回顾与展望》，《课程·教材·教法》2018 年第 7 期。

② 范国睿：《教育体制改革与教育生态活力——纪念〈中共中央关于教育体制改革的决定〉颁布 30 周年》，《教育发展研究》2015 年第 19 期。

③ 《中共中央关于教育体制改革的决定》，《江西教育》1985 年第 2 期。

评价制度的地位、规程、准则等都未在法律中予以明确规定"①。这也是较早提出借助法律法规颁布来提高教育评价制度的重要性。

1986 年 3 月，赵紫阳同志在《关于第七个五年计划的报告》中明确提出："要加强教育事业管理，逐步建立系统的教育评价和监督制度。"② 这再一次强调了建立教育评价制度的重要性，虽未明确提及课程评价制度，但其强调要逐步建立系统的教育评价制度则包含着相关的课程评价制度。同年 9 月，国家教育委员会在北京召开了中小学教材审定委员会成立大会，"这是我国新中国成立后第一次建立的审定中小学教材的权威机构，它的建立以及教材编审各项制度的确定，都将对中小学教材和教材制度的改革起到促进作用"③。这次会议为教材审定和评价制度的建立奠定了基础，主要标志有《教材送审、教材审定标准》《优秀教材评选、奖励办法》《教材审定委员会及学科教材审查委员会成员的职责》《全国中小学教材审定委员会工作条例》等初稿的讨论和修订，这些教材审定制度的初建工作，推动着我国中小学教材审定和评价制度的完善。同时，这次会议还提出了一些教材审定和评价的原则，即"教学大纲和教科书的指导思想和内容必须符合我国宪法的规定；必须符合教育方针、法令、中小学的任务、培养目标，以及学制、教学计划的规定和要求；教科书必须符合教学大纲的规定和要求；要体现三个面向的精神和本门学科的特点；符合学生的心理特征和学习规律；有利于启迪学生的智力和培养能力等"④。

1990 年 10 月原国家教委正式颁发了《普通高等学校教育评估暂行规定》，"这是我国第一个高等教育评价方面的法规性文件，标志着我国高等教育评估工作开始走向规范化。它对我国高等教育评价的性质、主要目的、基本任务、指导思想和基本形式都作了明确的规定，从而确立了我国

---

① 范国睿等：《从规制到赋能：教育制度变迁创新之路》，华东师范大学出版社 2018 年版，第 237 页。

② 范国睿等：《从规制到赋能：教育制度变迁创新之路》，华东师范大学出版社 2018 年版，第 237 页。

③ 本刊特约记者：《我国中小学教材改革的重要步骤——全国中小学教材审定委员会成立大会侧记》，《生物学通报》1987 年第 1 期。

④ 本刊特约记者：《我国中小学教材改革的重要步骤——全国中小学教材审定委员会成立大会侧记》，《生物学通报》1987 年第 1 期。

高等教育评价制度的基本框架，标志着我国教育评价进入了一个新的阶段"①。该规定虽然是对高等教育评价制度化的一个重要论述，但它对基础教育评价的制度建设和制度化也产生了重要影响。1991 年，国家教委发布《中国教育监测与评价统计指标体系（试行）》，"为各级教育行政部门和学校科学开展教育事业发展监测与评价工作提供了必要前提，也为教育质量监测制度的发展奠定了基础"②。这其中包含着对课程实施质量的监测。1992 年 8 月，原国家教委发布《九年义务教育全日制小学、初级中学课程方案（试行）》，其中指出"要加强教材建设，组织力量编写好地方安排课程的教材或教学参考资料，编写乡土教材……各地要加强教材选用的指导和管理"。而且也强调"把学校执行《课程方案》的情况作为教育评估督导的重要内容，定期检查，加强指导，逐步建立教育教学的督导评估制度"③。这一课程方案强调了教材建设，并且也强调了加强教材选用的指导和管理，其中教材选择的程序本身就是对教材的评价，只是这种评价较为笼统，没有一定的规章制度作为保障罢了。同时，方案还强调了要逐步建立教育教学的督导评估制度，教学是课程实施必不可少的环节，对其制度的建立一定程度上也可算作是对课程实施评价制度的建立。

1993 年国务院印发《中国教育改革和发展纲要》，提出"建立各级各类教育的质量标准和评估指标体系。要加强督导队伍，完善督导制度，加强对中小学学校工作和教育质量的检查和指导"④。其中，课程实施及其效果的检查是中小学学校工作和教育质量督导的重要方面，也是反映学校教育质量的重要指标之一。1994 年 7 月，中共中央、国务院颁发了《关于〈中国教育改革和发展纲要〉的实施意见》，该意见指出："按照邓小平同志提出的'教育要面向现代化、面向世界、面向未来'的要求和教育方针，研究制定各级各类学校的基本办学条件标准和质量标准，建立和完善教育监测评估和督导制度，使受教育者的素质有明显提高，更好地适

① 陈如：《略论我国教育评价制度系统的构建》，《教育探索》1999 年第 6 期。

② 范国睿等：《从规制到赋能：教育制度变迁创新之路》，华东师范大学出版社 2018 年版，第 254 页。

③ 张保庆：《中国教育年鉴（1993）》，人民教育出版社 1994 年版，第 121—122 页。

④ 刘淑兰：《教育督导和评估》，华东师范大学出版社 2000 年版，第 25 页。

应经济建设和社会发展的需要。"① 在该文件内容中，建立和完善教育监测评估制度被正式提出，开启了我国逐步建立教育质量监测制度的新征程。教育监测评估制度中涵盖着学校工作多方面的监测和评价指标，但其中课程实施过程及其效果的评价，以及课程计划的指导理念、课程资源、课程建设等方面的监测与评价都在其列，而且该意见也指出建立和完善教育监测评估制度的指导思想是邓小平同志提出的"三个面向"。

1994 年 12 月，国家教委基础教育司牵头完成了"小学生学习质量抽样监测"项目总报告的撰写，该项目测查的对象是全日制六年制小学中的四年级与六年级的学生，采用样本学校的随机抽查固定学生的方法去了解和检测小学生的学习质量，调查测试包括语文、数学、生活技能等三方面的成绩。报告指出这次抽样监测的结果表明"学生对小学阶段语文、数学方面的基础知识、基本技能掌握得较为扎实，学生在综合运用知识的能力、解决实际问题的能力等方面的发展与教学大纲要求相比，尚有不足"②。值得强调的是，此次抽样检测的主要手段是以纸笔测验为主，该方法在反映学生实际操作和动手能力方面有所限制，但调查结果显示，大多数学生基本达到了五科教学大纲中有关生活技能内容部分的要求。学生学习质量的抽检和监测同样是对课程实施效果的检验和评价，这种评价类似于泰勒的目标评价模式，即课程实施的基本目标是达到教学大纲的基本要求，也正依此目标，测试的内容才会按照教学大纲基本内容和要求进行命题，以此测试的结果评价学生达到教学大纲基本要求的程度。

1995 年 3 月，《中华人民共和国教育法》颁布，其中"基本制度"一章中规定："国家实行国家教育考试制度；国家实行教育督导制度和学校及其他教育机构教育评估制度。"③ 这从法律层面正式规定了教育评价制度建立的必要性和规范性。这一年，中小学教材建设在坚持统一基本要求和统一审定的前提下实行多样化的方针，继续进行义务教育教材的审查工作，注重提高教材的质量。而对于教材审查的种类不断扩大，涉及计算机辅助教学软件，还兼审了一些音像制品。同年 5 月，国家教委颁发了

---

① 国务院关于《中国教育改革和发展纲要》的实施意见 [EB/OL]. http：//old. moe. gov.cn//publicfiles/business/htmlfiles/moe/moe_177/200407/2483. html。

② 张保庆：《中国教育年鉴（1995）》，人民教育出版社 1996 年版，第 145 页。

③ 中华人民共和国教育法 [EB/OL]. http：//old. moe. gov. cn//publicfiles/business/html-files/moe/moe_619/200407/1316. html。

《关于中小学教材编写、审查和选用的规定》，其中强调中小学教材必须经有关审查机构审查通过方可正式用于教学。还强调明确中小学教材的编写、审查、选用工作和各有关部门分工负责的原则，进一步促使教科书的编审分离。同年9月，第三届全国中小学教材审定委员会全体委员会议在天津召开，"会议讨论了《全国中小学教材审定委员会工作章程》修改草案，审议了新制定的高中教学计划和编写的教学大纲（送审稿）"①。这一年国家在有关教材审定制度完善方面做了较多努力，并且对1986年的教材审定制度做了进一步完善，而且较之以往，还增加了对教学计划和教学大纲的审议和评价，这也是较为正式的对课程计划和课程标准进行评价的较早尝试和探索，为以后的课程计划和课程标准的评价奠定了基础，但此时的课程计划和课程标准的评价还未形成和建立相关的制度。

1996年6月，原国家教委总督学柳斌在湖南岳阳召开的"构建督导评估机制，推动实施素质教育"研讨会上，指出："实施素质教育要有一个正确的教育思想，一支高素质的教师队伍，一套好教材，还要有一个适合素质教育需要的科学的评价制度。"② 教育评价制度的重要性越来越受到重视，并成为办好素质教育必不可少的保障之一。为了全面提高普通高中的教育质量，这一年，原国家教委基础教育司制定并印发了《全日制普通高级中学课程计划（方案）》，以及供试验用的全日制普通高级中学语文、数学、外语、物理、生物、地理、历史、政治等9个学科的教学大纲。此套课程方案涵盖了新的课程计划、大纲和教材，是相对完备的课程系统，为此后课程评价奠定了评价的内容基础。同年10月，原国家教委重新印发了《全国中小学教材审定委员会工作章程》，进一步"明确了全国中小学教材审定委员会是我国教材审定（审查）的最高权威机构，中小学课程计划所规定的必修课教材必须经中小学教材审定委员会审定（审查）后方能在中小学使用；明确了中小学教材审定委员会的职责和审定（审查）条件；规定了中小学教材审定（审查）的原则和标准、中小学教材审定（审查）的程序、中小学教材审定（审查）的工作纪律"③。至此，中小学教材审定制度建设相对完整，并且在严格把关和选择中小学教材方面发挥了重要作用，为提高中小学教材质量和教育质量做出了一定

---

① 张保庆：《中国教育年鉴（1996）》，人民教育出版社1997年版，第140页。

② 郑树山：《中国教育年鉴（1997）》，人民教育出版社1997年版，第48页。

③ 郑树山：《中国教育年鉴（1997）》，人民教育出版社1997年版，第150页。

的贡献。而且在学术界，有研究者提出，教材评价需要从"教材的内容、教学性和技术性三个维度"①进行评价。

1997年，"为了检查和评价普通高中新课程方案理论上的科学性和实践中的可行性，研制、开发评价新课程方案的科学体系和学生学业成绩的评价体系，为进一步修改、完善普通高中新课程方案提供参考的决策依据和信息，成立了由教育测量评价专家、课程专家、一线的教育行政及教育研究人员组成的'普通高中新课程试验研究课题组'，分别对普通高中课程计划、各学科教学大纲、各学科教材的试验以及与新课程方案相适应的普通高中会考改革方案进行试验研究"②。在这一过程中，以叶澜先生为组长的专家组开发了"普通高中新课程计划试教监控与质量保障体系"，以及以人民教育出版社为主开发了教材评价方案。同年，由高校、科研院所的有关专家研讨并制订了义务教育课程实施状况调查方案，并对一定数量的学生、校长、教师以及部分社会知名人士进行了调查，发现"我国目前九年义务教育课程目标在实际实施中呈现偏重于基础知识与技能的倾向……在教育过程中，存在教学时间长……等现象；教与学的方式以被动接受为主；考试次数多，考题偏难……等"③。这一年，国家在课程方案、课程计划、课程标准、教材、课程实施等方面都做了一些评价探索，评价主体虽然是以行政主导、专家参与为主，但也有评价主体多元化的趋势，而且这时课程评价内容也逐渐丰富，但评价方式方法还是局限于纸笔测试的传统量化手段。

1999年6月，《中共中央国务院关于深化教育改革，全面推进素质教育的决定》明确指出："加快改革招生考试和评价制度，改变'一次考试定终身'的状况……鼓励各地中小学自行组织毕业考试，采取多种形式改革高中阶段学校的招生办法，改革高中会考制度。建立符合素质教育要求的学校、教师和学生的评价机制……调整和改革课程体系、结构、内容，建立新的基础教育课程体系，试行国家课程、地方课程和学校课程……促进教材的多样化，进一步完善国家对基础教育教材的评审制

---

① 李慧君：《教材评价的指标体系的制订》，《课程·教材·教法》1996年第3期。
② 郑树山：《中国教育年鉴（1998）》，人民教育出版社1999年版，第129页。
③ 郑树山：《中国教育年鉴（1998）》，人民教育出版社1999年版，第130页。

度。"① 该决定涉及课程实施效果的评价制度改革，即高考制度和会考制度改革，也涉及课程评价内容的变化，即国家课程、地方课程和学校课程，同时也涉及进一步完善教材评审制度。也是在这一年，教育部正式启动新一轮课程改革，改革的项目涉及"总体规划、课程目标、课程标准、课程结构、教材的编写与管理、课程实施、课程评价以及课程管理政策等各个方面，涵盖学前教育、小学教育、初中教育和普通高中教育的课程"②。课程评价正式在官方文件中出现，并且将之作为整个课程系统的重要组成部分之一，这促进了课程评价的进一步研究，以及为建立完整的课程评价制度奠定了一定的基础。而且在这一年，中小学教材审查工作重点放在了电子音像教材之上，这一定程度上反映了我国电子音像教材多元且相对混乱。也是在这一年，"受教育部基础教育司的委托，华东师范大学开发学科教学大纲评价方案，并组织专家对新课程计划规定的 11 门课程教学大纲进行了有效的评价"③。还有研究者提出教材评价的指标体系应从"教材的目标、教材的内容特性和教材的教学特性三个方面"④ 进行构建。

　　总而言之，从这十几年来我国课程评价制度的发展历程来看，我国颁布了众多相关方面的政策以及制定了一定的制度来保证课程评价的实施。尤其是在教材审查制度建设和完善方面，更是相对完备和完整，极大地推动了我国中小学教材建设和评价的进程，同时体现课程实施效果评价的中高考、会考等考试制度也相对固定和完善，而且在这期间，无论是在政府层面，还是在研究与实践层面，都对课程计划、课程标准、课程实施、课程方案等方面的评价进行了探索。但这些并不能说明课程评价进入完全的形式制度化时期，因为课程评价只是在教材审查制度、部分课程实施效果评价制度方面进入形式制度化时期，但在课程计划、课程标准、课程实施、课程方案等方面并未形成一定的制度。以教育质量监测制度为例，在这一时期它尚未真正建立起来，"更多的是在理念和设想层面上进行初步

---

　　① 《中共中央国务院关于深化教育改革，全面推进素质教育的决定》［EB/OL］. http：//old. moe. gov. cn/publicfiles/business/htmlfiles/moe/moe_177/200407/2478. html。

　　② 《中国教育年鉴》编辑部：《中国教育年鉴（2000）》，人民教育出版社 1999 年版，第135 页。

　　③ 陈玉琨：《课程改革与课程评价》，教育科学出版社 2001 年版，第 137 页。

　　④ 丁朝蓬：《教材评价指标体系的建立》，《课程·教材·教法》1998 年第 7 期。

探索。教育质量的检查和评估职责主要隶属于教育督导部门，各级各类的教育督导部门负责对学校教育质量进行评估，但尚未形成相对统一的质量评估标准和程序，各地的实际操作存在较大差异，评估的质量也参差不齐"①。总体说来，这一时期课程评价制度从整体上已然进入形式制度化的初步阶段，其间众多相关的理论研究和实践探索为课程评价进入形式制度化时期奠定了基础和做了诸多工作准备。

（三）课程评价制度的发展阶段（2001—2014）

2001年，教育部出台了《基础教育课程改革纲要（试行）》，纲要指出："改变课程评价过分强调甄别与选拔的功能，发挥评价促进学生发展，教师提高和改进教学实践的功能。""教育主管部门定期向学校和社会公布经审查通过的中小学教材目录，并逐步建立教材评价制度和在教育主管部门及专家指导下的教材选用制度。""建立促进学生全面发展的评价体系。评价不仅要关注学生的学业成绩，而且要发现和发展学生多方面的潜能，了解学生发展中的需求，帮助学生认识自我，建立自信。发挥评价的教育功能，促进学生在原有水平上的发展。建立促进教师不断提高的评价体系。强调教师对自己教学行为的分析与反思，建立以教师自评为主，校长、教师、学生、家长共同参与的评价制度，使教师从多种渠道获得信息，不断提高教学水平。建立促进课程不断发展的评价体系。周期性地对学校课程执行的情况、课程实施中的问题进行分析评估，调整课程内容、改进教学管理，形成课程不断革新的机制。""继续改革和完善考试制度。"② 该文件的颁布标志着第八次基础教育课程改革正式拉开序幕，而且此次改革主要针对基础教育课程的方方面面做了指导和规定，尤其是提高了课程评价在课程系统内的位置，并为下一步课程评价制度的建设和发展奠定了重要的基础，也标志着课程评价制度总体上开始进入形式制度化时期。

2002年底，教育部印发了《关于积极推进中小学评价与考试制度改革的通知》，该通知强调了对学生、教师和学校评价的内容要多元化，

①　范国睿等：《从规制到赋能：教育制度变迁创新之路》，华东师范大学出版社2018年版，第255页。

②　教育部关于印发《基础教育课程改革纲要（试行）》的通知［EB/OL］. http://old. moe. gov. cn//publicfiles/business/htmlfiles/moe/s8001/201404/xxgk_167343. html。

而且还强调了评价方法要多样化，除了常规的考试和测验外，还要加强研究制定便于操作和推行的科学且简便的评价方法。通知还要求"教研部门应认真研究评价内容和评价方式，提高为学校和教师服务的能力，促进教师的发展和学校课程实施水平的提高"①。同年，教育部为贯彻落实《国务院关于基础教育改革与发展的决定》，开始对义务教育实施水平进行监测，并"研究设计了监测工作的思路与方案；设计监测指标体系；研制开发监测软件"②。两个文件都涉及了课程实施及其效果的评价和监测，推动了课程评价的进一步发展。而且，在此时期，有研究者提出教材评价应包括"知识维度、思想品德与文化内涵维度、认知与心理规律维度、编制水平维度、可行性与效果维度、特色与导向性维度六个方面"③。或是从"教材内容、语言文字、教学设计、编印设计与课堂使用等五个方面"④进行教材评价。这为教材评价制度的建立提供了一定的研究基础。

2004年3月，国务院批转了教育部《2003—2007年教育振兴行动计划》，其中指出要"建立国家和省两级新课程的跟踪、监测、评估、反馈机制，加强对基础教育质量的监测"⑤。同年11月，为了了解基础教育课程改革实验进展情况，教育部组织"由大学校长或省教育厅厅长、国家督学、大学基础教育课程中心负责人和专家、基础教育教材审查委员会审查专家代表和地方行政部门代表组成的七个评估组，对辽宁、重庆、山西、河南、江西、安徽、湖北等七省（直辖市）贯彻中央8号文件，推进基础教育课程改革的情况，进行调研和评估"⑥。而且同年，教育部还印发了《国家基础教育课程改革实验区2004年初中毕业考试与普通高中招生制度改革的指导意见》，"要求改变以升学考试科目分数简单相加作为唯一录取标准的做法，力求在初中毕业生学业考试、综合素质评价、高

---

① 郑树山：《中国教育年鉴（2003）》，人民教育出版社2003年版，第135页。

② 郑树山：《中国教育年鉴（2003）》，人民教育出版社2003年版，第145页。

③ 高凌飚：《关于教材评价指标体系的建议》，《全球教育展望》2002年第4期。

④ 方红峰：《论教材选用视野中的教科书评价》，《课程·教材·教法》2003年第7期。

⑤ 全面实施《2003—2007年教育振兴行动计划》［EB/OL］. http：//www.moe.gov.cn/jyb_xwfb/xwzllssj/moe183/tnull2305.html。

⑥ 牟阳春：《中国教育年鉴（2005）》，人民教育出版社2005年版，第168页。

中招生录取三方面予以突破"①。以上众多举措表明，随着新课程改革的实施，相应的课程评价制度的建立越来越有必要，而且也开始对课程改革进行评价，以及紧密相关的考试招生制度改革，这些都为课程评价制度的建立尤其是发展性课程评价制度的建立提供了准备。

2005 年，《教育部关于进一步推进义务教育均衡发展的若干意见》颁布，其中指出："各级教育行政部门要逐步建立规范化、科学化、制度化的义务教育教学质量监测评估体系和教学指导体系。"② 该意见强调将建立义务教育教学质量监测制度提上日程，使得建立教育质量监测制度，包括课程实施监测制度从构想走向实践。同年，教育部印发了《基础教育课程改革实验区初中毕业考试与普通高中招生制度改革的指导意见》，指出："各地采用不同方式推进将综合素质评价结果纳入高中招生，评价过程采用自评、师评、互评相结合的办法，强调程序公正合理。各实验区都实行了严格的公示制度、监督和评估监控制度，探索建立诚信制度，杜绝腐败现象。"③ 高中招生制度改革一定程度上促使了高中课程实施评价的改革，使其评价内容不再局限于知识范围之内，更在一定程度上弱化了应试教育对课程评价产生的影响，但在实际中，这种尝试仍未扭转和改变课程评价依附于考试制度和应试教育体制的现状。

2006 年，《教育部 2006 年工作要点》指出："完善中小学教材编写、审定和选用制度，开发高质量的教材。""继续深化高校招生制度改革，稳步推进考试内容和考试形式改革，加强高校招生分省命题的管理和指导。""研究建立国家教育督导报告制度，建立国家教育质量监测和评估体系。加强对普通中小学评估工作，引导学校全面实施素质教育。继续推动各地建立对县级人民政府教育工作督导评估制度，研究制定省级政府履行教育职责的评价指标体系。"④ 2007 年，《教育部 2007 年工作要点》指出："加快推进考试评价制度改革。""建立国家教育质量监测中心，开展

① 牟阳春：《中国教育年鉴（2005）》，人民教育出版社 2005 年版，第 168 页。

② 《教育部关于进一步推进义务教育均衡发展的若干意见》[EB/OL]. http://www.moe.gov.cn/srcsite/A06/s3321/200505/t20050525_81809.html。

③ 《教育部关于基础教育课程改革实验区初中毕业考试与普通高中招生制度改革的指导意见》[EB/OL]. http://www.moe.gov.cn/srcsite/A06/s3732/200501/t20050112_167346.html。

④ 《教育部 2006 年工作要点》[EB/OL]. http://www.moe.gov.cn/jyb_sjzl/moe_164/201001/t20100128_13549.html。

中小学生学业情况监测试点。"[①] 2008 年，《教育部 2008 年工作要点》指出："发布修订后的义务教育新课程标准，扩大普通高中新课程改革试验范围，进一步完善工作机制，加强与实施新课程相适应的制度建设。""深入推进招生考试和质量评价制度改革。""制订中小学实施素质教育督导工作方案，进行义务教育均衡发展督导评估试点，开展基础教育质量监测，抓好开展阳光体育运动等专项督导检查工作，做好全国中小学生数学学习质量和心理健康状况专项监测工作。"[②] 2009 年，《教育部 2009 年工作要点》指出："扎实推进义务教育课程标准教材修订工作，进一步改进和完善中小学教材审查标准和程序。""深化招生考试和质量评价制度改革。""建立健全基础教育质量监测制度，完善学生数学学习、心理状况监测标准与指标体系，开展义务教育阶段学生语文、科学学习质量测试。"[③] 从 2006 年到 2009 年教育部的工作要点中可以发现，在课程评价制度方面始终谈及教材审定制度、考试制度、学生学习质量监测制度方面的发展和完善，而且在现实的实践中，这三方面的制度建设已经有所完成，并对义务教育教学质量的保障和提升发挥着重要作用。

2010 年，《国家中长期教育改革和发展规划纲要（2010—2020 年）》颁发，指出："推进专业评价。鼓励专门机构和社会中介机构对高等学校学科、专业、课程等水平和质量进行评估。建立科学、规范的评估制度。""提高义务教育质量。建立国家义务教育质量基本标准和监测制度。"[④] 同年，教育部成立了基础教育课程教材专家咨询委员会，同时成立了基础教育课程教材专家工作委员会，"组织审核教材编写人员资格，组织审查各学科教材，协调处理教材审查中的重大问题；组织开展对课程教材重大问题的跟踪研究和监测评价"[⑤]。规划纲要颁布不久，全国教育

① 《教育部 2007 年工作要点》［EB/OL］. http：//www. moe. gov. cn/jyb_sjzl/moe_164/201001/t20100128_16042. html。

② 《教育部 2008 年工作要点》［EB/OL］. http：//www. moe. gov. cn/srcsite/A02/s7049/200802/t20080217_180457. html。

③ 教育部关于印发《教育部 2009 年工作要点》和周济部长在教育部 2009 年度工作会议上的讲话的通知［EB/OL］. http：//old. moe. gov. cn//publicfiles/business/htmlfiles/moe/moe_2643/201412/180453. html。

④ 《国家中长期教育改革和发展规划纲要（2010—2020 年）》［EB/OL］. http：//old. oe. gov. cn/publicfiles/business/htmlfiles/moe/info_list/201407/xxgk_171904. html？authkey=gwbux。

⑤ 刘大为、李曜升：《中国教育年鉴（2011）》，人民教育出版社 2012 年版，第 229 页。

科学规划领导小组办公室就启动了"中小学理科教材国际比较研究"这一课题，华东师范大学、北京师范大学、东北师范大学、西南大学、陕西师范大学、华中师范大学 6 所大学承担了 6 个学科不同学段的子课题。最后通过对理科教材的难度评价的结果显示："我国教材难度处于世界中等水平，但在广度、深度和不同知识主题的难度上表现出不同特征。有的学科教材容量不大，更重内容深度，表现出'窄而深'的取向，如物理学科；有的学科教材覆盖面宽，知识点多，但内容较浅，表现出'大而宽''浅而散'的倾向，如化学学科。"① 这是我国较大规模对教材难度进行评价的理论与实践尝试和探索，不仅丰富了教材评价的相关内容，而且还有力地推动了我国教材评价的发展，提升了我国在教材评价方面的话语权。2013 年，《教育部关于推进中小学教育质量综合评价改革的意见》强调了充分认识推进中小学教育质量综合评价改革的重要性和紧迫性，认为教育质量评价具有重要的导向作用，是教育综合改革的关键环节。"把学生的品德发展水平、学业发展水平、身心发展水平、兴趣特长养成、学业负担状况等方面作为评价学校教育质量的主要内容，着力构建中小学教育质量综合评价指标体系。"②

　　纵观这一时期课程评价制度的发展，可以看出越来越多的课程评价方面的制度得以建立和完善，其中包括国家和地方层面的教育质量监测机构逐步建立起来，相关的监测工作逐渐开展，并且教育质量监测制度也随之建立并逐渐从试点探索逐步全面推开；教材审定与评价制度也不断完善，并且成立了专门化的评价机构和评价组织对教材进行专门的评价，提升了教材评价的专业性；第三方评价机构和制度开始受到重视并实施；还有相关的考试制度在这一时期也得到了较大的完善和发展，从而推动了课程实施效果评价制度的发展；同时，在这一时期，发展性课程评价制度不断被提及并被认可，而且也在实践中进行了相关的制度探索，成为了课程评价制度建设的趋势和理性追求。而且这一时期相关教育评价政策的陆续颁布，也为课程评价制度的推行提供了一定的保障。从而，这一时期可算作是课程评价制度的形式制度化时期。但这一时期，发展性课程评价制度多

---

① 《中国教材难不难？10 个国家的比较研究数据告诉你！》［EB/OL］. http：//www. sohu.com/a/163262528_387091。

② 《教育部关于推进中小学教育质量综合评价改革的意见》［EB/OL］. http：//old. moe.gov.cn//publicfiles/business/htmlfiles/moe/s7054/201306/153185.html。

附庸于中高考制度，从而使其名存实亡而流于形式，并且这一时期大多数的课程与教材评价都是由政府直接组织的，具有较强的行政化管理色彩，从而"难以推动课程教材评价进一步制度化、科学化。政府组织进行的评价，其指标体系和评价方式比较划一，难以适应新形势下的评价要求，更不可能做到即时性评价和专业化评价；由于具体评价和行政管理混同一体，评价活动在相当程度上受管理者主观感受所左右以至难以避免某种主观性"①。而且，这一时期，课程评价制度仍然依附于考试制度，尤其是中高考制度，在过分追求分数的大背景之下，课程评价制度的改革和创新以及发展仍然是步履维艰。再者，这一时期，学校课程评价制度相当不健全，部分学校对于课程评价制度的认识较为模糊，有些学校谈到课程评价制度，"直接将它狭隘地等同于学生学分认定与管理制度，认为课程评价就是评价学生学业，进而认定学分"②。

（四）课程评价制度的多方面推进阶段（2014—）

2014 年被称为中国"全面深化教育改革元年"，"标志性事件是教育部指定的全国 30 个中小学教育质量综合评价改革试验区以及中国教育学会管理的实验区先后启动，由此拉开了中国教育史上规模最大、历史最长的教育评价改革实验"③。同年 9 月，《国务院关于深化考试招生制度改革的实施意见》正式发布，标志着新一轮的考试招生制度改革的全面启动，这次改革也是恢复高考制度甚至是新中国成立以来规模最大、难度最大的一次改革。教育评价改革和考试招生制度改革进入了历史发展的新时期，虽然在其中并未明确提及课程评价及其制度的改革，但其中也涵盖、涉及课程评价及其制度的相关改革。

2015 年，《教育部关于深入推进教育管办评分离促进政府职能转变的若干意见》指出："推进依法评价，建立科学、规范、公正的教育评价制度。""学校应当依据国家教育基本标准及有关行业标准，根据自身办学实际和发展目标，确立本校的人才培养要求。对照人才培养要求，定期开展课程建设、教学与科研、人才培养质量、师资建设、管理制度、校园文

---

① 高凌飚：《基础教育教材评价：理论与工具》，人民教育出版社 2002 年版，第 107 页。

② 杨春芳：《浅谈普通高中学校课程评价制度的缺失》，《基础教育参考》2007 年第 10 期。

③ 张勇：《教育评价改革再认识——浅议当今教育评价改革的背景、目的、理论和实践》，《教育科学论坛》2015 年第 8 期。

化等监测评估。""完善教育督导和评估监测报告发布制度。""大力培育专业教育服务机构，整合教育质量监测评估机构，完善监测评估体系，定期发布监测评估报告。"① 该意见不仅涉及对课程建设、课程实施等方面的评价制度的建设，而且也涉及到了第三方教育评价制度的建立，为课程评价及其制度的建设和实施提供了更多的专业性和科学性依据，并将进一步推动课程评价不断走向制度化。2015 年 4 月，国务院教育督导委员会办公室印发了《国家义务教育质量监测方案》，"方案确定了国家义务教育质量监测周期及测试学科和领域，研制了义务教育阶段数学、语文、心理、科学、英语、德育六大领域的监测标准，研发了多形态、标准化的测查工具，拟定了国家义务教育质量监测的分级报告框架、构建了中国特色的数据采集模式与系统和整套标准化的数据信息化管理模式，建立了国家义务教育质量监测 10 年的数据库"②。此方案的颁布标志着我国义务教育质量监测制度的正式建立。随后，教育部又印发《中国教育监测与评价统计指标体系》，该指标体系对 1991 年发布的《中国教育监测与评价统计指标体系（试行）》进行了修订和完善。

2017 年，《国务院关于印发国家教育事业发展"十三五"规划的通知》发布，其中指出："完善教材审查审定和使用监测制度"，"充分发挥教育评价对科学育人的导向作用，把促进人的全面发展、适应经济社会发展作为评价教育质量的根本标准"，"面向未来，明确各学段学生发展核心素养，实施基于核心素养的教学评价，促进学生全面发展和可持续发展。构建教育质量综合评价指标体系，把学生的品德、学业、身心发展水平和兴趣特长养成等作为评价学校教育质量的主要内容"③。该通知明确指出要不断对教材评价制度和课程实施评价制度进行完善，并且把促进人的发展和社会的发展作为评价教育质量的根本标准，也为课程评价的根本标准和根本目标奠定了工作基调，同时为了适应时代发展的趋势，强调也要构建体现核心素养的课程实施评价，把核心素养纳入到对课程实施效果

① 《教育部关于深入推进教育管办评分离促进政府职能转变的若干意见》［EB/OL］. http：//old. moe. gov. cn/publicfiles/business/htmlfiles/moe/s7049/201505/186927. html。

② 《2018 年国家义务教育质量监测打响"发令枪"》［EB/OL］. https：//baijiahao. baidu.com/s？id＝1601634801760193163&wfr＝spider&for＝pc。

③ 《国务院关于印发国家教育事业发展"十三五"规划的通知》［EB/OL］. http：//www.moe.gov.cn/jyb_xxgk/moe_1777/moe_1778/201701/t20170119_295319. html。

和学生学业质量评价之中。2019 年 2 月，中共中央国务院印发《中国教育现代化 2035》，指出"建立健全中小学各学科学业质量标准和体质健康标准"，"完善教材编写、修订、审查、选用、退出机制"，"构建教育质量评估监测机制，建立更加科学公正的考试评价制度，建立全过程、全方位人才培养质量反馈监控体系"。①

　　经过几十年的探索和发展，课程评价制度在这一时期基本进入了实质制度化的初级阶段，主要表现为：其一，我国教育质量监测制度形成并不断走向完善，其中监测的对象包括各学科课程的实施情况以及实施效果，而且考试制度也进行了大的变革、创新和完善，一定程度上都改善和促进了课程实施及其效果评价，这两个方面都是课程实施及其效果评价制度的发展和完善。其二，我国教材评价制度也在这一时期逐渐制度化，因为制度化的形成要包含一定的规范系统、组织机构和设备系统三个基本要素，在这一时期，教材评价制度化有了一定的教材评价的政策、法规和条例等，国务院成立了国家教材委员会，教育部成立了教材局，这些使教材评价制度化有了一定的组织机构依靠，同时也制定和完善了一定的教材评价标准、方法等，这些都促进了教材评价的制度化。另外，从教材评价的制度化可以看出我国教育质量监测制度也不断走向制度化。而且这一时期发展性课程评价制度仍然是主流，多数中小学也开始了发展性课程评价制度的建设及实施，体现核心素养的课程评价制度建设也提上日程，而且有学校已经开始了构建探索。还有第三方课程评价制度也逐渐建立，大大推动了课程评价的专业化和科学化。此外，课程评价主体的多元化、评价内容的多面化、评价标准的多样化、评价方法的多元化等在这一时期均有体现，共同促进了课程评价制度的不断发展和完善。总体看来，这一时期课程评价制度呈现多元化的发展特点。但是，如发展性课程评价、体现核心素养的课程评价等并未使人们充分理解和接受，至少是在实践中受制于唯分数评价风气和文化的影响，人们并未对其实质地接受和认可，所以这一时期课程评价制度发展和创新虽有了较大进步，但仍然处于初级的实质制度化阶段。

---

① 新华社：《中共中央国务院印发〈中国教育现代化 2035〉》，《人民教育》2019 年第 5 期。

三 课程评价制度创新的内在理路

改革开放 40 多年来，课程评价制度从无到有，从萌芽到走向成熟，从前制度化到形式制度化再到初步的实质制度化，改革和创新始终贯穿于课程评价制度发展的历史进程。总体来说，我国在课程评价制度方面进行的创新包括从体现应试教育的课程评价制度到素质教育背景之下的发展性课程评价制度的建立，再到呼吁建立体现核心素养的课程评价制度，这从整体上体现了课程评价制度的创新历程。具体到教材评价制度方面，从较为主观化和"随意化"的教材审定制度到比较完善和专业的教材审查和评价的制度化，从行政化严格把控的教材审定制度到行政化、第三方评价机构、研究院所力量等多元化的教材评价制度，都体现了教材评价制度的一次又一次的创新。在包含课程实施及其效果评价制度的教育质量监测制度方面，从无到有，从制度初建到制度不断成熟和完善，也都体现了制度的不断创新和改革。检测和评价课程实施效果的重要的考试制度，也不断地在进行创新。40 年课程评价制度的创新过程并非是一种毫无逻辑和规律可循的任意或随意为之，而是有着一定创新的内在理路：促进人与社会的发展是课程评价制度创新的根本遵循和逻辑主线；行政主导下的渐进式改革是课程评价制度创新的主要模式与方法；问题解决和风险代价并存伴随着课程评价制度创新的基本过程；政策的连续性和引领性是课程评价制度创新的重要保障和动力。

（一）课程评价制度创新的根本遵循是促进人与社会的发展

一般说来，任何制度创新的根本旨归和价值遵循最终都是为了促进人与社会的发展，尤其是在教育评价之中体现得更为明显，课程评价是教育评价的重要组成系统之一，其制度创新从根本来说，是为了促进人与社会的发展。改革开放之初，相关课程评价制度的重建和创新中最为重要的目的在于保证教育教学的质量，鉴于"文化大革命"期间我国教育体系的全面崩坍，这时还未讲到提高教育质量的问题。不过在改革开放之初的环境之下，保证质量也就意味着某种程度的提高。随着教育的恢复和快速发展，提高教育质量便成了相关课程评价制度创新的直接目的。在新课程改革启动之前，整个教育都处在一种应试教育风气之下，但面临百废待兴的国家和社会，急需一定数量的人才来支撑和保障国家和社会的发展，至于质量的问题并未做严格的要求。新课程改革之后，从发展性课程评价制度不断被提及和建立，到呼吁建立体现核心素养的课程评价制度，以及相关的考试制度、教育质量监测制度，都越来越体现人的重要性和彰显人的发展价值，当然，对于社会发展价值的强调仍然也是主要基调之一，不过从另外一个方面来说，对于人的发展价值的强调也是对社会发展价值的强调，只有人不断的发展，社会的发展才会不间断、不停歇。因而，从根本上来说，改革开放 40 多年以来，课程评价制度创新过程始终是为了促进人与社会的发展，始终遵循着促进人与社会发展的基本原则。

（二）课程评价制度创新的主要模式是行政主导下的渐进式改革

制度创新一般具有自然演化和理性建构两种模式。自然演化是指制度变迁是历史过程中自然自发的演化而非人有意为之，它是人在历史进程中文化进化和经验发展的产物，这对于社会习俗、惯例等方面的形成与演化解释力较强。在课程评价中，以教师为主的课程评价主体的评价经验和习惯等，自下而上的诱致性课程评价制度创新是必不可少的一种模式。但就目前来说，我国在这方面的制度创新还远远不够，多是在行政主导之下进行，即更多采取的是一种理性建构的强制性变迁和创新模式。理性建构是指制度变迁是基于人的理性构思而发生的，人的理性和能动性在其中发挥着绝对优势，这在具体的社会制度方面居多，如经济制度、政治制度、教育制度等。在课程评价中，理性建构多是由一定的制度主体自上而下所进行的强制性课程评价制度创新的模式。因为在我国，相关的课程评价制度，如发展性课程评价制度、考试制度、教育质量监测制度等大多是先有一定的研究力量进行学术研究并提出，然后政府根据一定的社会需求和人的需求通过政策文件、法规条例等形式提出，并且强制地方与学校予以执行。很明显，我国的课程评价制度创新的主要模式是一种理性建构的模式。而且改革开放以来，我国所进行的一系列改革，如土地承包制度改革、新课程改革、考试招生制度改革等都遵循和采取的是一种先试验后推广的渐进式方法，课程评价的制度创新和改革同样如此。而且课程评价制度创新本身也是一个不断生成的过程，它需要摸着石头过河的实践探索精神，通过不断的试错、纠错来完善自身和改革自身。此外，课程评价制度创新还需要与其紧密相关的考试招生制度和教育管理制度等相关制度进行协同创新和改革，如此，相关制度之间才会通过有效互补形成合力共同推动彼此间的创新发展。值得强调的是，未来我国课程评价制度创新逐渐向实践变革方向转变，且不断重视自下而上的制度变革探索和试验，以及第三方评价机构的参与，可以预见，我国的课程评价制度创新将会走向自然演化和理性建构相统一的渐进式变革模式。如此，课程评价制度创新才会"既使顶层设计能高瞻远瞩，指点江山，规划蓝图；又可以激励自然演化蓄势待发、因势利导，从自身实践中演化出有效的规范，并为顶层设计提供现实的经验基础，从而使得经验和理性相互交融"①。

（三）课程评价制度创新的基本过程是问题解决与风险代价并存

任何制度的创新都是一个艰苦探索的过程，社会制度、政治制度、经济制度、教育制度都是如此，课程评价制度创新更是如此。"创新总意味着在已有成果的基础上，针对具体的问题，找出更好的解决办法，获得更好的效果和效益。"② 任何创新都是在前人基础上进行的创新，不可能存在无中生有之创新，对于课程评价制度创新也是如此，这一点是毋庸置疑的。不过，对于任何制度创新的基本过程而言，针对某个或某些问题的解决是贯穿于始终的。在课程评价制度创新的 40 多年过程中，起初是提高学生学习质量和课程文本质量，需要解决的问题是课程文本质量不高、参差不齐，学生学习效果不佳，再到后来应试教育之下弊端逐渐显现，分数本位现象较为严重，功利化教育对人的摧残，见分不见人等问题都亟须解决，所以发展性课程评价制度被呼唤而出，再到后来社会发展迅速，知识数量呈爆炸式增长，怎样使人更好地掌握知识，怎样使人保持思想的先进性、怎样使人适应快速发展的社会等问题不断涌现，体现核心素养的课程评价制度便不断地受到重视。可见 40 多年每个阶段的课程评价制度创新都是针对解决具体的现实问题而进行的。当然，课程评价制度创新的过程存在较大的风险和代价，其中牵扯着短期利益与长远利益的博弈、人与人的竞争、公平公正和个性发展的矛盾等问题，如果处理不好任何一项，那么制度创新便会夭折或者流于形式或者会受到强大阻力而不能顺利推行。

---

① 崔希福：《制度创新的两种模式：自然演进与理性建构之辩》，《中国特色社会主义研究》2014 年第 1 期。

② 马俊峰：《社会公正与制度创新》，中国人民大学出版社 2013 年版，第 119 页。

尤其是在应试文化和考试文化的背景之下，教育系统已然具备一套稳定的背景性结构与行为规则，有更多的既得利益需要考量和均衡，课程评价制度创新绕不开这些问题的处理，而且也会在这些方面存在一定的风险和可能的代价。

（四）课程评价制度创新的重要保障在于政策的连续性与引领性

任何制度的创新都需要一定的保障机制进行保驾护航，不然制度创新便会遭遇较多阻力而失效或夭折。对于课程评价制度创新而言，其最为重要的保障机制在于政策的连续性和引领性。政策的连续性主要体现在改革开放 40 多年来相关的考试制度、教育质量监测制度、教材审定与评价制度以及发展性课程评价制度等都以不同的方式呈现在一系列的教育政策文件与政策法规之中，其基本思想——促进人与社会的发展是一脉相承的。由此，一系列文件的出台和法规的制定为促进课程评价制度的建立和完善提供了连续性的政策保障，为课程评价制度的不断创新，提供了可能性和现实性。政策的引领性首先主要在于，相关课程评价的理念、原则、方法等不断在一系列政策文件中得到明晰和细化，这为课程评价制度的建立和创新提供了政策基础，引领着课程评价制度的不断创新。其次，有关课程评价的相关政策与规定不断丰富和发展，课程评价逐渐随着新课改的深化发展而越发重要，从注重课程评价的鉴别与选拔功能到注重其发展和育人功能；从评价主体、内容、标准、方法的单一化到多元化，以及第三方评价的引入等都不断在相关政策中出现，这些都引领和促使着课程评价制度的不断创新。最后，课程评价制度创新随着政策内容的不断细化和具体化，而变得越来越具有可操作性，如教育质量监测制度从机构、人员、指标体系、方式方法等在 2015 年颁布的《国家义务教育质量监测方案》的文件中均有具体体现，这促使教育质量监测在实践中具有了可行性以及可操作的切入点和抓手。总而言之，政策的连续性和引领性规约和保障着课程评价制度的改革和创新。

第七章

行稳致远：课程改革制度创新的
基本遵循与未来展望

党的十九届四中全会审议通过的《中共中央关于坚持和完善中国特色社会主义制度、推进国家治理体系和治理能力现代化若干重大问题的决定》（以下简称《决定》）指出："新中国成立 70 多年来，我们党领导人民创造了世所罕见的经济快速发展奇迹和社会长期稳定奇迹，中华民族迎来了从站起来、富起来到强起来的伟大飞跃。"① 我国社会之所以能取得举世罕见的发展与稳定奇迹，主要得益于中国特色社会主义制度和国家治理体系，实践证明，我们的国家制度和治理体系具有多方面显著的优势。教育作为我国社会领域中的一项重要事业，在党的领导下也取得了辉煌的成就，这主要是在国家制度和治理体系大方向正确的前提下，不断深化教育改革和课程改革的结果，而课程改革的合理运行离不开健全、完善的制度保障。随着社会的发展变化，课程改革制度也需要不断进行创新发展，这就是我们本书中所探讨的课程改革制度创新。改革开放 40 多年风雨兼程、开拓创新、发展变化，需要我们基于具体制度的创新发展对我国课程改革的制度逻辑进行深入探讨，探讨课程改革取得巨大成就的原因，总结我国课程改革制度发展的一般原则，为我们深入推进课程改革制度创新，推进教育治理体系和治理能力现代化提供未来发展的方向，确保课程改革的合理运行和教育事业的稳步发展。

---

① 《中共中央关于坚持和完善中国特色社会主义制度、推进国家治理体系和治理能力现代化若干重大问题的决定》[EB/OL]. http://www.xinhuanet.com//mrdx/2019 - 11/06/c_138532143.htm。

一　我国课程改革制度创新的基本遵循

新中国成立 70 多年来，我国的课程决策从行政主导到专业主导，课程管理从集中走向适度放权，课程体系从单一走向多元，课程实施从捉襟见肘到得心应手，课程评价从建立到不断丰富，整体上极大推进了课程实践的科学化、现代化，极大促进了广大青少年儿童的身心健康发展，极大地推动了我国社会主义建设事业的不断发展。这种现象绝不是偶然的，也并非只有在教育领域的独特现象，它是社会整体发展的产物，也是社会制度创新在课程改革领域中的独特表现，需要我们认真分析其一般遵循，为未来课程改革制度创新总结经验、廓清思路。

（一）党的领导，人民至上

我国是中国共产党领导下的人民当家做主的社会主义国家，中国共产党是中国特色社会主义事业的坚强领导核心。中国共产党领导是中国特色社会主义最本质的特征，是中国特色社会主义制度的最大优势，党是最高政治领导力量。党政军民学、东西南北中，党是领导一切、总揽全局、协调各方的。我国教育体量世界第一，发展还不十分平衡，群众的教育需求差异还很大，如何运行好、发展好这样庞大而复杂的教育体系，并取得如此举世瞩目的成就，只有中国共产党能够做到。没有共产党，就没有新中国；没有共产党的领导，就不能发展中国，就没有新中国的繁荣富强。习近平总书记指出：只要我们深入了解中国近代史、中国现代史、中国革命史，就不难发现，如果没有中国共产党的领导，我们的国家、我们的民族不可能取得今天这样的成就，也不可能具有今天这样的国际地位。[1] 那么，为什么只有在党的领导下，我们的课程改革制度才能不断发展完善、开拓创新？这在根本上是由中国共产党所领导的政府性质所决定的。

中国共产党所领导的政府在性质上是一个泛利性组织或者泛利性政府，这种泛利性是在我国社会发展过程中逐步形成的，是我们党在领导人民进行社会主义革命与建设事业过程中逐步清晰定位的。泛利性政府是由

---

[1]　习近平：《习近平谈治国理政（第二卷）》，外文出版社 2017 年版，第 20 页。

北京大学国家发展研究院院长姚洋教授基于奥尔森（Mancur Olson）的《国家的兴衰》一书所提出的一个重要概念，用来指代那些利益和社会整体福利大致重合的政府。在这里，"社会福利"可以是一个国家的经济产出，也可以是全社会追求的其他目标。也就是说，泛利性政府追求全社会的帕累托改进。[①] 泛利性政府具有以下特点：首先，它更关心的是国家的长远利益，而非短期的政治收益。其次，泛利性政府能有效抵御来自利益集团的压力，以国家的整体利益为标准来制定政策。最后，在改善人民生活水平方面，泛利性政府不受民粹主义的干扰，不追求给大众立竿见影的好处，而是给他们提供可持续的收入增长。[②] 这种泛利性通过《中国共产党党章》就可得到最好的印证，党章在"总纲"中就明确指出：中国共产党是中国工人阶级的先锋队，同时是中国人民和中华民族的先锋队，是中国特色社会主义事业的领导核心，代表中国先进生产力的发展要求，代表中国先进文化的前进方向，代表中国最广大人民的根本利益……中国共产党在社会主义初级阶段的基本路线是：领导和团结全国各族人民，以经济建设为中心，坚持四项基本原则，坚持改革开放、自力更生、艰苦创业，为把我国建设成为富强民主文明和谐美丽的社会主义现代化强国而奋斗。

中国政府之所以能够以最广大人民群众的利益为首要出发点，根本上是因为中国共产党的领导。教育事业作为我国社会主义现代化建设事业的基础和先导，旨在为我国社会发展提供合格的建设者和接班人，是一项牵涉最大多数人利益的公共事业，其每一步发展和变革都需要以最广大人民群众的利益为首要考量标准。作为教育事业发展动力源泉的课程改革也必须以此为标准、以此为起点进行制度设计，这是中国共产党领导下的社会主义课程改革的必然要求。事实上，改革开放40多年来，我国的课程改革制度变革与制度创新也是遵循这一标准与原则而开展的，所有课程改革制度的建设与创新都是在党的领导下，旨在落实党的教育方针，逐步实现办人民满意的教育。正如习近平总书记所指出的："我们党来自人民、扎根人民、造福人民，全心全意为人民服务是党的根本宗旨，必须以最广大

---

① 姚洋：《作为制度创新过程的经济改革》，格致出版社、上海人民出版社2015年版，第46页。

② 姚洋：《作为制度创新过程的经济改革》，格致出版社、上海人民出版社2015年版，第8页。

人民群众根本利益为我们一切工作的出发点和落脚点，坚持把人民拥护不拥护、赞成不赞成、高兴不高兴作为制定政策的依据。"① 比如课程决策制度就是秉承了我国民主集中决策制度的优势，在教育部的领导下，从全国、全民族、全体人民的长远利益出发，对课程改革过程中的每个环节进行审时度势的顶层设计，不断推动课程实践的变革发展，历次课程改革所取得的巨大成就就是最好的说明。同时，随着时代的发展，人民群众教育需求的日益多元化，课程决策制度也在遵循国家基本制度的前提下，不断变革创新，其发展变革的趋势就是决策过程更加民主、更加科学，决策主体更加多元化，以确保决策结果的科学性。

（二）顺势而为，变革创新

人类社会的发展史在一定程度上可以说就是不断敞开自我、变革自我以及发展自我的伟大历程，伴随着每一次的政权变更、科技进步、文化交流，人类总是在把握与顺应时代发展趋势的前提下做出自我革命，如此方能在变化的时代中保持发展，不被时代潮流所抛弃。对于个体而言如此，对于国家、社会或者组织而言更是如此。自新中国成立以来，尤其是改革开放 40 多年来，我国各项事业正是由中国共产党领导全国各族人民，全面审视国内外新的形势，在不断变革、不断创新中向前发展的。正如习近平总书记所指出："历史发展有其规律，但人在其中不是完全消极被动的。只要把握住历史发展大势，抓住历史变革时机，奋发有为，锐意进取，人类社会就能更好前进。"② 改革开放是党在新的时代条件下带领全国各族人民进行的新的伟大革命。我国 40 多年来的快速发展靠的是改革开放，决胜全面建成小康社会、全面建设社会主义现代化国家也必须坚定不移依靠改革开放。③ 改革开放的主要保障和前提就是适应时代变化发展，适时推进体制机制改革，不断改革那些不适应实践发展要求的体制机制，在创新中使各方面体制机制更加科学、更加完善。比如不断深化政治体制改革，发展社会主义民主政治，日益完善党和国家领导体制，日益健全中国特色社会主义法律体系等。具体到课程改革制度创新上而言，课程

---

① 习近平：《在庆祝改革开放 40 周年大会上的讲话》，人民出版社 2018 年版，第 22 页。

② 习近平：《在庆祝改革开放 40 周年大会上的讲话》，人民出版社 2018 年版，第 3 页。

③ 中共中央宣传部：《习近平新时代中国特色社会主义思想三十讲》，学习出版社 2018 年版，第 94 页。

改革也在不断适应社会发展变化的要求而不断进行方法、内容、路径等方面的变革创新，相关制度也应该跟随时代潮流，不断变革创新，如此方能确保课程改革合理运行。

　　自新中国成立，尤其是改革开放以来，课程改革已经成为我国教育事业科学发展的强劲动力。[①] 在改革进程中，制度变革与创新的呼声始终伴随其中，这集中体现在 1985 年颁布的《中共中央关于教育体制改革的决定》、1993 年颁布的《中国教育改革和发展纲要》、1999 年印发的《中共中央国务院关于深化教育改革，全面推进素质教育的决定》、2010 年颁布实施的《国家中长期教育改革和发展规划纲要（2010—2020 年）》等政策文件中。正是由于制度的不断创新，我国的课程改革才能不断取得突破，而当制度不能适应时代精神、社会发展时，课程改革也将止步不前、步履维艰。在此，我们以中小学教科书多样化政策的发展为例说明制度创新对于教育改革的重要意义。2001 年颁布实施的《基础教育课程改革纲要（试行）》中，明确指出："完善基础教育教材管理制度，实现教材的高质量与多样化。"具体包括：第一，建立教材编写的核准制度，教材编写者应向教育部申报，经资格核准通过后，方可编写；第二，完善教材审查制度，国家课程和地方课程的教材需通过全国中小学教材审查委员会或省级教材审查委员会审查；第三，改革中小学教材指定出版的方式和单一渠道发行的体制，严格遵循中小学教材版式的国家标准；第四，加强对教材使用的管理。教育行政部门定期向学校和社会公布审查通过的中小学教材目录，并逐步建立教材评价制度和教材选用制度。[②] 由上可知，教材管理制度是由多项子制度构成的制度群，需要各子制度间的共同配合、协同作用，方可确保教材管理的科学化。事实上，我们在课程改革的过程中往往对前三项可以硬性把控的制度要求严格实施，所以教材多样化政策在很大程度上激发了社会力量参与教科书编写的积极性，有利于编写出更加适合本地区、本学校的教科书。[③] 然而，课程改革过程中我们对较为"软

　　① 改革开放 30 年中国教育改革与发展课题组：《教育大国的崛起：1978—2008》，教育科学出版社 2008 年版。

　　② 教育部：《基础教育课程改革纲要（试行）》［EB/OL］. http：//old. moe. gov. cn//public-files/business/htmlfiles/moe/moe_309/200412/4672. html。

　　③ 杜尚荣、李森：《我国中小学教材多样化建设 30 年：历程、问题及对策》，《课程·教材·教法》2016 年第 6 期。

性"的教材评价制度和教材选用制度重视不够，所以导致了教材选用过程中的随意化和非理性现象的发生，扰乱了中小学的正常教学秩序。[①] 基于此，教育部于 2014 年 9 月 30 日印发了《中小学教科书选用管理暂行办法》，对中小学教科书选用过程进行规范。另外，基于上述教科书选用的混乱局面和加强意识形态的考虑，教育部于 2011 年启动了德育、历史和语文三科教材"统编本"的编写工作，2016 年起在全国部分中小学起始年级使用三科教材的统编本。从教科书多样化政策变迁历程中，我们可以看出制度创新对于课程改革的重要意义和价值——完善、合理的制度可以保障课程改革的科学推进，否则，将会阻碍课程改革的步伐。

（三）循序渐进，逐步推进

制度是制度意识自觉表达的社会存在。当作为制约与调整社会关系及其结构的客观存在着的规则系统被人们自觉意识与把握时，制度意识便产生了。[②] 课程改革制度也是人们在课程改革实践过程中所形成的课程改革制度意识的自觉表达的产物，这种意识不是简单直观的，它是在某种制度观念的指导之下进行的，并依据这种观念来整体把握规范社会关系的规则系统。而且，制度意识的形成并非一蹴而就，需要在实践过程中不断进行反思和总结。而课程改革的制度创新又是一个多层次、多维度的实践过程，改革主体对每个层次或者每个维度的制度意识的形成就很有可能不是同步的，在改革的某个阶段很有可能只能就某一个或者几个制度进行创新，而且创新的程度也有可能不相一致。这种情况是符合课程改革实际的，也是符合课程改革制度化与制度创新实践的。课程改革是一个系统工程，固然要坚持整体视角、系统思维，但是每一个阶段的改革有每个阶段改革的主要任务，课程改革制度创新亦然，需要在坚持系统论的基础上，坚持重点论，重点推进某些与现实改革需要严重不匹配的制度创新，只有如此，不断积累，方可确保课程改革制度创新的有序推进，否则，在宏观制度尚未变化的情况下，去推进某些层次或者维度的制度创新，只能走入死胡同或者陷入失败的尴尬境地。这是课程改革的一般原则，也是课程改革制度变迁与创新的一般原则，纵观我国课程改革制度创新的历程，便可

---

① 李建平：《教材多样化遭遇利益冲击》，《中国教育报》2002 年 4 月 14 日。

② 高兆明：《制度伦理研究——一种宪政正义的理解》，商务印书馆 2011 年版，第 23 页。

发现，我们的课程改革制度创新正是在遵循这一原则的前提下开展的。

我国课程改革制度创新的过程是循序渐进、逐步推进的，这表现在两个方面：第一，就制度体系的整体创新而言，我国的课程改革制度创新遵循从刚性制度创新开始逐步向柔性制度延伸扩展。具体来说，即是我们根据实践的务实主义原则对课程改革制度进行变革与创新。比如在新中国成立之初，为了统一思想、稳定发展，我们就建立了教科书国定制，统一由教育部委托人民教育出版社组织专家进行教科书编写，这对于维持国家和社会的稳定、建立正规的学校教育体系、提高教科书的质量、培养合格的社会主义建设人才等方面有着更多的积极意义。这种制度而后经历了在"文化大革命"中取消、改革开放初期的恢复、20 世纪 80 年代向审定制的逐步转型，发展到今天的审定制下部编本和一标多本共存的教科书制度。与教科书制度相似，课程管理制度关系到课程管理权利与义务的分配，关系着课程实施的成败，因此，我国自始至终在整体上都对课程管理制度有着较为清晰的变革与创新思路。而对于课程实施制度和课程评价制度则是基于教育发展的阶段与改革发展的需要，建立过程与变革创新的过程则相较于前二者要缓慢，但是一旦建立这些制度，则要充分发挥其支持课程改革运行的作用。对于课程决策制度，则在我国宏观决策制度底下，逐渐朝向民主决策、科学决策发展，但是课程决策制度对于一般民众而言仍是秘而不宣的状态，显性的课程决策制度仍有待建立和完善。也即叶澜教授所指出的：将民主集中制的原则转化为具体的制度，逐步形成研究问题、分析问题、下情上达、上下沟通、民主参与、统放有度的制度系统。[1] 第二，就某一具体制度的变革与创新而言，我国的课程改革制度基本上要经历前制度化阶段、形式制度化阶段和实质制度化阶段等三个阶段。在前制度化阶段，改革主体或者制度主体基于以往改革实践的经验，形成制度观念或者制度意识，进行前期的宣传和推介。在形式制度化阶段，改革主体通过各种中介手段将制度观念或者制度意识外化出来，建章立制或者制定政策，使规则外显化，在更大范围内使相关主体了解制度内容，进而以制度内容作为自身行动的规则。在实质制度化阶段，制度的内容或者规则已经内化于相关主体的心理结构，成为其日常行事不可分割的一部分。我们通过对课程评价中的综合素质评价制度化的历程回眸，确实

---

[1]　叶澜：《中国基础教育改革发展研究》，中国人民大学出版社 2009 年版，第 16 页。

可以发现课程改革制度建设与创新是经历了这三个阶段的。① 正是我国课程改革制度创新的循序渐进、逐步推进，才造就了我们课程改革制度创新的渐进模式，这些不断的调整和积累造就了我国课程改革的合理性开展，这是符合我国改革开放的一般原则和整体思路的。只有这样，我们的制度才能在守正的基础上进行创新，固守传统或者激进变革都终将走向失败的境地。

（四）顶层设计，基层实验

依据制度创新的主体不同，我们可以将制度创新的宏观路径分为自上而下型和自下而上型。自上而下型的制度创新主要是由上层启动，如政府管理部门或者教育管理者通过命令、规定与政策等手段推行，支持这种制度创新路径的往往认为上层是完全理性的，而且有能力推动大规模的、全局性的制度创新。然而，这种制度创新路径却因不能完全考量实践之复杂性，忽视了离制度实施现场最近的人的意见和观点，而经常遭遇到实践的"滑铁卢之战"。自下而上型的制度创新则主要是由距离制度实施现场最近的人开启的，这种制度创新路径往往认为距离制度实施现场最近的人对如何取得创新成功认识得最清楚，他们才是制度创新的主体，因而也最具发言权，不需要那些比他们职位高的人领导制度创新。然而，这种"自发的"制度创新常因不能得到来自上层管理部门的认可与支持，难以形成大范围、大规模及全局性的制度创新。② 正是通过总结国内外正反两方面的经验，我们逐步认识到上述两种路径各自的优缺点，在改革开放的过程中，在课程改革制度创新的过程中，我们逐步重视两种宏观路径的结合，打破制度创新主体之间的界限，使制度创新在民主、协商、探究的氛围与框架内启动。基于我国国家治理结构和治理体系的传统，基于基层探索所积累的多元经验，顶层设计宏观的制度变迁与创新思路，而后再由基层进行试验探索，修正完善制度创新的具体内容，如此，制度创新的动力会变得更强，阻力会越来越小。我们应坚持正确的制度创新方法论，正确处理制度创新与制度稳定之间的关系。正如习近平总书记所指出的：必须

---

① 肖磊、李本友：《综合素质评价的制度化：历程回眸与系统谋划》，《教育研究》2018 年第 4 期。

② 郝德永：《超越左与右：课程改革的第三条道路》，教育科学出版社 2013 年版，第 125 页。

坚持辩证唯物主义和历史唯物主义世界观和方法论，正确处理改革发展与稳定的关系。改革开放 40 多年的实践经验启示我们：我国是一个大国，决不能在根本性问题上出现颠覆性错误。我们坚持加强党的领导和尊重人民首创精神相结合，坚持"摸着石头过河"和顶层设计相结合，坚持问题导向和目标导向相统一，坚持试点先行和全面推进相促进，既鼓励大胆试、大胆闯，又坚持实事求是、善作善成，确保了改革开放行稳致远。①

　　我国的课程改革制度创新整体而言，遵循了顶层设计、基层实验的原则，基本做到了上下结合、协同联动，确保了课程改革制度的深化实施。以课程管理制度的创新过程为例，我们便可发现这一原则的具体应用。新中国成立之初，为了确保我国基础教育的共同质量，同时也是出于政治稳定的考虑，我们借鉴了苏联在 20 世纪 40 年代的课程管理体制，即中央集权的课程管理体制。这一管理体制确保了我国基础教育质量的稳步提高，一直延续至改革开放之后。伴随着我国师资质量的提升，以及地方教育行政部门管理经验的不断丰富，这一管理体制逐渐出现了不能很好地适应地方和学校发展需要的状况，需要加以变革与创新。20 世纪 90 年代以来，第一论课程改革把课程决策权力部分下放给发达地区的教育行政部门以及部分示范性实验学校，让这些部门与学校自主探索，在课程开发与实施方面积累了丰富的经验。在此基础上，国家决定将原来的单一国家课程体制转变为三级课程管理制度，在确保共同教育质量的前提下，放权给地方教育行政部门和一线学校，让最熟悉教育发生的主体充分参与课程决策，以便充分调动地方和学校办学的积极性和主动性，使我国的课程体系更加适合于地方和学校发展的需要，适合于不同地区学生发展的需要。② 由此可见，我国课程管理制度的创新并非是单纯的自上而下的过程，也并非单纯的自下而上的过程，而正是采用了顶层设计与基层实验相结合的原则，才实现了我国课程管理制度的现代化转型。其他的诸如教科书制度的创新过程、课程评价的创新过程等也基本都遵循了这一重要原则来开展。

（五）收放自如，不断调适

　　课程改革制度创新的核心乃是对改革过程中的权力运作、利益分配以

---

① 习近平：《在庆祝改革开放 40 周年大会上的讲话》，人民出版社 2018 年版，第 33 页。
② 钟启泉等：《为了中华民族的复兴　为了每位学生的发展　基础教育课程改革纲要（试行）解读》，华东师范大学出版社 2011 年版，第 352—353 页。

及观念表达进行重新调整和规范，使其有利于课程改革各项具体目标的达成，而制度创新的核心环节则是权力的重新分配，集中表现为课程改革过程中的集权与放权。权力的集中有利于统一思想、统一步调，保证全国一盘棋、集中力量攻克难题，但是权力的过度集中也可能带来基层创新的活力不足，因为长此以往基层会感知到自身并无创新的空间和必要性，而习惯于等待执行上级指令，制度的变迁与创新只能依赖于少数顶层设计者的意识自觉，而一旦顶层设计者制度创新意识不再强烈，或者制度观念不当，都将造成制度变迁的停滞或者制度变迁方向的错误，这都不利于社会实践的合理性开展。与权力的集中相反，权力的下放有利于调动基层参与制度变迁的积极性，激发基层创新的活力，形成星星之火可以燎原之势，也可以为顶层设计者的宏观层面的制度创新提供素材和依据，但是权力的无节制的下放，也将会导致基层主体各行其是，很难统一思想和步调，长期以往有可能会造成各地方之间发展的差异悬殊，导致制度不公平现象的出现，这也是不利于社会的长期稳定的。因此，如何恰如其分地对课程改革中的权力进行分配，如何规约权力的运行，就成为课程改革制度创新过程中需要重点考虑的问题。而我国在课程改革制度创新的过程中，中国共产党领导下的各级教育行政部门表现出了高超的管理智慧，善于对社会发展的趋势进行精准把脉，根据具体情境调整权力的分配和制约权力的运行，也就是能够做到收放自如、不断调适，保证权力的运作恰到好处，不过分保守、也不过分激进，始终在二者之间保持必要的张力，这才保证了我国课程改革秩序的稳定和参与改革主体的积极性不断提升。

　　在以往的研究中或者实践过程中，有部分学者总是将课程改革中权力收放过程形象地描述为"一放就乱、一乱就收、一收就死、一死就放"的放乱循环，给人的感觉好似我国的课程改革制度真的很糟糕。但换一个视角，我们就不必对于权力的收放过分悲观，因为在课程改革过程中，除了部分特殊时期宏观制度变化导致的改革秩序大乱之外，我国大部分时期的课程改革秩序井然，课程改革成效也十分卓著，这一点是不容置疑的，只不过在细节的处理上和政策延续性上还需要多加注意。权力的收放典型表现就是我国教科书制度创新过程，如前所述，我国的教科书制度从国定制到审定制，从审定制到一标多本，再从一标多本到部编本与一标多本并行运作，其中的核心变化就是教科书编制权力的集中与下放，而背后的原因则是党中央基于国家发展的需要和人民对教育的期待做出的深思熟虑的决定，这样的决定保障了我国教育方针的贯彻落实和教育事业的稳定发展，也保障了我国社会秩序的稳定与青少年儿童的身心健康发展。需要注意的是，这样的收权与放权并非权力的肆意运用，其意图也并非是限制基层创新的活力，而是根据实际情境和实际需要做出的适切调整，尽力做到改革的稳定与基层的活力并行发展，极端的做法是不可取的。收权与放权并非最终的目的，而仅仅是达到课程改革目标的手段和方式，而手段和方式本身只存在合适与否的区别，找到合适的途径才是最重要的。"鞋子合适不合适，只有脚知道。"我国之所以能够娴熟地对课程改革中的权力做到收放自如、不断调适，这在根本上是由于我国的教育是由中国共产党领导下的社会主义教育，这是我们的课程改革制度创新最大的制度优势和制度保障。我们应该勇于坚持自身的制度优势，秉持制度自信，不断借鉴和吸收国外制度文化的优点，完善自身制度，真正做到守正创新。因此，《决定》指出："理顺中央和地方权责关系，加强中央宏观事务管理，维护国家法制统一、政令统一、市场统一……赋予地方更多自主权，支持地方创造性开展工作。按照权责一致原则，规范垂直管理体制和地方分级管理体制。"① 这不仅是政府治理体系的发展方向，同样是课程改革制度创新的发展方向。

二　我国课程改革制度创新的未来展望

党的十九大报告指出：中国特色社会主义进入新时代，我国社会主要矛盾已经转化为人民日益增长的美好生活需要和不平衡不充分发展之间的矛盾……发展不平衡不充分，这已经成为满足人民日益增长的美好生活需要的主要制约因素。② 课程改革作为一项关涉到亿万儿童的身心健康发展，关涉到千家万户切身利益的社会事业，广大人民群众对课程实践的科学性要求日益提高，这通过近几年人们对课程文件与课程实施的关注程度就可见一斑，这就需要我们不断深化课程改革。课程改革的深化发展需要

① 《中共中央关于坚持和完善中国特色社会主义制度、推进国家治理体系和治理能力现代化若干重大问题的决定》[EB/OL]. http：//www.xinhuanet.com//mrdx/2019-11/06/c_138532143.htm.

② 习近平：《决胜全面建成小康社会　夺取新时代中国特色社会主义伟大胜利》，人民出版社 2017 年版，第 11 页。

合理性的制度予以保障和支持，制度创新与制度供给是否平衡、是否充分，就直接影响着课程改革的科学运行和目标达成。改革开放以来，在党中央的正确领导下，在各级教育行政部门和中小学校的不懈奋斗中，我国的课程改革制度建设与变革创新已经取得了巨大的成就，各项制度不断健全完善、不断趋于合理，极大地保障了我国课程改革的合理开展，其中的经验值得深入总结、大力宣传、不断推广，将好事越办越好。当然，通过对我国课程改革具体制度创新的历程分析，我们也发现部分制度尚不完善、尚不健全，个别制度甚至可以说还不够形式化，这不利于课程改革的深化发展、不利于教育领域的综合改革、不利于我国实现教育治理体系与治理能力的现代化，最终也会对教育事业的正常发展、广大青少年儿童的健康发展带来不可挽回的影响。在中国特色社会主义进入新时代，在实现中华民族伟大复兴中国梦的征程上，课程改革在其中扮演着重要角色，直接关系到为谁培养人、培养什么人、怎么培养人等重要问题，需要建立起适合我国国情的课程改革制度体系，以保障课程改革朝着合理性的方向发展，保障我国教育治理体系和治理能力的现代化。正如《决定》所指出的：当今世界正经历百年未有之大变局，我国正处于实现中华民族伟大复兴关键时期。顺应时代潮流，适应我国社会主要矛盾变化，统揽伟大斗争、伟大工程、伟大事业、伟大梦想，不断满足人民对美好生活新期待，战胜前进道路上的各种风险挑战，必须在坚持和完善中国特色社会主义制度、推进国家治理体系和治理能力现代化上下更大功夫。[①]

（一）坚持党的领导，明确制度创新总体要求

中国共产党是新时代中国特色社会主义事业的领导核心，处在总揽全局、协调各方的地位。正如十九大报告所指出的：坚持党对一切工作的领导。党政军民学，东西南北中，党是领导一切的。[②] 这进一步明确了我们的教育事业是党领导下的教育事业，是新时代中国特色社会主义教育事业；我们的学校是党领导下的学校，是新时代中国特色社会主义学校。党的领导是引领新时代中国特色社会主义教育事业不断前进的最大政治优

---

① 《中共中央关于坚持和完善中国特色社会主义制度、推进国家治理体系和治理能力现代化若干重大问题的决定》［EB/OL］. http：//www. xinhuanet. com/mrdx/2019-11/06/c_138532143.htm.

② 习近平：《决胜全面建成小康社会　夺取新时代中国特色社会主义伟大胜利》，人民出版社 2017 年版，第 20 页。

势，是办好中国特色、世界水平的现代教育的根本政治保证。① 课程改革是国家的一项重要事业，其重要程度毋庸置疑，理所当然地要在党的领导下开展，才能保证我国教育事业的社会主义性质。课程改革制度建设与创新也应当在党的领导下有序开展，在执行国家基本制度的前提下，不断推进课程改革制度建设与创新，而不能也不应该游离于党的领导、游离于国家基本制度。在以往对课程改革制度化或者课程改革推进的研究中，我们往往容易走向两种极端化的误区：其一，错误地认为制度建设是一个"雷区"，往往不敢触碰，也好似也无力破解这个"难题"，因此大家在谈到课程改革的问题症结在相关制度之后，研究便戛然而止，带给人们的感觉就是制度建设与创新不是一般人所能着力的；其二，部分研究不仅敏锐地察觉到改革问题的根本原因在相关的制度，而且提出了制度变革与创新的策略和路径，这是研究深化的体现，也是正确理解制度的自然变迁与主体能动性之间关系的表征，但是部分研究却抛开我国的国家基本制度抽象地讨论课程改革制度变迁与创新，尤其是在对课程决策权力的分配上，更容易陷入形而上学的泥沼，导致研究结论看上去很美。这两种误区都是不利于课程改革制度建设与制度创新的，通过对我国课程改革制度创新历程的回顾，我们可以明显地认识到这一点。因此，我们需要在坚持党的领导，坚持国家基本制度的前提下，合理变革与创新课程改革制度，明确课程改革制度创新的总体要求是：充分发挥我国社会主义制度的优越性，不断推进教育治理体系和治理能力现代化，保障课程改革的合理开展。

（二）扎根中国大地，保障制度创新落地实施

马克思主义认为，任何事物的发展都是矛盾普遍性与特殊性的辩证统一。课程改革制度创新有其一般规律，世界各个国家开展课程改革都需要遵照一般规律去进行制度建设与制度创新，否则终将走向失败的境地。这里的一般规律就是搞清楚制度创新的基本内涵，在此基础上结合制度创新的基本维度以及制度的基本要素，去对现存制度的某些方面或者整体进行变革完善，这是任何一个国家在开展课程改革制度创新时都需要遵照的基本程序或者一般规律。但是，任何制度变革或者创新都是在一定时空范围

① 教育部课题组：《深入学习习近平关于教育的重要论述》，人民出版社 2019 年版，第32 页。

内进行的，都需要认真考量制度变革或者创新的外在环境，并根据具体情况开展制度创新。在遵循一般规律的前提下，各个国家在进行课程改革制度创新时，要根据自身的国情，建设一系列适合自己国家课程改革发展的制度，这是由本国课程改革的特殊性所决定的。无论是忽视课程改革制度创新的一般规律，还是忽视课程改革制度创新的特殊国情，去进行制度建设与创新都是片面的形而上学，都不符合马克思主义制度理论，也不利于课程改革制度创新的落地实施。扎根中国大地进行课程改革制度建设，就是要求我们基于本国国情、教情，对我国课程改革的历史与现实进行精准把脉，坚持问题导向；要充分考虑人民的教育需求，传承好、运用好中国的传统社会治理思想和治理智慧，坚定文化自信；要放眼世界，不断借鉴外来课程改革制度建设与制度创新的优秀经验，坚持中外融通。只有扎根中国大地，坚持社会主义办学方向，课程改革制度创新方能保持旺盛的生命力，创新成果方能转化为实实在在的制度文本，也才能为世界提供课程改革、课程改革制度创新的中国经验和中国智慧。否则，脱离中国实际情况、不顾课程改革现实需要的制度创新，是虚妄的制度创新，这样的制度创新成果是不容易被改革参与者所接受并顺利实施的，因而也会导致课程改革秩序的缺失和改革主体自由的匮乏。正如习近平同志在纪念邓小平同志诞辰 110 周年座谈会上所指出的："中国的事情必须按照中国的特点和中国的实际办，这是解决中国所有问题的正确之道。"①

（三）彰显公共品格，确保制度创新宗旨使命

教育事关人民福祉、事关社会公平、事关民族复兴，教育是国之大计、党之大计。课程一方面关系着国家教育方针的落实，另一方面关系着千家万户的未来。课程改革的目的就是为了促进课程实践的科学发展乃至教育事业的科学发展，最终实现中华民族的复兴以及每位学生的发展。课程改革具有强烈的公共性品质，需要我们站在民族复兴、学生成长的高度来负责任的开展。而制度则是调节社会交往关系的规则体系，对人们之间的权力、利益等进行规范或者调整，保障人们之间的交往以及社会活动能够朝着预定的方向正常开展，避免"丛林法则""弱肉强食"现象的发

---

① 习近平：《在纪念邓小平同志诞辰 110 周年座谈会上的讲话》[EB/OL]. http://www.xinhuanet.com//politics/2014-08/20/c_1112160001.htm。

生。课程改革制度创新的使命则是为了健全完善、不断变革不合时宜的课程改革制度，创设新的更具时代感、更符合社会发展需要的制度体系，对课程改革开展的过程进行规约，确保课程改革能够顺利开展。因此，课程改革制度创新要充分彰显公共品格，一切以国家教育事业的发展和每位学生的健康发展为出发点和落脚点，对每一项制度建设进行价值指导，而不能仅仅以某些人或者某些团体的利益为首要考量对象。如若不然，将会造成制度层面的不公平与不正义，这种现象带给社会的负面效应之大、之广远超人们的想象，因为人们会对制度不信任，制度的不信任将造成社会信任的崩溃，久而久之将带来社会的失序。具体到课程改革过程中，人们将会失去参与改革的热情和积极性，将会按照利益最大化原则去行事，而非将国家利益和学生发展放在首位。"社会只有调整其结构、制度体制及其激励机制，将社会成员基于成本—收益分析的行为选择引向良性轨道，使社会成员从生活经验中感受到德行不仅是美好的，而且也是有效用的。"① 彰显课程改革制度的公共品格，这不仅是课程改革制度创新的价值理路，更是中国共产党领导下的社会主义教育的必然要求，社会主义教育底下的课程改革必须要以全体人民的根本利益为宗旨使命，保障人民有更多教育获得感，不断促进教育事业发展成果更多更公平地惠及全体人民。

（四）秉持制度理性，不断完善课程改革制度

人类社会的发展是一个不断理性化的过程，创造发明需要运用理性的力量，社会管理也需要彰显理性的功能，制度建设与创新更需要理性的审视。社会之所以能够不断向前发展，除了生产力自身的进步之外，另一个重要原因就是编织社会结构与交往关系结构的制度的不断变迁与创新的结果。制度创新从何而来？制度创新正是基于人们对社会发展现状与趋势的把握，对现存制度进行审视与反思，发现其中存在的不足，进而发挥主观能动性，采取合适的路径或者手段进行制度变革、制度重建。把握现状、反思不足、变革现实，这个过程正是理性思维的过程，在制度建设中，就是制度理性的体现。正如《决定》所指出的："突出坚持和完善支撑中国特色社会主义制度的根本制度、基本制度、重要制度，着力固根基、扬优

---

① 高兆明：《制度论理研究——一种宪政正义的理解》，商务印书馆 2011 年版，第 250 页。

势、补短板、强弱项，构建系统完备、科学规范、运行有效的制度体系，加强系统治理、依法治理、综合治理、源头治理，把我国制度优势更好转化为国家治理效能。"① 对于课程改革制度创新而言，就要求改革主体运用制度理性对我国课程改革制度建设的现状进行把握，与课程改革的现实需要进行比对，反思哪些制度还不尽完善、不尽合理，需要做出调整，进而采用制度创新手段进行制度变革。就我们的分析而言，我国的课程管理制度与教科书制度建设起步早，发展较为成熟，只需要在现有制度的基础上进行完善即可，比如继续明确不同管理部门的课程管理权、继续完善非统编版教科书选用制度；而课程实施制度和课程评价制度起步较晚，但是近年来得到了较大的发展和完善，需要根据实际情况进行调整，比如课程实施制度中的教师培训制度需要继续加强和完善，确保教师培训与课程改革同步发展，甚至超前发展，课程评价制度对于课程的发展完善功能需要继续彰显，不断促进课程实践的科学发展；课程决策制度需要下大力气进行程序设计，确保课程决策过程的科学化和民主化，确保课程政策的科学性与适切性，另外，需要努力将内隐的课程决策制度形式化，确保课程决策的程序正当，确保重大改革决策于法有据、落到实处，尽最大可能体现我国教育治理体系与治理能力现代化水平。通过改革主体制度理性的充分发挥，建设起系统完备、科学规范、运行有效的课程改革制度体系，使课程改革具体制度之间协同配合，共同保障课程改革的科学推进，保障教育治理体系和治理能力现代化的顺利实现！

---

① 《中共中央关于坚持和完善中国特色社会主义制度、推进国家治理体系和治理能力现代化若干重大问题的决定》[EB/OL]. http：//www.xinhuanet.com/mrdx/2019-11/06/c_138532143.htm.

参考文献

一 著作类

白月桥:《课程变革概论》,河北教育出版社 1996 年版。

陈玉琨:《课程改革与课程评价》,教育科学出版社 2001 年版。

陈中原:《中国教育改革大系·教育改革理论卷》,湖北教育出版社 2016 年版。

褚宏启:《教育政策学》,北京师范大学出版社 2011 年版。

单中惠:《教师专业发展的国际比较》,教育科学出版社 2010 年版。

樊纲:《制度改变中国:制度变革与社会转型》,中信出版社 2014 年版。

范国睿等:《从规制到赋能:教育制度变迁创新之路》,华东师范大学出版社 2018 年版。

高兆明:《制度伦理研究——一种宪政正义的理解》,商务印书馆 2011 年版。

顾明远、石中英:《〈国家中长期教育改革和发展规划纲要(2010—2020 年)〉解读》,北京师范大学出版社 2010 年版。

顾自安:《制度演化的逻辑:基于认知进化与主体间性的考察》,科学出版社 2011 年版。

韩家勋:《教育考试评价制度比较研究》,人民教育出版社 2010 年版。

郝德永:《超越左与右:课程改革的第三条道路》,教育科学出版社 2013 年版。

何珊云:《课程改革的治理机制创新研究》,浙江大学出版社 2014 年版。

和学新等:《课程改革:新世纪的国际视野》,中国社会科学出版社

2018 年版。

胡定荣：《课程改革的文化研究》，教育科学出版社 2006 年版。

黄忠敬等：《教育政策研究的多维视角》，教育科学出版社 2016 年版。

黄忠敬：《课程政策》，上海教育出版社 2010 年版。

蒋建华：《知识·权力·课程——政策视野中的课程研究》，教育科学出版社 2010 年版。

焦炜：《课程改革的政治学研究》，中国社会科学出版社 2015 年版。

教育部课题组：《深入学习习近平关于教育的重要论述》，人民出版社 2019 年版。

金观涛、刘青峰：《中国现代思想的起源：超稳定结构与中国政治文化的演变》，法律出版社 2011 年版。

靳玉乐：《教育资源配置与结构调整研究》，重庆出版社 2011 年版。

经济合作与发展组织：《教育系统中的成功者与变革者：美国从国际学生评估项目中学什么?》，北京大学出版社 2013 年版。

康永久：《教育创新制度研究》，北京师范大学出版社 2016 年版。

康永久：《教育制度的生成与变革：新制度教育学论纲》，教育科学出版社 2003 年版。

柯政等：《从整齐划一到多样选择：课程改革发展之路》，华东师范大学出版社 2018 年版。

柯政：《理解困境：课程改革实施行为的新制度主义分析》，教育科学出版社 2011 年版。

郎咸平：《郎咸平说：改革如何再出发》，东方出版社 2013 年版。

李德顺：《新价值论》，云南人民出版社 2004 年版。

李敏：《政策导向：1980 年以来美国基础教育政策的演进》，安徽教育出版社 2009 年版。

李木洲：《高考改革的历史反思——基于制度变迁的视角》，华中师范大学出版社 2014 年版。

李祥云：《我国财政体制变迁中的义务教育财政制度改革》，北京大学出版社 2008 年版。

李拯：《中国的改革哲学》，中信出版社 2018 年版。

李政涛、李云星：《百年中国基础教育改革的方法论探析》，教育科学出版社 2011 年版。

厉以宁等：《读懂中国改革》，中信出版社 2014 年版。

联合国教科文组织：《反思教育：向"全球共同利益"的理念转变?》，联合国教科文组织总部中文科译．教育科学出版社 2017 年版。

刘复兴：《教育政策的价值分析》，教育科学出版社 2006 年版。

刘俊杰：《当代中国权力制衡结构研究》，中共中央党校出版社 2012 年版。

刘树成、吴太昌：《中国经济体制改革 30 年研究》，经济管理出版社 2008 年版。

刘志军：《走向理解的课程评价》，中国社会科学出版社 2004 年版。

刘自成：《教育改革典型案例（二）》，人民教育出版社 2012 年版。

刘自成：《教育改革典型案例（一）》，人民教育出版社 2012 年版。

吕达：《课程史论》，人民教育出版社 2011 年版。

吕立杰：《国家课程设计过程研究》，教育科学出版社 2008 年版。

马俊峰：《社会公正与制度创新》，中国人民大学出版社 2013 年版。

裴娣娜：《教育研究方法导论》，安徽教育出版社 2006 年版。

全国课程专业委员会秘书处：《21 世纪中国课程研究与改革》，人民教育出版社 2001 年版。

施慧玲：《制度论理研究论纲》，北京师范大学出版社 2003 年版。

施良方：《课程理论：课程的基础、原理与问题》，教育科学出版社 1996 年版。

石鸥：《百年中国教科书忆》，知识产权出版社 2015 年版。

石鸥、吴小鸥：《简明中国教科书史》，知识产权出版社 2015 年版。

宋增伟：《制度公正与人的全面发展》，人民出版社 2008 年版。

苏力：《制度是如何形成的》，北京大学出版社 2012 年版。

孙绵涛：《教育政策分析：理论与实务》，重庆大学出版社 2011 年版。

田凌晖：《公共教育改革——利益与博弈》，复旦大学出版社 2011 年版。

屠莉娅：《从概念化到审议：课程政策过程研究》，山东教育出版社 2011 年版。

王威海：《政治社会学：范畴、理论与基本面向》，上海人民出版社

2008 年版。

王伟光：《利益论》，中国社会科学出版社 2010 年版。

吴敬琏等：《读懂中国改革 2：寻找改革突破口》，中信出版社 2014 年版。

吴康宁：《教育改革的"中国问题"》，南京师范大学出版社 2015 年版。

吴遵民：《教育政策学入门》，上海教育出版社 2010 年版。

习近平：《决胜全面建成小康社会 夺取新时代中国特色社会主义伟大胜利》，人民出版社 2017 年版。

习近平：《习近平谈治国理政 第二卷》，外文出版社 2017 年版。

习近平：《习近平谈治国理政 第一卷》，外文出版社 2018 年版。

习近平：《在庆祝改革开放 40 周年大会上的讲话》，人民出版社 2018 年版。

夏雪梅：《课程变革实施过程的研究：学校组织的视角》，上海教育出版社 2014 年版。

辛鸣：《制度论——关于制度哲学的理论建构》，人民出版社 2008 年版。

徐继存：《教学理论反思与建设》，甘肃教育出版社 2004 年版。

荀渊、唐玉光：《教师专业发展制度》，教育科学出版社 2011 年版。

杨建华：《基础教育管理体制变革原理与应用》，陕西师范大学出版总社有限公司 2015 年版。

杨九俊：《中国基础教育课程改革推进研究》，江苏教育出版社 2012 年版。

杨立青：《上下联动与制度变迁：中国文化管理体制创新研究》，广西师范大学出版社 2015 年版。

姚洋：《作为制度创新过程的经济改革》，格致出版社、上海人民出版社 2015 年版。

袁振国：《教育改革论》，江苏教育出版社 1993 年版。

曾天山：《教材论》，江西教育出版社 1997 年版。

张乐天：《教育政策法规的理论与实践》，华东师范大学出版社 2009 年版。

张翼：《教育发展与制度选择：我国二十五年来教育制度变迁分析》，

暨南大学出版社 2012 年版。

中共中央宣传部：《习近平新时代中国特色社会主义思想三十讲》，学习出版社 2017 年版。

钟启泉等：《为了中华民族的复兴 为了每位学生的发展——〈基础教育课程改革纲要（试行）〉解读》，华东师范大学出版社 2001 年版。

钟启泉：《现代课程论》，上海教育出版社 2003 年版。

周彬：《教育考试与评价政策》，上海教育出版社 2011 年版。

周天勇等：《中国行政体制改革 30 年》，格致出版社、上海人民出版社 2008 年版。

朱永新、马国川：《重启教育改革：中国教育改革十八讲》，生活·读书·新知三联书店 2014 年版。

朱永新：《嬗变与建构：中国当代教育思想史》，人民教育出版社 2004 年版。

邹吉忠：《自由与秩序：制度价值研究》，北京师范大学出版社 2003 年版。

［加］Benjamin Levin：《教育改革——从启动到成果》，项贤明、洪成文译，教育科学出版社 2005 年版。

［美］彼得斯：《政治科学中的制度理论："新制度主义"》，王向民、段红伟译，上海人民出版社 2011 年版。

［美］E·博登海默：《法理学：法律哲学与法律方法》，邓正来译，中国政法大学出版社 2004 年版。

［加］法雷利：《教育政策与规划》，刘复兴等译，西南师范大学出版社 2011 年版。

［英］弗里德利希·冯·哈耶克：《自由秩序原理》，邓正来译，生活·读书·新知三联书店 1997 年版。

［美］杰克·奈特：《制度与社会冲突》，周伟林译，上海人民出版社 2009 年版。

［德］柯武刚、史漫飞：《制度经济学——社会秩序与公共政策》，韩朝华译，商务印书馆 2008 年版。

唐世平：《制度变迁的广义理论》，沈文松译，北京大学出版社 2016 年版。

［加］Michael Fullan：《教育变革的新意义》，武云斐译，华东师范大

学出版社 2011 年版。

［英］玛丽·道格拉斯：《制度如何思考》，张晨曲译，经济管理出版社 2013 年版。

［美］迈克尔·W. 阿普尔：《教育与权力（第二版）》，曲囡囡译，华东师范大学出版社 2008 年版。

［美］迈克尔·阿普尔：《意识形态与课程》，黄忠敬译，华东师范大学出版社 2001 年版。

［美］塞缪尔·P. 亨廷顿：《变化社会中的政治秩序》，王冠华等译，上海世纪出版集团，2012 年版。

［美］W·理查德·斯科特：《制度与组织——思想观念与物质利益》，姚伟、王黎芳译，中国人民大学出版社 2010 年版。

二　期刊论文类

白颖颖、马云鹏：《我国普通高中课程改革政策工具 70 年的演变分析》，《教育学报》2019 年第 2 期。

曹培英：《课程改革进程中若干地方性实践的回顾与分析》，《湖南师范大学教育科学学报》2018 年第 12 期。

陈宝生：《全面推进依法治教　为加快教育现代化、建设教育强国提供坚实保障——在全国教育法治工作会议上的讲话》，《国家教育行政学院学报》2019 年第 1 期。

陈金芳、万作芳：《教育治理体系与治理能力现代化的几点思考》，《教育研究》2016 年第 10 期。

陈静漪、宗晓华：《农村义务教育财政体制改革与发展——改革开放四十年回顾与展望》，《教育经济评论》2018 年第 6 期。

陈朋：《制度创新与制度自信：中国特色社会主义制度成长的基本逻辑》，《学海》2018 年第 1 卷第 29 期。

陈如：《略论我国教育评价制度系统的构建》，《教育探索》1999 年第 6 期。

程晋宽、方蒸蒸：《教育改革的制度创新为什么这么难——基于"八年研究"与"特许学校"制度同构的分析》，《南京师范大学学报（社会科学版）》2019 年第 3 期。

崔允漷：《试论建立国家义务教育质量监测体系的价值》，《教育研究与实验》2006 年第 5 期。

邓友超：《深化教育体制改革重在抓落实、见实效》，《教育研究》2018 年第 9 期。

丁邦平：《我国科学教育改革需要立法保障》，《科学与社会》2017年第 3 期。

杜明峰：《改革开放四十年我国教师制度的变迁与逻辑》，《全球教育展望》2018 年第 7 期。

樊亚峤、靳玉乐：《学生综合素质评价的制度化》，《中国教育学刊》2010 年第 6 期。

范国睿：《教育体制改革与教育生态活力》，《教育发展研究》2015年第 19 期。

范国睿：《教育政策与教育改革的逻辑展开》，《教育科学研究》2016年第 9 期。

范国睿：《教育制度变革的价值追求与战略选择——纪念教育改革开放四十年》，《全球教育展望》2018 年第 7 期。

冯建军：《程序公正：制度化教育公正的重要原则》，《教育发展研究》2007 年第 7—8A 期。

付子堂、葛天博：《深化教育改革必须树立遵从宪法意识》，《中国高等教育》2018 年第 8 期。

高书国：《新时代中国教育改革内在逻辑与政策建议》，《国家教育行政学院学报》2018 年第 1 期。

管培俊：《关于教师教育改革发展的几个观点》，《教师教育研究》2004 年第 4 期。

郭华：《中国课程改革四十年》，《湖南师范大学教育科学学报》2018年第 6 期。

郭晓明：《试论我国课程管理手段的改革——走向多样化和现代化》，《课程·教材·教法》2002 年第 3 期。

郝德永：《我国当代教育改革的方法论偏差及症结》，《教育研究与实验》2018 年第 1 期。

郝志军：《基础教育课程改革反思与推进建议》，《西北师范大学学报（社会科学版）》2017 年第 5 期。

何颖、田宪臣：《制度创新与中国特色社会主义》，《科学社会主义》

2011 年第 5 期。

　　和学新：《课程评价制度创新与基础教育课程改革》，《教育研究》2004 年第 7 期。

　　贺培育：《论制度化》，《理论探讨》1990 年第 2 期。

　　侯琦、魏子扬：《制度的非理性与社会和谐》，《中共福建省委党校学报》2008 年第 7 期。

　　胡伶、范国睿：《教育政策监测与评估主体的现状与发展建议》，《教育发展研究》2012 年第 13—14 期。

　　黄显涵等：《课程改革中教师挑战与困境：中国大陆教师的个案分析》，《教师教育研究》2017 年第 4 期。

　　黄忠敬：《谁的知识最有价值？——论衡量课程知识价值的"人的尺度"》，《课程·教材·教法》2019 年第 1 期。

　　江德兴、陈良斌：《重返马克思的制度视域——论马克思制分析的一般框架》，《东南大学学报：哲学社会科学版》2008 年第 1 卷第 13 期。

　　蒋建华：《理解课程改革的知识政治学观点》，《课程·教材·教法》2011 年第 10 期。

　　蒋建华：《权力多极化的课程权力定位——超越中央与地方的思维框架》，《教育学报》2005 年第 2 期。

　　靳玉乐：《教材选用的运作机制及其改进》，《课程·教材·教法》2014 年第 8 期。

　　靳玉乐、李志超：《我国课程改革决策的特点、问题及其改进》，《教育发展研究》2013 年第 12 期。

　　靳玉乐、张善超：《教材建设 40 年：知识变革的检讨与展望》，《课程·教材·教法》2018 年第 6 期。

　　鞠玉翠：《教育改革合理性探寻——罗尔斯反思平衡法的启示》，《教育研究》2011 年第 10 期。

　　李洪修：《学校课程改革的制度困境及其调适》，《社会科学战线》2014 年第 8 期。

　　李省龙：《论马克思关于制度的一般理论》，《中国人民大学学报》2003 年第 2 期。

　　李省龙：《马克思制度分析理论的总体构成》，《经济学动态》2003 年第 5 期。

李希贵：《深化教育改革 加快教育现代化》，《教育研究》2017 年第 11 期。

李志超、靳玉乐：《课程政策制订的社会参与研究》，《中国教育学刊》2014 年第 1 期。

李志超、靳玉乐：《学校文化重建与课程改革》，《中国教育学刊》2013 年第 2 期。

栗洪武：《理性思辨研究方法在教育科学研究中运用》，《陕西师范大学学报》2011 年第 2 期。

廖静茜、靳玉乐：《论课程改革的公共伦理》，《课程·教材·教法》2018 年第 12 期。

刘贵华：《教育科研的时代使命与担当》，《教育研究》2018 年第 9 期。

刘胡权：《地方教育制度创新的困境及其化解》，《重庆社会科学》2014 年第 10 期。

刘晖：《制度创新：为中国教育释放更大的发展空间》，《教育科学》2003 年第 4 期。

刘茂军、孟凡杰：《冲突理论视域下的课程改革话语冲突分析》，《课程·教材·教法》2015 年第 10 期。

刘学智、张振：《改革开放 40 年基础教育教材制度改革的回顾与展望》，《课程·教材·教法》2018 年第 8 期。

刘学智、张振：《推进教材制度创新的着力点》，《教育研究》2019 年第 2 期。

刘永福：《改革开放 40 年我国推进教育现代化的基本经验》，《西南大学学报（社会科学版）》2018 年第 4 期。

刘志军、徐彬：《教育评价：应然性与实然性的博弈及超越》，《教育研究》2019 年第 5 期。

龙安邦、余文森：《我国基础教育课程改革与发展 70 年》，《课程·教材·教法》2019 年第 2 期。

罗生全、靳玉乐：《教育改革的整体设计与协同推进》，《国家教育行政学院学报》2014 年第 5 期。

罗生全、刘志慧：《英国中小学"新"课程政策的价值逻辑》，《比较教育研究》2014 年第 3 期。

马健生、蔡娟：《教育改革是一项社会系统工程——顾明远教育改革观探析》，《教育学报》2018 年第 4 期。

苗启明：《论制度理性：从不发达到现代化的主导力量》，《学术探索》2000 年第 5 期。

邱伟华：《权力制衡与教育公平之实现》，《华东师范大学学报（教育科学版）》2011 年第 3 期。

曲铁华、于萍：《改革开放 40 年教师教育改革与未来展望》，《教育研究》2018 年第 9 期。

容中逵：《基础教育改革的经济逻辑》，《湖南师范大学教育科学学报》2018 年第 3 期。

容中逵：《教育改革的文化逻辑》，《教育研究》2016 年第 6 期。

申素平：《以权利制约权力：教育改革 40 年的法治命题》，《探索与争鸣》2018 年第 8 期。

石筠弢：《好的课程政策及其制定》，《课程·教材·教法》2003 年第 1 期。

石鸥、张学鹏：《改革开放 40 年教科书建设再论》，《教育学报》2018 年第 2 期。

宋乃庆等：《义务教育改革与发展 40 年的中国模式》，《南京社会科学》2018 年第 9 期。

谭松华、袁本涛：《教育现代化衡量指标问题的探讨》，《清华大学教育研究》2001 年第 1 期。

田慧生：《我国基础教育课程教材建设 40 年》，《基础教育课程》2018 年第 19 期。

涂端午：《深化教育改革中的决策风险防控》，《清华大学教育研究》2018 年第 2 期。

屠莉娅：《从形式规范走向实质规范：我国课程政策审议的经验及其反思》，《教育发展研究》2010 年第 18 期。

屠莉娅：《课程政策运作的政治学解析：从话语斗争、权力变迁到社会资本运转》，《教育发展研究》2014 年第 22 期。

王策三：《台湾教改与"我们的课改"》，《教育学报》2010 年第 3 期。

王海峰、郭素华：《制度理性：政府公共治理的价值源起》，《理论探索》2007 年第 5 期。

王立科：《我国教师教育政策发展三十年回顾与展望》，《国家教育行政学院学报》2009 年第 1 期。

王敏勤：《课程改革中的放权与用权》，《人民教育》2007 年第 11 期。

王善迈、赵婧：《教育经费投入体制的改革与展望——纪念改革开放 40 周年》，《教育研究》2018 年第 8 期。

王守纪等：《课程改革的政治学：启蒙、政治与权力博弈》，《湖南师范大学教育科学学报》2015 年第 5 期。

王星霞：《义务教育发展政策变迁：制度分析与政策创新》，《河南大学学报（社会科学版）》2017 年第 2 期。

王旭：《论制度存在与变迁的必然性和合理性》，《中共中央党校学报》2002 年第 2 期。

文魁、徐则荣：《制度创新理论的生成与发展》，《当代经济研究》2013 年第 7 期。

文黎明：《论教育改革的体制障碍与超越》，《教育研究与实验》1990 年第 2 期。

邬志辉：《中国教育的现代化与制度创新》，《华东师范大学学报（教育科学版）》1998 年第 4 期。

吴刚平、陈华：《课程改革政策滞后现象探析》，《湖南师范大学教育科学学报》2014 年第 3 期。

吴宁：《权利·自由·秩序》，《社会科学战线》2005 年第 3 期。

吴全华：《教育改革评估须关注的几个现象》，《教育发展研究》2019 年第 Z2 期。

吴全华：《论教育改革试点的非理性现象》，《教育发展研究》2018 年第 11 期。

肖磊：《教师专业化的制度困境与突围路径》，《课程·教材·教法》2018 年第 1 期。

肖磊、靳玉乐：《中国新课程改革的检视：异域学者的观点》，《课程·教材·教法》2013 年第 6 期。

肖磊、刘志军：《制度信任视域下的综合素质评价》，《课程·教材·教法》2017 年第 5 期。

肖正德、李宋昊：《新课程改革中乡村教师之尴尬境遇及文化学审视》，《教育研究与实验》2014 年第 5 期。

熊杨敬、刘志军：《改革开放 40 年来我国课程评价研究的回顾与省思》，《中国教育学刊》2018 年第 11 期。

薛传会：《论教育改革的合法性逻辑建构及其理路》，《华东师范大学学报（教育科学版）》2015 年第 3 期。

薛二勇、刘爱玲：《习近平教育思想：中国教育改革的旗帜与方向》，《中国教育学刊》2017 年第 5 期。

杨春兰：《教育法规在课程改革中的保证作用》，《黑龙江高教研究》2008 年第 3 期。

杨九诠：《1978—2018 年：中国课程改革当代史》，《课程·教材·教法》2018 年第 10 期。

杨明全：《制度创新语境下课程领导的转型与超越》，《中国教育学刊》2010 年第 2 期。

杨育民：《略论"制度化"》，《社会科学辑刊》2001 年第 6 期。

殷德生：《制度创新的一般理论：逻辑、模型与扩展》，《经济评论》2003 年第 6 期。

袁国、贾丽彬：《人的全面发展：教育改革的基本价值标准》，《教育理论与实践》2018 年第 20 期。

袁振国：《教育决策的科学化和民主化是依法治教的关键》，《中国教育学刊》2015 年第 11 期。

袁振国、刘世清：《改革开放 40 年中国基础教育发展的历史经验》，《中国教育学刊》2018 年第 12 期。

曾蓉：《课程制度：课程改革深度推进的核心》，《教育理论与实践》2018 年第 7 期。

张华：《核心素养与我国基础教育课程改革"再出发"》，《华东师范大学学报（教育科学版）》2016 年第 1 期。

张惠虹：《教材审定制度的法律问题研究》，《全球教育展望》2019 年第 3 期。

张彦玲：《论教育制度创新》，《教育发展研究》2001 年第 5 期。

赵垣可、范蔚：《深化课程改革背景下教师核心素养发展问题研究》，《河北师范大学学报（教育科学版）》2017 年第 5 期。

郑富芝：《坚持正确方向 全面提升教材质量》，《人民教育》2017 年第 22 期。

中国教育科学研究院课程教学研究中心课题组：《基础教育课程改革十年：经验、问题与对策》，《教育科学研究》2012 年第 9 期。

钟启泉：《课程改革：为社会公正和儿童发展而教》，《上海教育科研》2013 年第 3 期。

钟启泉：《我国教师教育制度创新的课题》，《北京大学教育评论》2008 年第 3 期。

钟启泉：《中国课程改革：挑战与反思》，《比较教育研究》2005 年第 12 期。

周勇：《超越新自由主义：中国历史文化传统与课程改革》，《江淮论坛》2017 年第 5 期。

周勇：《近代中国的国家文化复兴与课程改革》，《教育发展研究》2019 年第 8 期。

朱丽霞：《教育改革共识何以达成》，《基础教育》2018 年第 2 期。

朱文辉：《改革开放 40 年我国农村义务教育经费保障机制的回溯与前瞻》，《中国教育学刊》2018 年第 12 期。

朱旭东：《当前我国教师队伍建设面临的问题刍议》，《教育发展研究》2018 年第 18 期。

朱旭东、袁丽：《教师资格考试政策实施的制度设计》，《教育研究》2016 年第 5 期。

三　学位论文类

代建军：《论我国当前中小学课程运作机制的转变》，博士学位论文，上海师范大学，2007 年。

何珊云：《民间公益组织与课程改革治理机制创新》，博士学位论文，华东师范大学，2012 年。

侯晓明：《我国现行中小学教科书制度研究》，博士学位论文，武汉大学，2011 年。

胡传美：《制度经济学视野中的教育制度创新》，硕士学位论文，南京师范大学，2006 年。

胡东芳：《课程政策研究》，博士学位论文，华东师范大学，2001 年。

李秉中：《教育均衡发展的制度化研究》，博士学位论文，东北师范大学，2007 年。

李水平：《新中国教科书制度研究》，博士学位论文，湖南师范大学，2014 年。

李志超：《三级课程管理的权力运作研究》，博士学位论文，西南大学，2013 年。

刘月霞：《普通高中课程实施策略研究》，博士学位论文，东北师范大学，2015 年。

彭志勇：《人性发展与制度创新》，博士学位论文，中共中央党校，2003 年。

史晖：《转型与重构：中国近代课程制度变迁研究》，博士学位论文，南京师范大学，2011 年。

孙科技：《教育政策执行碎片化的整体性治理研究》，博士学位论文，华东师范大学，2018 年。

屠莉娅：《课程改革政策过程：概念化、审议、实施与评价——国际经验与本土案例》，博士学位论文，华东师范大学，2009 年。

王昌善：《我国近代中小学教科书编审制度研究》，博士学位论文，湖南师范大学，2011 年。

王玲：《博弈视野下的课程政策研究》，博士学位论文，山东师范大学，2008 年。

王郢：《教科书审查法律制度研究》，博士学位论文，西南大学，2009 年。

吴华：《课程权力：从冲突走向制衡》，博士学位论文，东北师范大学，2008 年。

张树德：《当代课程改革成功机制研究——澳大利亚经验和启示》，博士学位论文，华东师范大学，2007 年。

四　英文类

Alisha Vincent, *An examination of factors that affect the institutionalization of service-learning at American institutions of higher education* [D]. Vermillion: University of South Dakota, 2010.

Arnold, G. B. Symbolic politics and institutional boundaries in curriculum reform: The case of national sectarian university [J]. *Journal of Higher Education*, 2004 (5).

Bartlet, L. Rationality and the management of curriculum change [J]. *Educational Management and Administration*, 1991 (1).

Carol, L. C. Assessing institutionalization of curriculum and pedagogical reforms [J]. *Research in Higher Education*, 2002 (4).

Chen X. M. & Yang, F. Chinese teachers´ reconstruction of the curriculum reform through lesson study [J]. *International Journal for Lesson and Learning Studies*, 2013 (3).

Denzau, A. T. & North, D. C. Shared mental model: Ideologies and Institutions [J]. *Kyklos*, 1994 (1).

Feng, D. China's Recent Curriculum Reform: Progress and Problems [J]. *Planning and Changing*, 2006 (1/2).

Fu G. P. &Anthony Clarke, Individual and collective agencies in China's curriculum reform: A case of physics teachers [J]. *Journal of Research in Science Teaching*, 2019 (1).

F. James Rutherford, Preparing teachers for curriculum reform [J]. *Science Education*, 1971 (4).

JIN, Y &LI, L. A Postmodern Perspective on Curriculum Reform in China [J]. *Chinese Education and Society*, 2011 (4).

Jones, A. Politics and history curriculum reform in post – Mao China [J]. *International Journal of Educational Research*, 2002 (37).

Karen Seashore Louis, Surviving institutional change: Reflections on curriculum reform in universities [J]. *New Directions For Higher Education*, 1989 (66).

LaiM, H. Teacher development under curriculum reform: a case study of a secondary school in mainland China [J]. *International Review of Education*, 2010 (5-6).

Mark, H. Institutional theory and educational change [J]. *Educational Administration Quarterly*, 2001 (5).

Marton, A. M. The cultural politics of curriculum reform in China [J]. *Journal of Contemporary China*, 2006 (47).

Pang, Y. H. From Examination-Oriented Education to Quality Education and the Merging of Higher Institutions: China's Educational Reforms in the Past Two Decades [J]. *Making Connections*, 2012 (2).

Rodney, T. O. The institutional sources of educational reform [J]. *American Educational Research Journal*, 1994 (3).

Sargent, T. C. *Institutionalizing educational ideologies: curriculum reform and the transformation of teaching practices in rural China* [D]. Philadelphia: University of Pennsylvania, 2006.

Tolbert, P. S. & Lynne, G. Z. Institutional sources of change in the formal structure of organization [J]. *Administrative Science Quarterly*, 1983 (30).

Walker, A & Qian, H. Reform Disconnection in China [J]. *Peabody Journal of Education*, 2012 (87).

West, W. F. Institutionalizing rationality in regulatory administration [J]. *Public Administration Review*, 1983 (July/August).

Woronov, T. E. Raising quality, fostering "creativity": ideologies and practices of education reform in Beijing [J]. *Anthropology and Education Quarterly*, 2008 (4).

Zhao, Y & Qiu, W. Policy changes and educational reforms in China: decentralization and marketization [J]. *On the Horizon*, 2012 (4).

附录一

作为制度创新过程的教育改革:
策略行动者的能动性实践①

　　教育改革是一项复杂的系统工程,这源于教育自身的复杂性和系统性,一项教育要素的改革很有可能引起教育的整体性转型,因此,教育改革需要我们慎重对待、科学论证,确保教育事业的稳定发展;但教育改革同时又是一项伟大的创新工程,这源于改革自身的公共性与变革性,伟大的事业需要改革来推进,因此,教育改革又要求我们大胆创新、革除时弊,保障教育事业的科学发展。教育改革的复杂性与创新性同时要求与教育(改革)相关的制度能够在自由与秩序之间保持一种必要的张力,然而,我国过去的教育(改革)制度,无论是宏观的教育体制还是微观的学校教育制度都被深深地打上了计划的烙印,保守有余而开放不足,这对于激发民众的改革热情和创新精神是十分不利的。近些年来,教育体制机制的变革已成为教育改革的最强音。因此,教育改革必然伴随着教育制度的不断创新,从这个角度而言,教育改革就是教育制度不断变革与创新的过程。所谓制度创新,是指能使创新者获取最大利益的现存制度的变革,② 可以是正式制度,也可以是非正式制度的变革。然而,囿于过去的认知错觉,我们普遍认为制度研究是一个"雷区"和"禁区",不敢涉及其中,更不用提去推进制度创新了,所以导致了改革的进程往往容易出现一些非理性和随意化的现象。在改革日益成为社会共识,创新日益成为时代脉搏的背景下,深入探究作为制度创新的教育改革的系列问题对于教育改革的理性开展有着重大而又深远的意义。本文拟从制度创新之于教育改革的价值——为何要进行制度创新的问题,制度塑造行动还是行动创造制

---

① 本文与刘志军教授合作完成。
② 李金亮、沈奎:《创新与政府》,广东经济出版社 2010 年版,第 21 页。

度——制度创新的可能性问题，以及如何进行制度创新——整合的策略行动的问题等几个方面着手探讨作为制度创新的教育改革，以期有利于我国的教育制度创新，有利于教育改革的合理开展。

一 制度创新：教育改革困境的破解之道

自新中国成立，尤其是改革开放以来，教育改革已经成为我国教育事业科学发展的强劲动力，教育事业取得了举世瞩目的成就，从普及九年义务教育到义务教育免费再到义务教育均衡发展，从单一的国家课程到国家课程、地方课程和校本课程三级课程并存，从高等教育精英化到高等教育大众化等无不是教育改革所带来的积极影响。[①] 在我国教育改革的进程中，关于制度变革与创新的呼吁始终伴随其中，这集中体现在 1985 年颁布实施的《中共中央关于教育体制改革的决定》、1993 年颁布实施的《中国教育改革和发展纲要》、1999 年印发的《中共中央国务院关于深化教育改革，全面推进素质教育的决定》、2010 年颁布实施的《国家中长期教育改革和发展规划纲要（2010—2020 年）》及其他重要政策文件中。实践充分证明，正是有了制度的不断创新，我国的教育改革才能不断取得突破、教育事业才能不断发展，而当制度陷于停滞状态或者不能适应时代精神、社会发展时，教育改革也将止步不前、步履维艰。

在此，我们以中小学教科书多样化政策的发展为例说明制度创新对于教育改革的重要意义。2001 年颁布实施的《基础教育课程改革纲要（试行）》中，明确指出："完善基础教育教材管理制度，实现教材的高质量与多样化。"具体包括：第一，建立教材编写的核准制度，教材编写者应向教育部申报，经资格核准通过后，方可编写；第二，完善教材审查制度，国家课程和地方课程的教材需通过全国中小学教材审查委员会或省级教材审查委员会审查；第三，改革中小学教材指定出版的方式和单一渠道发行的体制，严格遵循中小学教材版式的国家标准；第四，加强对教材使用的管理。教育行政部门定期向学校和社会公布审查通过的中小学教材目

---

① 改革开放 30 年中国教育改革与发展课题组：《教育大国的崛起：1978—2008》，教育科学出版社 2008 年版。

录，并逐步建立教材评价制度和在教育行政部门及专家指导下的教材选用制度。① 由上可知，教材管理制度并不是一项单一的制度，而是由多项子制度构成的制度群，需要各子制度之间的共同配合、协同作用，方可确保教材管理的科学化。事实上，我们在课程改革的过程中往往对前三项可以硬性把控的制度要求严格实施，所以在人民群众的教育需求多元化的时代背景下，教材多样化政策较过去的"一纲一本"而言，在很大程度上激发了社会力量参与教科书编写的积极性，打破了过去全国统一教材的局面，有利于编写出更加适合本地区、本学校的教科书，事实也确实证明了教材多样化政策的科学性。② 然而，课程改革过程中我们对较为"软性"的教材评价制度和教材选用制度重视不够，所以导致了教材选用过程中的随意化和非理性现象的发生，扰乱了中小学的正常教学秩序。③ 基于此，教育部又于 2014 年 9 月 30 日印发了《中小学教科书选用管理暂行办法》，对中小学教科书选用过程进行规范。自《中小学教科书选用管理暂行办法》颁布实施三年来，中小学教科书选用中的混乱局面得到了很大程度的遏制。另外，基于上述教科书选用的混乱局面和加强意识形态的考虑，教育部于 2011 年启动了德育、历史和语文三科教材"统编本"的编写工作，2016 年起在全国部分中小学起始年级使用三科教材的统编本。从教科书多样化政策的相关制度变迁历程，我们可以看出制度创新对于教育改革的重要意义和价值所在，完善、合理的制度可以保障课程改革的科学推进，否则，将会不利于、甚至阻碍课程改革的步伐及教育事业的科学发展。

那么，为何制度创新能够保障教育改革的科学推进呢？这是由教育改革的本质和制度的功能所决定的。教育改革在本质上是一个"社会—政治"过程④，其中充满权力的博弈、价值观的冲突以及利益的折中。教育改革如果缺乏必要的中介机制来对权力进行规约、对观念进行引导、对利

---

① 教育部. 基础教育课程改革纲要（试行）［EB/OL］. http：//old.moe.gov.cn//publicfiles/business/htmlfiles/moe/moe_309/200412/4672.html。

② 杜尚荣、李森：《我国中小学教材多样化建设 30 年：历程、问题及对策》，《课程·教材·教法》2016 年第 6 期。

③ 李建平：《教材多样化遭遇利益冲击》，《中国教育报》2002 年 4 月 14 日。

④ JIN, Y & LI, L. A Postmodern Perspective on Current Curriculum Reform in China ［J］. *Chinese Education and Society*，2011（4）：25-43。

益进行调和，将会造成权力的压制、文化的霸权以及利益的失衡，这不利于教育改革的顺利开展，有可能造成越改越乱的局面。而这种中介机制就是我们通常所说的制度。制度是历史性存在的用于调节社会交往关系的具有权威性的行为规则系统。每个人都生活在特定的社会制度、政治制度、经济制度以及文化制度中，制度无时无刻不影响和规范着人们的生活与行为。① 制度明确规定了人们可以做什么、不可以做什么以及违反规则的后果，给相关人群提供一个稳定的预期，以保障个体的自由以及社会整体秩序的稳定。制度之于教育改革是同样的道理，以往的教育改革过程中我们虽然也在一定程度上意识到制度建设与创新的重要性，但在实践中却没有充分重视起来，导致了部分制度不合理、不完善，不能适应教育改革的步伐。因此，当我们在面对教育改革的困境时要时常回头看看相关制度是否完善、是否合理，是否是我们的制度束缚了人们的手脚而不能大胆进行创新，是否是我们的制度为人们提供了利益寻租的机会，继而对相关制度进行调整和创新。当然，这也提醒改革的发起者应秉持制度理性来开展教育改革，在改革启动之前做好顶层设计和制度建设，以避免非理性和随意化现象的发生，保障改革的科学推进，而非问题显现之后才想起要进行制度建设。

但是，当人们在面对教育改革的困境时，习惯于要么将教育改革的实施困难归结为个体教育观念的陈旧和实施新教育能力的不足。在我国新课程改革启动之初，就曾有专家指出我国新课程改革的实施困境就是由于绝大多数中小学教师不合格所造成的，继而要求个体转变教育观念、提升教育能力；要么归结为现存学校文化与新教育文化的冲突，从较为形而上的文化重建的角度出发去破解教育改革的困境，这从新课程改革启动之初的课程文化研究热中可见一斑。表面上看，这两种看待教育改革困境的视角有着明显的不同，前者是从个体角度而言的，而后者则是从集体文化角度而言的，但实质上这两种视角和思维方式有着实质上的相同之处，即都混淆了教育改革的困境与困境产生的原因，错将教育改革的困境本身当作困境产生的原因。因为无论是个体观念的陈旧与能力的不足，还是现存学校文化的落后都是教育改革的组成部分，两者都不能置身于教育改革之外，而且二者之间关系非常紧密，因为集体文化是个体所持价值观的影像集

_____

① 肖磊：《课程改革的制度化研究》，博士学位论文，西南大学，2014 年。

合，所以根本上讲，这两种思维路径都未能抓住教育改革的本质所在，都是从现象层面去解释教育改革的困境，因此所提出的问题解决对策都只能治标而不能治本。在此笔者赞同柯政教授在研究新课程改革实施困境中所提出的观点，即境遇不同的学校在实施研究性学习课程政策过程中却表现出了高度的相似性，这就说明传统课程实施研究领域那些把问题归结于学校教师的解释是不成立的，能够在背后对学校教师的实施行为施加实质性影响的力量，应该是超越于具体的学校和教师的，那就是既存的制度。① 正是制度层面的原因才造成了教育改革的困境，无论是个体能力还是学校文化都很有可能是制度创新的不足所导致的，也即制度的变革不能适应教育改革的步伐，才导致了个体观念未能及时得到转变、个体能力未及时得到提升以及学校文化革新动力不足、革新步伐迟滞，要知道没有哪一个人或者组织不愿意接受美好的事物，不愿意更好地实现自身价值，除非改革措施不能带给原有制度体系下更多好处，哪怕是相当的利益。个体或者组织在面对改革时总是要进行利弊得失的衡量，继而采取相对应的行为方式——支持还是反对、积极还是应付等。只有通过制度的变革与创新，给参与教育改革的民众一个稳定的、合理的预期，学校组织和教师个体才会积极转变观念，采取合适的方式塑造新的学校文化，并积极参与改革和落实改革措施。②

二　制度与人：行动塑造抑或是塑造行动

制度创新对于教育改革的顺利推进具有重要的意义，有助于教育改革困境的解围，这是制度创新的价值前提，同时也是制度创新的评价标准，舍此前提，制度创新将变成没有意义的瞎折腾，将变成伪创新。③ 那么，接下来一个关键的问题就是制度创新可能吗？如果制度创新在理论与实践上都不可行，提出这一概念不就显得没有必要了吗？的确，历史与现实中，很多学者与理论流派都曾对制度创新持否定的态度，认为制度创新这

① 柯政：《理解困境：课程改革实施行为的新制度主义分析》，教育科学出版社 2011 年版，第 167 页。

② 肖磊：《课程改革的困境与文化重建的迷茫》，《基础教育》2016 年第 6 期。

③ 褚宏启：《警惕教育中"伪创新"与"真折腾"》，《中小学管理》2017 年第 3 期。

一概念根本不成立，人类在面对制度时根本不可能变革制度，更不用说创新制度了。典型的观点有两种：第一，制度是自发演进的，与人的主观意志无关；第二，制度仅仅是约束人、压制人的工具，而非推动个体创造、激发社会活力的源泉。接下来让我们以制度与人的关系为立足点，逐一分析这两种观点的偏颇之处，为制度创新寻找立论之基。

制度的自发演进说认为，制度并非人类理性设计的成果，与人的主观意志无关，人的主观意志强制介入制度演进过程只会带来社会发展的灾难。代表性人物如批判理性主义创始人、著名科学哲学家波普尔（Karl Popper）和英国自由主义政治哲学家哈耶克（Friedrich A. Von Hayek）等。波普尔曾指出，无论在何种条件下，稳定的结构都不可能是通过人类理性规划而来的产物，因为在此过程中力量的平衡必然会发生改变。一切社会工程，无论如何以其现实主义和科学性质而自豪，然而注定是一种乌托邦梦想。[①]哈耶克则通过对人类理性"致命的自负"的深度批判，认为制度不应该是人类设计的结果，而应该是自生自发演进和生长而来的，是人类行动的非意图的后果。[②]的确，人类理性的自负在我国是有着深刻的教训的。显然，波普尔和哈耶克都是站在自由主义的立场为制度的自然演进辩护。然而，如同经济理论中无形之手——自由市场的有限性一样，生活中无形之手的创生作用也有着自身的限度。一方面，人总是在自我设计的环境中活动，离开了这种自觉设计，就谈不上是人的活动。马克思曾说道："人的类特性恰恰就是自由的有意识的活动"，"动物只是按照它所属的那个种的尺度和需要来建造，而人懂得按照任何一个种的尺度来进行生产"。[③]另一方面，自由主义立场所坚持的自由创制活动也是在一定的环境或背景中开展的，这种背景性安排是人类活动永远无法摆脱的前提。因此，制度的产生与演进又总是需要人类进行选择和设计的。其实，尽管哈耶克竭力反对人类理性对制度的设计，然而，有时他也不得不间接承认制度建构的必要性。他指出，"这些自生自发秩序并不会把它们自己施加于我们的感觉，而必

---

①　[英]卡尔·波普尔：《历史决定论的贫困》，杜汝楫、邱仁宗译，华夏出版社1987年版，第36—37页。

②　[英]弗里德利希·冯·哈耶克：《自由秩序原理》，邓正来译，生活·读书·新知三联书店1997年版，第17页。

③　《马克思恩格斯选集》（第1卷），人民出版社1995年版，第46—47页。

须通过我们的智力去探寻它们。我们无力看到……这个有意义行动的秩序，而只能通过头脑去探寻各种存在于要素间的关系的方式来重构它们"①。波普尔有时也无奈地承认，"制度犹如堡垒，需要人精心设计并操纵"②。人类社会的发展史一次又一次地向我们证明了制度是可以进行设计、创制与变革、创新的。如果人们完全听从制度的自然演进，社会主义就不会出现在像苏联、中国等经济较为落后的第三世界国家；中国就不可能进行改革开放及建立社会主义市场经济制度等。具体到教育上来说，我们清末民初时建立的新学制，模仿德国、日本以及美国等发达国家的教育制度都是制度建构的成功经验。由此可见，制度的产生与变革、创新既非纯粹的自发演进，也不是纯粹的人的主观意志的体现，而是人类在既有的社会背景、原则与框架中自由创制的产物。③

在理解和解释作为制度创新的教育改革的机制过程中，不同的学者基于自身所把握的不同的教育现象，并根据所持的理论框架，往往会做出不同的学术判断和结论，带给人们的感受与启发往往也是不同的。如柯政博士在 2011 年出版的《理解困境：课程改革实施行为的新制度主义分析》一书中立足于新制度主义理论，以研究性学习为例，发现了一个教育改革现象，即"境遇不同的学校在实施研究性学习课程政策过程中却表现出了高度的相似性——做材料满足巨大的课时缺口、主要利用节假日时间来集中地实施研究性学习、形式重于实质的教学过程"，据此得出了传统课程实施研究领域那些把问题归结于学校教师的解释是不成立的，能够在背后对学校教师的事实行为施加实质性影响的力量，应该是超越于具体的学校和教师的，那就是旧的应试教育制度，正是由于这种制度才使得身处同一制度背景下的个体或组织应该④在许多行为选

① Hayek. *Law*, *Legislation and liberty*: *Rules and Order*（1）［M］. Chicago：The University of Chicago Press，1973：38。

② ［英］卡尔·波普尔：《开放社会及其敌人》，郑一鸣等译，中国社会科学出版社 1999 年版，第 237 页。

③ 肖磊：《否定之否定：课程改革制度化的可能性探究》，《当代教育与文化》2017 年第 4 期。

④ "应该"二字颇具深意，言外之意，肯定有并非完全遵照旧制度，而是贯彻新课程实施意图的例外的教师和学校组织，事实上也确实如此，作者在书中也承认了有部分研究性学习开展得好的学校。

择上会表现出一致性。① 笔者基本同意柯政博士上述结论，即当我们在分析和解释教育改革的实施困境时，不应仅仅将目光放在教师个体层面，而应检视现存的教育制度。但笔者认为这里的教育制度不仅包括新的教育制度，也包括旧的教育制度，具体要看看两种教育制度是如何作用于教师个体的教育行为、如何造成目前的改革困境的。然而，作者的整体分析架构却将目光紧紧盯着旧的制度——应试教育制度逻辑是如何规范和约束教师个体，认为正是应试教育制度的存在导致了新课程的实施困境，给人们的感觉是学校与教师无法摆脱应试教育制度的宿命，新的终究抵不过旧的。但是，作者有时也不得不承认，还是有许多被认为是研究性学习开展得很好的学校②，其实已经与作者的基本判断相矛盾了。这是由新制度主义理论自身的局限所致，这种理论并不关心制度是如何变迁的，只聚焦于制度如何规范和约束人的行为。当然，在研究的发现与结论部分，柯政教授还是不自觉地提出了推动制度创新或者促进课程实施的诸多策略与建议，诸如尊重制度变革的路径依赖规律、努力调整组织域各方的关系、建立课程改革的利益激励机制、学会有效地引导和管理社会价值观。整体审视，柯政博士的这一著作存在着诸多自相矛盾之处，详细分析并非本文的重点，作者拟另撰文进行商榷。这里的一个中心问题就是制度真的如同柯政博士所言的仅仅是约束和规范人的行为的工具？这就是人类的宿命吗？事实果真如此吗？

很多人可能并不清楚，早于柯政博士的著作出版三年，为了促进地方政府的教育创新，21 世纪教育研究院自 2008 年起连续每两年一次举行"地方教育制度创新奖"的评选活动，发现、总结、传播和推广了很多地方行之有效的改革实践。非常有意思和值得我们思考的是在这个过程中，杨东平教授等人通过对我国各地、各级教育实践中的大量的制度创新案例进行研究，发现了一个与柯政博士完全相反的现象，即："在大致相同的社会和政策环境之中，总有一些地方能够不同凡响、有所作为，产生实质性的教育变革。"基于此立足点，杨东平教授倡导"改善我们的土壤，改变官本位和行政化的价值，造就一种开放的、能

---

① 柯政：《理解困境：课程改革实施行为的新制度主义分析》，教育科学出版社 2011 年版，第 24 页。

② 柯政：《理解困境：课程改革实施行为的新制度主义分析》，教育科学出版社 2011 年版，第 168 页。

力导向的、使教育家能够大批涌现的制度环境，进一步促进教育家办学和管理教育"①。这就不禁使人思考我们究竟应该以怎样的态度面对教育改革。历史经验告诉我们，教育改革并不那么容易成功，但是真的就不可能成功吗？制度创新就那么不可能吗？通过杨东平教授的研究，我们知道至少人在制度面前是可以有所作为的，是可以充分发挥自身的主观能动性去进行变革和参与实践活动的。但这里的前提是要尊重制度变迁的规律，也即它必须顺应时代的潮流和符合当时当地的条件。具体是指，制度作为调节人与人之间社会关系的一种"工具"存在，必须与一个国家或地区的生产力和生产关系相适应，不能脱离生产力与生产关系而随意创设。否则，这种制度就不能发挥调整和规约社会关系的功能，使制度创设的成本和收益失调。②制度的创设是人类文明的标志，它的工具性价值确实是为人们提供行为规范、约束人类的行为，追求效率和秩序，但它的目的性价值却是旨在为人们提供一个自由与平等的环境，③使人们都能够实现自身的价值，否则现代法治社会的建设就是无意义的。当然，也正是制度的工具性价值保障了目的性价值的实现，二者是一枚硬币的正反两面，我们不能将其割裂开来，否则就是形而上学的思维方式。因此，制度不仅仅是约束人、规范人的工具，更是推动个体创造、激发社会活力的源泉。制度在一定程度上塑造着人们的行为，但人类并非被动地接受制度的规范，尤其是不合理制度的压制，在适当的条件下，人类是可以发挥主观能动性去变革制度、创新制度的，这正是人不同于动物之处，否则人类社会的发展与进步就是不可想象的。

　　通过柯政博士对新课程实施困境的研究和杨东平教授关于地方制度创新的研究之间的对比，我们可以发现前者囿于理论视角而将注意力仅仅集中在制度创新失败的现象上，而没有也不可能去分析与讨论那些制度创新成功或教育改革成功的案例；而后者则立足于创新奖的评选而对教育改革或制度创新持乐观主义态度，没有关注制度创新或者教育改革失败的案例。二者都缺乏对现存制度创新和教育改革现象

---

① 杨东平：《教育变革是如何发生的》，杨东平、刘胡权：《激流勇进：地方教育制度变革的理论和实践——中国地方教育制度创新研究》，北京理工大学出版社2014年版，第1—2页。

② 肖磊：《否定之否定：课程改革制度化的可能性探究》，《当代教育与文化》2017年第4期。

③ 施惠玲：《制度伦理研究论纲》，北京师范大学出版社2003年版，第158—184页。

的整体审视，因此就不可能对复杂的教育改革现象作出圆满的、合乎逻辑的解释。与此同时，我们也可以发现人们在面对制度创新与教育改革时，并非简单地拒斥或者激情地投入，而总是在既存制度和现有条件之间进行充分的衡量与调适，进而选择适当的变革路径和策略，以达成他们认为有价值的目的与利益。这就要求我们能够提出一个更具包容性的制度创新与教育改革的分析框架，对不同环境中的身份各异的行动者的各种行为进行合理的解释，继而得出富有启发性的制度创新与教育变革策略。

三　策略行动：一个整合的实践分析框架

　　不同的行动者（包括个体与组织单位）在面对相同的社会和政策环境时，总有一些行动者能够开展不同凡响的、异于他人、优于他人的创新性行动，我想这一基本的社会事实应该不会有人反对，否则人类的历史中就不会有杰出人物、英雄人物的出现了，也就不会有国与国之间、组织与组织之间、人与人之间的差别了。即便是不关注制度变迁的新制度主义理论专家们也不会反对，因为那样做的话只会带来自我否定。然而，任何创新行动包括制度创新都不是注定会发生的事，制度创新的过程也并非一帆风顺，而是行动者开展策略行动所带来的结果。因此，有学者认为：策略行动联结了制度所产生的镶嵌性、制度冲突以及制度变革，在理论上结合了被视为对立的社会结构（即制度）与个体行动，它表明了即使处于某种制度结构的限制下，个体或组织仍有策略选择的空间，能够主动形塑社会环境、进行制度创新。那么，就有两个方面的重要因素在对行动者的策略行动产生影响：其一，组织场域的制度化程度，即能不能观察到一个具有高度认知正当性的制度结构，在这个结构底下成员之间有着特定的结构权力关系，如果是，则是高制度化场域或称为成熟场域，反之则称之为低制度化场域或者萌芽场域。关于制度创新较易从高制度化场域还是低制度化场域发生，人们是有争论的，争论的根本原因，我想是在两种场域之内人们都曾观察到有制度创新案例的发生。两种场域各有特点，低制度化场域内少了结构权力关系的羁绊，制度创新在合适的时机是很有可能发生的；但情况并非完全如此，当高制度化场域的策略行动者发现既存制度存在局限，威胁到他们既定的权力结构，制度创新也会发生。其二，行动者位置，即行动者关系与其所镶嵌之场域环境的居中斡旋空间。社会位置之所以重要是因为它会影响行动者对于所处场域环境的认知以及行动者如何获取资源开展制度创新。场域中行动者的位置大致可以分为边缘位置和核心位置。假若某些团体、族群或者组织在社会中地位稳固且享有声望，拥有较为丰富的资源，可以从既存制度中获取利益，因此较为倾向于支持既存制度并维持现状，具备这些特质的称之为核心行动者，反之，则称之为边缘行动者。多数学者的研究都赞同边缘位置的行动者较有可能进行制度创新，原因是边缘行动者较少镶嵌在当下的制度环境中，较少意识到制度性期待，或是与场域层次的管理实务大多处于弱联结的关系，或是并无过大压力必须服从既存制度。然而，事实并非如此，相较于边缘行动者而言，核心行动者往往拥有较为完整的信息以及高度社会化，这是其优势所在，但是核心行动者也往往是既存场域的既得利益者，很有可能是抗拒变革的。当然，如果他们意识到现存制度本身已经遭遇危机，他们进行变革制度的外部性就很可能较边缘行动者大得多、影响也可能更为深远。制度创新活动与场域制度化程度高低和行动者位置都有关系，而且场域制度化程度与行动者位置也会产生交互作用，场域制度化程度会影响行动者是否会成为制度创新者，行动者也会根据自身所处位置的不同而认知到不同的场域条件。因此，该学者主张制度创新活动会根据行动者位置与场域制度化程度的交互作用而有所不同，行动者所采取的策略亦有所不同，并据此建构了一个 2×2 的分类矩阵（见图 1），横轴为场域制度化程度——高制度化与低制度化两种情况，纵轴为行动者位置——核心位置与边缘位置两

场域制度化程度

行动者位置		萌芽场域	成熟场域
	位处边缘	情境一	情境三
	位处核心	情境二	情境四

图 1　制度创新策略的整合性架构

种情况，并在交互作用的四种情境中选择制度创新策略。[①]　笔者将以此整合的分析框架来分析教育改革中的制度创新机制。

情境一：萌芽场域中的边缘行动者

教育领域不像科技领域、管理领域或经济领域那样存在完全的空白点可以做到绝对的创新，所以我们只能以相对的眼光来审视教育改革领域中的制度创新，寻找相对意义上的低制度化场域或者萌芽场域。萌芽场域一般来说存在如下两个特点：第一，很少有人涉及这一领域，所以没有成熟的组织或团队，也就不存在太多的利益牵连；第二，没有成熟的制度来规范和约束这一领域人们的行为，初涉其中的人们相对而言具有更多的自由度。在这样的情境之中，边缘行动者可能具有更加强烈的制度创新动机，因为一旦变革成功就可以成为这个领域中的领导者，就可以引领这个场域的行动路线，成为场域中的核心行动者。然而，边缘行动者却不像核心行动者那样具备丰富的资源，所提出的创新性制度并不一定就会顺利地被民众所接纳和认可。因此，边缘行动者在萌芽场域中的制度创新需要付出的努力和采取的策略就和核心行动者迥异，关键是如何从资源匮乏的环境中成就自己的目标。

在教育改革的历史长河中，边缘行动者进行制度创新，失败的案例不在少数，成功的案例并不多见，但也不是不存在、不是不可能。比如晏阳初、梁漱溟以及卢作孚等人于 20 世纪二三十年代所开展的乡村建设运动，对于当时暴露出来的乡村问题就是一剂良药。在此我们以我国 21 世纪前后所发生的重大教育改革和制度创新为例来分析边缘行动者在萌芽场域中是采取什么策略行动并取得成效的。在 21 世纪初期，令人印象深刻且有较大成效的教育改革或者教育实验莫属华东师范大学叶澜教授所开展的"新基础教育"改革和苏州大学朱永新教授主持开展的"新教育实验"，二者在经过十多年的实验之后在基础教育实践界都颇有影响，现在很多中小学校都渴望成为他们的实验学校，进行学校转型性变革。那么，我们为什么说这二者都是由边缘行动者在萌芽场域所开展的制度创新呢？首先，就叶澜教授和朱永新教授的身份而言，虽然他们都曾任或现任较高领导职

---

① 涂敏芬：《对抗制度的创新：策略行动者的能动性实践》，《台大管理论丛》2012 年第 6 期。

务，但是他们所发起的教育改革（实验）并非是在中央授权情况下进行的，属于非职务性行动，或者说是以教育家身份开展的教育改革。因此他们在各自教育实验的开展过程中都属于边缘行动者，没有强制哪所学校进行实验的权力。其次，就他们开展的教育实验本身而言，虽然都在素质教育的旗帜下开展，但素质教育究竟该怎么进行不仅实践界困惑，理论界也是争论不休，所以这个场域无论如何不是一个成熟的场域。① 从这个角度我们可以说这两种教育实验都属于萌芽场域，他们各自的发展历程也证实了他们的行动很难找到一个行动的样板供其参考。那么，两位教授作为边缘行动者是如何开展制度创新的呢？据笔者观察，主要是采取了如下几个策略：第一，他们都是严格意义上的教育研究人员，在实验开展之前或者过程中，都能将实验经验及时升华成为独特的教育理论，并以理论指导实验更好地开展工作，并在教育之前都加上了限定词"新"，以区别于以往的"旧"教育，给予参与实验的学校一种理想的图景，以此激励他们参与教育改革的热情。第二，他们都是具有较高学术威望的教授、博导，都能很快从自己培养的弟子当中形成自己的学术团队，将实验的理念、路径与成果等及时通过各种报刊发表，供学界讨论，甚至定期开展大型的研讨会议，扩大影响力，说服更多的学校参与改革试验，最终构建认知正当性。第三，虽然他们并非以领导职务的身份开展教育改革，但是其拥有的资源并非一般人所能比肩，对于一定地区的影响力不可小觑，因此他们拥有较强的动员能力，可以动员中小学校成为其实验学校甚至通过地方教育行政机构进行动员。正是上述策略的交互作用，使两种教育实验得以顺利开展并取得了一定的成效，对于教育改革和制度创新具有一定的启发意义。除此之外，武汉大学 20 世纪 80 年代中期所进行的一系列教学改革实验，包括学分制、本科生导师制、双学位制、主辅修制、转学制等，虽然实验因校长更迭而中断，但是其中很多合理的改革措施后来为我国诸多高校所仿效，这从某种程度上也可以称之为较为成功的制度创新。②

---

① 虽说就素质教育而言，它本身不是一个成熟的场域，但正如我们上文所谈到的，教育领域很难找到一个创新的空白点，如果将两种教育实验放置在"应试教育"场域之中来审视，就变成了对应试教育这个成熟场域的变革了。

② 刘道玉：《拓荒与呐喊：一个大学校长的教改历程》，世界知识出版社 2011 年版，第137—200 页。

情境二：萌芽场域中的核心行动者

萌芽场域中的核心行动者较边缘行动者而言，拥有较为全面的信息、丰富的资源和制定规则的权力，如果核心行动者决定要在萌芽场域中进行制度创新，那么相对而言比较容易。此处，有一个关键的问题，那就是萌芽场域是尚未制度化的场域，核心行动者从何而来？这里的核心行动者指的是成熟场域或者高制度化场域中的既得利益者。这样的行动者能否在一个萌芽场域中进行制度创新，取决于这个新兴场域如果不制度化是否会威胁到他们的既得利益或者制度化之后获取利益较之前更为丰厚，在此认知基础上，是否能够克服保守倾向并勇于进行制度创新。

萌芽场域中的核心行动者进行的制度创新在我国相对而言比较常见，最主要的是由政府或教育行政机构所推行的教育改革。在此，我们以温州市民办教育综合改革为例来分析核心行动者面对萌芽场域是如何采取行动措施进行制度创新。可能有人一看到民办教育就会想到民办教育怎么能是一个萌芽场域呢？民办教育 20 世纪 80 年代开始就在我国开始恢复，已经历了 30 余年的发展，到现在肯定不算一个萌芽场域了。虽然民办教育的确已经恢复了 30 余年，但是民办教育的开展过程仍然谈不上有明晰的规则，正如在中国民办教育发展大会暨中国民办教育协会（2010）年会上，时任教育部副部长鲁昕所指出的，当前我国民办教育发展面临法人属性、产权属性、学校权力、教师权益、会计制度、营利与非营利、合理回报、优惠政策、市场监管、政府服务等 10 个亟待破解的难题,[①] 民办教育制度化迫在眉睫，因此，民办教育相较于公办教育而言，在严格意义上仍属于萌芽场域。正是由于民办教育存在的诸多问题，温州民办教育经历了 20 世纪 80 年代的萌芽到 90 年代的快速发展，再到 21 世纪以来的止步不前，民办教育质量总体不高，且有走弱的趋势。在温州城乡居民收入水平较高、外出经商传统浓厚以及区域人口流动加快的背景下，民办教育越来越难以满足高质量、有特色的选择性需求。然而，政策不明朗，导致民办教育的举办者不愿意加大投入，有的采取短期行为和投机行为，损害了师生权利、影响了民办教育的健康发展。民办教育制度存在的问题急需从政

---

① 王烽、单大圣：《教育体制改革的政策突破》，杨东平、刘胡权：《激流勇进：地方教育制度变革的理论和实践——中国地方教育制度创新研究》，北京理工大学出版社 2014 年版，第 60 页。

策上进行正面回应，这是温州市推进民办教育综合改革的初衷和动力所在。我们知道，民办教育的问题主要是顶层设计的问题，解决这一问题还得从制度层面加以回应，再加上民办教育涉及多个部门的职责，触及一些国家基本制度和基本政策，改革难度和风险非常大。那么，温州是采取什么策略推进如此具有挑战性和风险性的改革的呢？鉴于改革的难度和广度，温州市委、市政府高度重视，集中决策，强力推进，各级党委政府成立了由党委或政府一把手任组长的教育体制改革领导小组和联席会议制度，统筹协调试点工作推进中的具体事务。这一组织安排使得温州各部门之间能够齐心协力，共同攻克政策难点，体现了地方官员的社会责任感、改革勇气以及政治智慧。在此组织安排下，温州提出对民办教育实行综合改革，形成了"1+9"政策文件，而后又将政策文件扩充到了"1+15"，形成了较为完整的民办教育制度体系，可以从根本上解决困扰民办教育事业发展的诸多难题，而且在政策的执行过程能够做到灵活处理。[1] 正是地方官员敢于突破既有政策禁区的禁锢，敢于在多方面对民办教育政策进行综合改革并灵活处理，才有了温州民办教育改革的成效，并为《民办教育促进法》的修正提供了重要的参考依据。除此之外，我国教师资格考试制度的建立以及《校车安全条例》的出台也属于核心行动者在萌芽场域中的制度创新[2]。

情境三：成熟场域中的边缘行动者

教育实践领域真正的萌芽场域不多见，但成熟场域则比比皆是，因为人类教育已经历了长达几千年的历史，相比较其他新兴领域而言更加具有制度化的特性，也即是此环境之中有一个稳定的背景性结构的存在，尤其是现代教育更是如此。比如教学模式这一领域的发展就已经较为成熟，受德国赫尔巴特学派以及苏联凯洛夫教育学的影响，我国中小学课堂教学经常采用的就是凯洛夫教学模式，即"传递—接受"式。这种教学模式具

---

[1] 王烽、单大圣：《教育体制改革的政策突破》，杨东平、刘胡权：《激流勇进：地方教育制度变革的理论和实践——中国地方教育制度创新研究》，北京理工大学出版社 2014 年版，第62—64 页。

[2] 翁文艳：《试论自上而下与自下而上相结合的教育改革新机制》，杨东平、刘胡权：《激流勇进：地方教育制度变革的理论和实践——中国地方教育制度创新研究》，北京理工大学出版社 2014 年版，第 41 页。

有一定的科学性和操作性，且无论哪种学科都可以运用，已经成为我国教学文化的"基因"而代代延续，但是其本身也存在着诸多的局限，[①] 想要对其进行改变可谓是比较困难的，也就是说变革教学模式对于那些已经习惯于凯洛夫教学模式的教师而言就意味着要做出努力进行教学模式创新或调适，改革难度可想而知。我们知道，教学属于教育中的微观领域，教师具有较大的自主权，因此，教学模式的革新一般是由一线教师进行的。在这种情形下，场域中的边缘行动者如果想要使自己的创新成果被广大教师接受并顺利实施，其难度也是相当之大，因为边缘行动者并不具备核心行动者制定政策、强制他人实施的权力。那么，教学模式的创新何以可能？又如何能够被广大教师认可并顺利实施呢？

近年来，我国基础教育领域涌现出了诸多新的教学模式，影响较大的如邱学华的尝试教学模式、李吉林的情境教学模式、魏书生的六步教学模式、洋思中学"先学后教、当堂训练"教学模式、山东杜郎口"三三六"教学模式、河南西峡"三疑三探"教学模式等。这些教学模式有的是教师个体自主探索而来，有的则是集体智慧的结晶，但无论如何都不是我们通常所说的核心行动者，然而最终却对基础教育教学模式的变革产生了深远的影响，很多学校主动仿效学习上述教学模式中的一种或几种对自己的教学模式进行有针对性地变革，即便有的个别教学模式被人们批评为"炒作"与"伪创新"。那么，这些新的教学模式是如何被民众尤其是中小学校广泛认同的呢？首先，这些教学模式无不宣称是对传统教学模式的变革，克服了传统教学模式的弊端，调动了学生学习的主动性和积极性，使人们在情感上较为容易接受。其次，这些教学模式的运用的确促进了其所在地区或学校学生的全面发展，尤其是学生的学业成绩只升不降，至少对外宣传是这样的，这是人们接受新的教学模式的重要前提，使人们在理智上较为容易接受与认同。再次，这些教学模式的"发明者"一般来说都擅长文字创作，善于宣传自己的创新成果，俗话说"酒好也怕巷子深"，何况在这个"创新"已经成为社会的意识形态和时尚潮流的时代，就更加需要积极宣传。最后，出于职业敏感性和个体职责，报刊记者们的深入发掘和适当"包装"，与创新的行动者之间形成合力，助推新的教学

---

① 陈志刚、张紫屏：《课程改革的难题：凯洛夫教学模式的遗留》，《全球教育展望》2013年第6期。

模式的推广，当然，近些年媒体也披露出个别报刊记者出于个体利益驱动而与创新行动者之间"合谋"的非正常现象，这是需要引起我们警惕和反思的。正是借助上述诸多策略的综合使用，才造就了这些新的教学模式的广泛运用，推动了我国课堂教学变革的步伐。除此之外，华东师范大学于 2017 年 1 月 14 日召开的"全国教育实证研究联席会议"，由多家高等院校及科研机构、报刊参加，旨在倡导实证研究范式，实质上也属于边缘行动者面对成熟场域所进行的制度创新，只不过关于创新的内容究竟是否真的是创新是有争议的（争论源于教育学的学科属性），但我们不得不承认倡导实证研究范式的形式确实是创新，然而能不能真正推动实证研究在我国的扎根尚需实践的检验。

情境四：成熟场域中的核心行动者

核心行动者面对成熟场域相较于萌芽场域而言，因为已经具备一套稳定的背景性结构与行为规则，有更多的既得利益需要考量与均衡，而非重新开辟新领地那么简单，因此在此情境中核心行动者是否会进行制度变革或创新，取决于其能否克服既得利益的窠臼，真正遵循教育发展的规律，以谋求长远利益。

在此，我们仍以教材多样化政策为例进行说明。新课程改革之前，受计划经济体制的影响，我国绝大多数地区基础教育阶段实行的是"一纲一本"政策，即由教育部直属单位——人民教育出版社依据各学科教学大纲进行教材编写、出版与发行工作，这可以保障我国整体的教育质量，教科书统编制在特定历史时期为我国的教育事业做出了不可磨灭的贡献。[①] 但是，教科书的出版与发行永远伴随着利益的获取，因为教科书具有商品的性质，在相当程度上可以说人民教育出版社当时垄断了整个教科书出版业，当然，这是历史的原因与时代的需要。随着我国改革开放的逐步深入，经济体制的深刻转型，人民群众的教育需求日益多样化，教科书统编越来越难以适应各地区、各学校的具体情况。在此前提下，《基础教育课程改革纲要（试行）》明确指出要实行国家基本要求指导下的教材多样化政策，也即我们通常所说的"一标多本"政策。这一转变无疑需

---

① 钟启泉：《一纲多本：教育民主的诉求——我国教科书政策述评》，《教育发展研究》2009 年第 4 期。

要巨大的改革勇气和突破利益固化的决心，在这个过程中教育部并没有对其直属单位——人民教育出版社有特殊的关照，众所周知，在教科书审查环节人民教育出版社的个别学科教材也并没有通过审查，根本原因在于"如何平衡利益，不被既得利益集团所左右，是改革者必须面对和克服的难题。中国政府在这方面表现出了一种较为超脱的中性立场，做到了以全体中国人民的长远利益为出发点考虑和解决改革中遇到的问题和阻力"①。教材多样化政策激发了教科书"市场"的活力，转变了教师的教材观，真正做到用教材教而不是教教材，有利于满足学生多样化需求，开展适性教育。但正如我们前面所说，在这一过程中，也出现了诸多问题，因此，教育部于2014年9月30日印发了《中小学教科书选用管理暂行办法》，对中小学教科书选用过程进行规范。此外，又针对意识形态较强的三科教材组织专家队伍编写，由人民教育出版社出版发行。这一变动通过《教育部办公厅关于2016年中小学教学用书有关事项的通知》《教育部办公厅关于2017年义务教育道德与法治、语文、历史和小学科学教学用书有关事项的通知》《教育部办公厅关于2017年义务教育道德与法治、语文（二、八年级）有关教学用书事项的补充通知》等文件去要求各省、自治区、直辖市教育厅（教委），新疆生产建设兵团教育局，确保部分教科书新政策的落地、保障立德树人根本任务的落实。由此可见，核心行动者在面对成熟场域时，通常会对现状的困境与不改革的严重后果进行充分说明，以说服民众认可接受改革内容，并运用自身拥有的权力颁布政策文件或通知等来促使制度创新与变革。除此之外，我国的高考制度改革、涿鹿县教育改革也属于核心行动者在成熟场域中的制度创新行为，只不过涿鹿县教育改革以教科局长辞职、教育改革"失败"而告终。

四　研究结论

通过上述讨论，我们可以得出如下几点结论：

第一，制度创新对于教育改革而言具有非常重要的意义，在一定程度

---

① 姚洋：《作为制度创新过程的经济改革》，格致出版社、上海人民出版社2015年版，第51页。

上可以说教育改革的过程就是制度创新的过程。制度创新虽然不易，但也不是不可能，教育改革实践已经充分证明了这一点。也正因如此，我们在尊重教育改革与制度创新规律的前提下，不应过于强调制度创新的不可能，只有这样，那些具有变革精神的行动者才会有勇气进行制度创新。

第二，制度对于规范人的行为、塑造社会秩序具有重要价值，但制度在实现这些工具性价值的同时，更为重要的是为人的自由发展与自主创新提供保障。制度来源于人的社会行动，同时人的社会行动也会反作用于制度，对于那些不合理的制度，人们会对其进行变革，以更好地服务于人的自由发展。

第三，制度创新是行动者开展策略行动所带来的结果。策略行动联结了制度所产生的镶嵌性、制度冲突以及制度变革，在理论上结合了被视为对立的社会结构与个体行动，它表明了即使处于某种制度结构的限制下，个体或组织仍有策略选择的空间，能够主动形塑社会环境、进行制度创新。

第四，组织场域的制度化程度和行动者位置是决定制度创新的两个关键因素。萌芽场域一般涉及资源的重组与整合，改革难度相较于成熟场域而言稍小；而成熟场域则往往会涉及对既有利益的调整，改革难度可能更大。边缘行动者往往需要更多的说服策略和联合其他场域中的行动者共同推动制度创新，以理服人；而核心行动者虽然也需要说服策略，但他们一般拥有较为丰富的资源和颁布政策、法规的权力，拥有一定的强制权，可以强制实施，以理服人和"以权相逼"相结合。教育改革中的制度创新者就是我们通常所说的教育家或具有教育家精神的人，他们善于洞悉教育规律，能够根据情势采取策略进行教育变革。

第五，场域的高制度化与低制度化、行动者位置的边缘与核心都是相对的概念，在教育领域中很难发现全新的东西与做法，多数都是改革而非创造，就某个改革自身而言可能属于萌芽场域，但将其放置在更大的场域之中审视就属于成熟场域之中的东西了，诸如新基础教育、新教育实验等就其自身而言是萌芽场域，但将其放置在我国教育的大背景下就无疑成为成熟场域的一部分，是对成熟场域的改革。行动者位置也是如此，比如学校的转型性变革，仅就一所学校而言，学校领导班子就当之无愧地处于核心位置，但是，当这一项改革上升成为一个地方政府推行的教育改革时，这所学校就变成了边缘位置，学校领导班子当然也就成为边缘位置的行动者了。因此，对于教育改革中的制度创新策略，我们应该辩证对待、灵活运用，并不是说各情境中的行动策略是不可通约的，这些策略本质上属于方法层面，而方法只有合适与否，没有绝对的正确和错误之分。

第六，也正是基于第五点的讨论，我们可以发现我国的教育改革机制正面临重大调整，原来单纯的自上而下式的教育改革和"草根式"教育改革已经不是教育改革的主流，现在的教育改革更加强调自上而下的顶层设计和自下而上的底层实验相结合，这种机制相较于前面两种更加科学与民主。这在诸多教育改革案例中都有体现，比如教学模式改革、校车安全条例的出台、温州民办教育综合改革试点等。

附录二

综合素质评价的制度化：
历程回眸与系统谋划①

近年来，作为一项教育评价领域改革的重要措施，综合素质评价被人们所关注与探索。尤其是为了全面深化教育综合改革，推进素质教育，国务院于 2014 年 9 月颁行《国务院关于深化考试招生制度改革的实施意见》，其中明确提出要探索基于统一高考和高中学业水平考试成绩、参考综合素质评价的多元录取机制，使其成为一项关乎学生切身利益的改革措施，引起了民众的广泛关注。那么，我们究竟该如何审视这项制度的由来与发展，这实质上就是综合素质评价制度化的问题。综合素质评价的制度化不仅指建立合理、完善的制度保障综合素质评价的正常开展，而且指综合素质评价被人们理解、接受并自觉践行的过程。前者是综合素质评价的形式制度化，后者是实质制度化，前者是后者的必要条件，后者是前者的可能结果。基于此，我们将综合素质评价的制度化分为三个阶段：分别是前制度化阶段——完成综合素质评价的理论准备、酝酿与提出；形式制度化阶段——颁布政策、建立制度保障综合素质评价顺利推进；实质制度化阶段——在前两个阶段的基础上，人们充分理解、接受综合素质评价，并将其作为教育生活的有机组成。

一 历程回眸：综合素质评价制度化的阶段

综合素质评价当初为什么会被提出，又经历了哪些发展历程，在它的发展过程中有哪些值得我们吸取的经验与教训，其制度化还面临着哪

---

① 本文与李本友教授合作完成。

些困境以及出路何在等，这些问题在深化教育综合改革的今天显得尤为重要，因为它们关系着深化改革的方法论问题。这就需要我们认真回顾与检视综合素质评价的发展历程，揭示综合素质评价改革与发展的内在规律。在此，我们结合综合素质评价制度化的三个阶段对其进行历程回眸。

（一）前制度化阶段（1994—2004）

综合素质评价的提出并非偶然，而是基于较为深入的理论探讨与长期的教育实践探索而形成的一项改革措施。从源头上讲，综合素质评价是伴随素质教育的提出而提出的，是素质教育的一个重要组成部分。而素质教育首次在正式文件中使用，是在1994年8月颁布的《中共中央关于进一步加强和改进学校德育工作的若干意见》中明确提出"增强适应时代发展、社会进步，以及建立社会主义市场经济体制的新要求和迫切需要的素质教育"[①]。所以综合素质评价的前制度化阶段始自1994年。而我国首次正式提出综合素质评价是在2004年印发的《国家基础教育课程改革实验区2004年初中毕业考试与普通高中招生制度改革的指导意见》，其中指出"为全面反映初中毕业生的发展状况，应对初中毕业生综合素质进行评价"。因此，综合素质评价的前制度化阶段就是从1994年素质教育诞生到2004年综合素质评价正式提出这10年。

素质教育背景下的教育评价本应是综合素质评价，评价的目的也应服务于人的全面发展，于是，发展性评价理念应运而生。2001年教育部颁布了《基础教育课程改革纲要（试行）》，标志着我国第八次基础教育课程改革的正式启动，《基础教育课程改革纲要（试行）》中提出了基础教育课程改革的重要目标之一，即"建立促进学生全面发展的评价体系。评价不仅要关注学生的学业成绩，而且要发现和发展学生多方面的潜能，了解学生发展中的需求，帮助学生认识自我，建立自信"。这成为学生综合素质评价的酝酿与提出的直接原因。以新课程改革为契机，人们普遍意识到以往的考试评价形式不利于素质教育的深入开展，改革僵化的考试评价形式成为社会的迫切要求。因此，2002年年底，教育部颁布了《教育

---

① 于建福：《促进人的全面发展 提升国民综合素质——改革开放30年素质教育重大政策主张与理论建树》，《教育研究》2008年第12期。

部关于积极推进中小学评价与考试制度改革的通知》，其中指出："中小学评价与考试制度改革的根本目的是为了更好地提高学生的综合素质和教师的教学水平，为学校实施素质教育提供保障。"要求建立以促进学生发展为目标的评价体系，该评价体系的内容主要包括基础性发展目标和学科学习目标两个方面，而基础性发展目标又包括道德品质、公民素养、学习能力、交流与合作能力、运动与健康、审美与表现等六个方面，提倡教师采用多样的、开放式的评价方法了解学生的优点、潜能、不足以及发展的需要。在该文件中，首次提出了"综合素质"这一词汇，并较为隐含地指明了综合素质的内容及评价方法。虽然并未明确提出"综合素质评价"，但这为综合素质评价的正式出台拉开了序幕。

（二）形式制度化阶段（2004—2014）

2004年2月，在17个国家基础教育课程改革实验区将有首批使用新课程的初中生毕业与升学的情况下，为保证基础教育课程改革向纵深发展，教育部办公厅印发了《国家基础教育课程改革实验区2004年初中毕业考试与普通高中招生制度改革的指导意见》，其中指出"应对初中毕业生综合素质进行评价，评价结果应作为衡量学生是否达到毕业标准和高中阶段学校招生的重要依据"。评价内容以《教育部关于积极推进中小学评价与考试制度改革的通知》提出的六个方面的基础性发展目标为基本依据。评价结果由两部分组成，分别是综合性评语和等级——综合性评语是教师对学生的综合素质予以整体描述，突出学生的特点、特长和潜能；等级是教师对学生做出量化的评价，建议采用"优""良""合格""不合格"四档。这是国家首次以政策文件的形式提出了要对学生进行"综合素质评价"，初步规定了评价的内容与结果呈现方式，而且要求将评价结果作为学生毕业和升学的重要依据。

与此同时，山东、宁夏、广东、海南等四省区于2004年率先开展高中阶段新课程实验。2007年，首批参加高中课改的学生要参加高考，为此教育部发布了《教育部关于做好2007年普通高等学校招生工作的通知》，要求逐步建立并完善高中学业水平考试和综合素质评价制度，认真研究设计与之相衔接的高考综合改革方案。2008年1月14日，《教育部关于普通高中新课程省份深化高校招生考试改革的指导意见》再次强调"各地要加快建设在国家指导下由各省份组织实施的普通高中学业水平考试和学生综合素质评价制度，切实做到可信可用"①。自此以后，一些省区的高中开始了综合素质评价的试点工作，但总体而言，与初中开展综合素质评价的情况相类似，综合素质评价在定位上是模糊不清的、在评价程序上是千差万别的，有些省份如江苏省 2008 年规定高校录取时如果高中学生在综合素质的"学习能力""运动与健康""审美与表现"单项达到 A 级，且其他三项均为合格的学生，在同等条件下可以优先录取，若以上三项均为 D 级的，高校可以不录取；有些省份（如云南省）规定 2011 届以后的高中毕业生必须综合素质评价达到 C 级以上，才能获得高中毕业证书；还有些省市规定综合素质评价主要是为高等学校选择适合的学生及入学后开展有针对性的教育提供参考或为用人单位选择适合的人才提供参考，至于如何参考则语焉不详。② 当然，还有部分启动高中新课程改革较晚的省份就基本上没有对开展综合素质评价做出硬性规定。因此，总体上可以说，高中阶段的综合素质评价与初中阶段的综合素质评价都处于探索和尝试阶段，且面临的问题也是十分相似的，即实践领域尚存在内涵认识不一、重结果轻过程、等级评价过程与结果问题突出、评价工作集中突击、评价结果未能在高一级学校招生中有效使用等问题。③

正是基于综合素质评价实践过程中的诸多问题，也为了"扭转片面应试教育倾向"，在 2014 年 9 月颁布的《国务院关于深化考试招生制度改革的实施意见》中，国家正式将综合素质评价纳入我国考试招生制度改革的范畴内加以强调和规范。其中指出："综合素质评价主要反映学生德智体美全面发展情况，是学生毕业和升学的重要参考。建立规范的学生综合素质档案……主要包括学生思想品德、学业水平、身心健康、兴趣特长、社会实践等内容。"为贯彻落实《国务院关于深化考试招生制度改革的实施意见》，促进学生全面发展、健康成长，教育部于 2014 年 12 月出台了《教育部关于加强和改进普通高中学生综合素质评价的意见》，其中对综合素质评价的内容、程序以及组织管理等进行了重新的规范。与以往的明显不同之处在于评价的内容由过去的六个基础性发展目标转变为思想

---

① 程龙：《高中综合素质评价十年回顾与反思》，《教育参考》2015 年第 6 期。

② 崔允漷、柯政：《关于普通高中学生综合素质评价研究》，《全球教育展望》2010 年第 9 期。

③ 刘志军、张红霞：《普通高中学生综合素质评价：现状、问题与展望》，《课程·教材·教法》2013 年第 1 期。

品德、学业水平、身心健康、艺术素养和社会实践等五个方面①，评价程序由过去简单的"评语+等级"或者束之高阁转变为"写实记录—整理遴选—公示审核—形成档案—材料使用"。

（三）实质制度化阶段（2014—）

在形式制度化阶段，人们承接前制度化阶段的思考，更多地关注综合素质评价本身，从综合素质评价出发思考如何破解素质教育难题、深入推进素质教育的问题，以政策文件的形式强调、推进、规范综合素质评价。但是，综合素质评价是否能够真正被常态化实施，仅仅停留在出台政策文件或颁布规章制度的分析上，我们是无法判断的，需要在实质制度化阶段加以讨论。实质制度化阶段其实就是富兰意义上的制度化②，即综合素质评价从相对于师生而言较为陌生、排斥到理解、接受，并完全融入师生的教育生活之中，也就是《教育部关于加强和改进普通高中学生综合素质评价的意见》所说的常态化实施。正是基于顶层设计者"常态化实施"的初衷，结合综合素质评价改革的内在逻辑，我们将此后阶段称之为综合素质评价的"实质制度化阶段"。

3年来，综合素质评价的推进坚持稳中求进的总基调，应试教育倾向正在得到逐步转变，素质教育正在向纵深推进，学生发展呈现生动活泼的局面。具体而言，在初中阶段，绝大多数省份都对其原有的综合素质评价方案进行了调整，鼓励学校开展多样化的活动供学生选择，并由学生进行写实记录，改变过去偏重以等级呈现评价结果的倾向，更为发挥评价的发展性功能。在高中阶段，高考改革试点省份的高校招生环节继续实施综合评价、多元录取，大多数即将开展高考改革的省份也都制定了本省的高考改革方案，方案中都明确提出要将高中学生的综合素质评价结果作为高校招生录取的重要参考；另外，主要定位于选拔具有学科特长和创新潜质的优秀学生的90所自主招生高校，在自主招生环节，更是采取综合评价的

---

① 实际上，教育部出台的《教育部关于加强和改进普通高中学生综合素质评价的意见》对综合素质评价的内容规定与上位的国务院颁布的《国务院关于深化考试招生制度改革的实施意见》是存在着些许出入的，即兴趣特长和艺术素养二者之间。这造成了综合素质评价的困难，因为艺术素养内涵更为模糊且不易评定。

② 肖磊：《课程改革制度化论纲》，《课程·教材·教法》2016年第8期。

方式进行招生录取，① 这都推动了高中学校常态化实施综合素质评价。综合素质评价逐步得到学校、学生及社会民众的认同，开始在我国各级各类学校稳步开展、深入推进。虽然 3 年来综合素质评价的常态化实施已初露端倪，多数学校都已认识到综合素质评价的重要意义，并将其作为一项日常工作融入教育过程，开展多样化的活动促进学生全面而又有个性的发展，但是综合素质评价实质制度化的深入仍面临着不少问题和挑战，搞清楚这些挑战和问题对于我们继续深入推进综合素质评价有着重要的意义，因为综合素质评价并非是一项短期行为，需要持之以恒、久久为功方能形成常态化实施的局面。

结合综合素质评价制度化的历程，我们可以发现综合素质评价常态化实施所面临的挑战主要有以下几个方面：第一，需要更加明确综合素质评价的必要性。从根本上说，综合素质评价的依据乃是人的全面发展。马克思关于人的全面发展并不是人的各方面素质的平均发展，而是在基本素质达标的基础上有个性的发展。所以综合素质评价的任务，就应该是在考察学生各方面素质是否达标的基础上，对学生的个性特长进行深入考察，继而为学生的适性发展提供依据。从这个角度而言，每一位学生都需要进行综合素质评价。但是，在综合素质评价纳入考试招生范畴与多元录取的招生背景下，在我国高等学校招生规模世界第一的前提下，根据人的发展规律和正态分布原理，每一所高校的各个专业是否都需要考察每一位学生基本素质是否达标与个性特长是否突出，就成为我们必须实事求是、严肃认真思考的问题。第二，需要继续加强综合素质评价的可行性。综合素质评价旨在对学生各方面素质是否基本达标进行考察的基础上，对学生的个性特长进行深入考察。然而，如何判断学生各方面素质是否基本达标、学生个性特长如何判断等关键性问题，现在看来还处于讨论阶段甚至迷茫状态。在"谁使用谁评价"的原则之下，高中学校与教师应如何承担起他们在学生综合素质评价中的责任，高等学校应该着重对哪些学生进行综合素质评价、缺乏评价经验的高校如何进行综合素质评价等就成了令人关注的问题。即便我们通过各种手段对学生的综合素质作出评价，评价结果和

---

① 柳夕浪：《高校自主招生中的综合素质评价：主要进展、问题及建议》，《教育科学研究》2017 年第 11 期。

高考成绩的关系如何处理，也是一个社会大众十分关心的问题①。第三，需要大力保障综合素质评价的公平性。综合素质评价在我国的推进，首先是从初中阶段开始的，而后才逐步推广到高中阶段，虽然这与课程改革的启动时间紧密相关，但整体而言遵循了先易后难的教育改革规律。然而，综合素质评价的改革过程却是在部分地区短暂试点的基础上，以高中阶段为突破口，而且要求将综合素质评价档案提供给高一级学校招生使用，希望以此倒逼基础教育阶段认真对待综合素质评价。但如此一来，也就将综合素质评价结果变成高利害评价。无论是综合素质档案的形成过程，还是高校根据综合素质档案评价的过程，都有可能掺杂进主观因素甚至弄虚作假，有损考试招生的公平性。如何确保综合素质评价的公平性是普通民众最为关心的问题，也是综合素质评价实质制度化面临的一个关键问题。②

二　系统谋划：综合素质评价制度化的反思

综合素质评价作为现阶段我国教育领域综合改革的一个重要方面，它伴随着素质教育的提出而酝酿，以新课程改革为契机而提出，其先后经历了前制度化阶段和形式制度化阶段，目前已进入实质制度化阶段。然而，综合素质评价的实质制度化仍面临诸多问题和挑战。这些问题的产生不是某个单一因素导致的，既有理论研究上未突破的局限，也有实际操作中的困难；既有配套措施不完善的原因，也有学校创新动能不足的缘故。因此，我们需要从整体的视角审视综合素质评价实质制度化所面临的困境，科学协调影响综合素质评价实质制度化的各方面因素，系统谋划推进综合素质评价实质制度化的方略。

（一）政府层面：出台综合素质评价配套措施

综合素质评价作为全面深化教育改革的一项重要举措，其启动与实施整体而言是受政策驱动——尤其是我国的考试评价制度改革政策所驱动的，

---

①　边新灿：《高校综合评价招生改革：演进逻辑、模式选择和对策分析》，《教育研究》2017 年第 7 期。

②　边新灿：《高校综合评价招生改革：演进逻辑、模式选择和对策分析》，《教育研究》2017 年第 7 期。

也就是说它是一项自上而下推行的教育改革措施，这就需要教育行政部门做好顶层设计和系统谋划。目前，我们已经在形式制度化阶段的探索尝试的基础上，积累了一定的经验，并重新调整和规范了综合素质评价开展的思路，使其较之以往而言更为科学化与合理化。那么，接下来要思考的问题则是如何使综合素质评价更容易为学校、教师、学生以及家长所理解、支持并自觉践行。这就要求教育行政部门遵循教育改革的内在规律，充分考虑教育改革的特殊性和艰巨性，从以下几个方面着手破解综合素质评价所面临的系列挑战：第一，大兴调查研究之风。坚持问题导向，针对当前综合素质评价领域中央关心、群众关切、社会关注的热点难点问题，① 认真、扎实地开展调研活动。从调查研究中全面了解综合素质评价开展的实际状况，充分考虑综合素质评价纳入招生考试范畴后中小学校以及高等院校所面临的实际困难，出真招、实招在顶层设计上引导、支持综合素质评价的有效开展。第二，对现已出台的与综合素质评价相关的政策文本进行精准解读。使广大民众尤其是一线教育工作者深入认识、全面理解、充分掌握综合素质评价的基本要义和操作要领，比如可以针对中小学校如何基于学生的日常实践活动开展综合素质评价，进而发展学生的个性特长；或者借助高等学校在招生录取中如何审阅学生的综合素质档案来提出参考性样例，以防政策文本的本意被片面理解、随意解读甚至错误践行，保障综合素质评价的科学开展。第三，出台相应的配套措施和鼓励政策。鼓励部分地区和学校先行先试，尤其是对于一些关键性问题和实质性挑战更应如此，比如综合素质评价该如何被纳入高校招生录取之中、如何确保综合素质评价的客观公正等问题，尊重地方和学校的首创精神，充分调动地方和学校改革的积极性、主动性、创造性，及时将成功经验上升为制度和政策，② 诸如及时制定和完善综合素质评价的公示审核制度、定期抽查制度以及责任追究制度等。

（二）研究层面：深化综合素质评价理论研究

理论来源于实践，但又并非机械地反映现实，而是对实践的批判性反

---

① 教育部：教育部 2018 年工作要点［EB/OL］. http：//www. moe. edu. cn/srcsite/A02/s7049/201802/t20180206_326950. html。

② 中共中央办公厅 国务院办公厅：关于深化教育体制机制改革的意见［EB/OL］. http：//www. moe. edu. cn/Jyb_xwfb/gzdt_gzdt/201709/t20170925_315201. html。

思、总结与提炼，反过来对实践产生指导作用，使实践的开展更加理性、自觉。综合素质评价自酝酿到提出，先后经过初高中阶段的探索尝试，再到目前的改革规范，已有二十余年的时间。在这二十余年的时间，尤其是新课程改革以来，我国学者围绕素质教育的评价尤其是综合素质评价开展了初步的探索和研究，为综合素质评价的开展提供了智力的支持。但是，在全面深化教育领域综合改革的新形势下，在综合素质评价纳入考试招生制度改革的背景下，我们需要认真思考和探讨以下几个方面的问题：如何定位综合素质评价？如何处理选拔性考试与过程性评价之间的关系？不同阶段的评价中，综合素质评价的对象应该如何界定？针对不同的评价对象，综合素质评价的内容又该怎么设定？不同的评价者应采用何种程序对学生的素质进行评价？其可行性如何？综合素质评价的结果应该如何呈现？是采用定性的方式呈现，还是像浙江等地采用等级的形式呈现？评价的结果又该如何使用？如何确保综合素质评价过程开展的公正性？有些问题过去我们探讨过，但是在新形势下可能显得不大适宜，比如综合素质评价的功能定位问题；有些问题过去我们一直有争论，现在仍旧没有令人满意的答案，比如定性评价与定量评价之间的关系问题；而有些问题则是我们过去就从来没有认真思考过的问题，而现阶段却迫切需要加以解决，比如高校如何对学生的综合素质进行评价、高考招生如何参考综合素质评价等问题。这些问题都要求教育研究人员在新的时代背景下结合综合素质评价试点以及高考改革试点工作，始终坚持问题导向，注重经验集成，破解综合素质评价的系列理论难题，夯实综合素质评价的学理支撑，[①] 使综合素质评价不仅具备可行性，而且保证评价结果的真实、可信与可用，不至于陷入进退两难的尴尬境地。

（三）学校层面：创新综合素质评价实施方略

综合素质评价作为素质教育实施的关键环节，作为全面落实立德树人根本任务，创新和改革人才培养方式[②]的重要一环，是一项全新的富有中国特色的教育改革措施，我们在面对这样的改革时，往往没有现成的方案可供借鉴，需要在试点中总结反思，在总结反思中稳步推进。这不仅要求

---

① 陈宝生：《把握时代脉搏和教育规律 促进教育事业科学发展》，《教育研究》2017 年第 1 期。

② 田慧生：《深化育人方式改革 落实立德树人根本任务》，《人民教育》2017 年第 19 期。

相关政策具备实际效能，更对政策的实施对象或者制度的规范对象提出了多方面要求，要求的重点应该是创新实施综合素质评价的能力。根据有限理性决策理论的基本观点，综合素质评价相关的教育政策不可能是尽善尽美的，它仅可能在宏观层面或者对其实施的重大方向、重要原则进行概要性地说明和引领，而那些细节性的、更具操作性的工作则需要由学校层面自主探索、创新实践，进而反过来为理论研究和政策制定提供实践依据。如果缺少学校层面的创新实践，综合素质评价的实质制度化是不可想象的。这里的学校层面不仅包括作为综合素质评价实施主体的中小学校，而且也包括将综合素质评价作为招生参考的高等院校。在学校层面，真正意义上的教育改革需要发挥学校的主观能动性和创新精神，推出有个性、有新意、有品质的改革措施，这样的教育改革与创新虽然不易，但也并非遥不可及，只要学校能够始终坚持为了儿童的全面发展这个目标并努力践行、勇于改革、敢于创新。比如，为了使综合素质评价能够常态化实施，而又不过度增加教师们的工作负担，一些地方或学校就开发了"综合素质评价电子平台"，学生自主参与活动并由教师指导其进行写实记录，每个学期结束学生遴选最有代表性的作品或活动成果进入综合素质档案，教师根据活动过程及成果在电子平台上对学生写出个性化的评语，并据此了解每位学生的发展状况，继而有针对性地指导学生。再如，在综合素质评价成为高校招生重要参考的时代背景下，高校如何提升自身的招生选拔能力，合理分析与使用学生的综合素质档案就成为摆在高校面前的一个时代课题。而过去一些拥有自主招生权力的高校，在自主选拔学生进入本校学习的过程中就开创性地使用多种考核方式对学生的综合素质作出评定，积累了一些综合评价的经验，[①] 这些经验就可以成为我们今天如何进行综合素质评价的重要参考。因此，学校主动作为，创新综合素质评价的实施方略，与教育行政部门、教育研究人员上下联动，共同推进综合素质评价的常态化实施，既是必要的又是可能的。

---

① 钟秉林、王新凤：《我国高考改革的价值取向变迁与理性选择》，《教育研究》2017 年第10 期。

后　记

创新是人类社会发展的不竭动力，是一个国家和民族在现代社会尤其是信息化社会引领时代发展方向的必胜法宝，我国改革开放 40 多年来的发展历程已经完全证明了这一点。社会实践中的问题要靠我们运用智慧进行不断的创新，包括知识创新、技术创新、方法创新、文化创新、制度创新等。笔者认为，在这些形式的创新中，制度创新居于首要地位。制度作为调节社会交往关系的规则体系，为人们的社会活动提供宏观背景，对于人们的社会实践活动产生着规范、引领与调节的作用，有助于形成特定的社会结构。邓小平同志曾深刻地指出"制度好可以使坏人无法任意横行，制度不好可以使好人无法充分做好事，甚至会走向反面"。因此，制度对于个体和社会的发展均具有非常重要的价值，有助于激发个体创造的活力和创造社会的良好秩序。中国共产党历来重视在社会实践中检视制度的优缺点，进而对社会制度进行不断的完善和创新，所以才有了新中国成立 70 多年的辉煌成就。课程改革作为国家的一项重要社会实践活动，旨在对课程实践活动进行调整和改进，关系着教育事业的科学发展，关系着千千万万青少年儿童身心的健康发展，需要科学决策、系统谋划、稳步推进，这就需要相关制度的保驾护航。而随着经济社会的不断发展，课程改革的深入发展，过去的制度不一定就适合于现在的改革需要，要求改革主体不断对课程改革制度进行完善与创新。

在中国特色社会主义进入新时代，在我国推进教育治理体系和治理能力现代化的时代背景下，开展课程改革制度新创新研究具有非常重要的现实意义。本书是国家社会科学基金"十二五"规划 2014 年度教育学青年课题"课程改革制度化的理论与实践研究"（课题批准号：CHA140172）的部分研究成果，该课题在整体上分为理论与实践研究两个部分，理论部分旨在探讨课程改革制度化的基本理论问题，实践部分旨在基于理论研究成果对我国课程改革制度建设与创新的过程进行系统梳理，从中探索课程改革制度化与制度创新的一般规律。毫无疑问，这项研究课题具有较为重要的学术价值，同时对于我们理解课程改革制度建设，深入推进课程改革制度创新亦具有重要的意义。然而，系统地对课程改革制度创新这一研究课题进行探讨，无论是对于课程理论研究领域，还是一般的教育管理或者教育政策研究领域，都是一个较为新颖的研究课题，而且与课程改革具体制度相关的文献资料的收集和整理也不是一件容易的事情。因此，本书权且算作对课程改革制度创新的一次尝试性研究。这样的尝试性研究能获得国家社会科学基金教育学青年课题的资助，也不得不说是我国科学研究基金资助制度不断创新的结果。在此，我们要对全国教育科学规划办公室对于青年学者开展学术研究的大力支持表示由衷的感谢，正是在国家良好的制度环境中，我们的科学研究才能得以顺利开展。

　　一路走来，本课题能够顺利开展，本书能够顺利成稿，得益于诸多师长、同事、朋友、学生的帮助。我的博士生导师，我国著名的课程论专家靳玉乐教授，始终关心着我的成长，不遗余力地为我的学术发展提供条件与平台，使我能够持续地在学术研究的道路上阔步前行，并不断得到自我实现；我的博士后合作导师——我国著名的教育评价专家刘志军教授，自我刚到河南大学教育学部工作就将我纳入团队，成为团队中的一分子，让我有了"家"的感觉，并竭尽所能地为我的学术发展提供一切可能的机会。在此，我要对两位恩师的教导表达深深的谢意，在未来，我将以更加饱满的热情投入到学术研究之中。在这里还要感谢我的爱人吕晓瑞，自我们相爱 15 年来，她一直替我承担了大量的后勤工作，整日操劳、十分辛苦但无怨无悔，如果说我在学术这条路上能有那么一丁点的成就，则半数以上应该是我爱人的功劳，谨以此书献给我的爱人！河南大学教育学部的领导和老师们也始终给我以极大的宽容、关怀和支持，为我的教学研究工作提供了很多便利条件，本书的出版更是得到了河南大学教育学部的出版经费支持，我深知单位永远是我的坚强后盾，感谢领导、老师们的支持！在课题研究中，课程与教学论专业的博硕士研究生徐彬、苗鑫、陈雪纯、孙军梅、王琰、张晓贞、王宁等同学在文献的收集与整理、最终成果的汇总等环节也投入了大量的时间，付出了极大的努力，在此一并表示感谢！最后，还要感谢中国社会科学出版社的宫京蕾女士，是她的认真负责的审校，才使本书得以顺利出版。

　　课题研究是有期限的，我们在有限的时间内通力合作开展研究，取得了一定的研究成效，也加强了学术联系与沟通，但是也不免存在这样或那样的缺憾。然而，我们相信科学研究无止境，在未来的继续研究中，我们将不断拓展课题研究的范畴，继续深化课题研究，为课程改革提供理论层面的指导。在此，我们也恳请同行专家对本书提出宝贵意见，以便我们更加深入地开展研究！祝愿课程改革能够在完善的制度中深化开展，祝愿每一位学生都能健康成长，祝愿我们的祖国更加繁荣昌盛！

肖　磊

2019 年 11 月初稿

2020 年 10 月修订稿

于河南大学